Klauselgestaltungen in Römischen Testamenten

WIENER STUDIEN ZU GESCHICHTE, RECHT UND GESELLSCHAFT

VIENNESE STUDIES IN HISTORY, LAW, AND SOCIETY

Herausgegeben von Nikolaus Benke

BAND/VOL. 7

PETER LANG

Lisa Isola (Hrsg.)

Klauselgestaltungen in Römischen Testamenten

Akten einer Internationalen Tagung
zum Römischen Testamentsrecht
(6.–7. November 2020, Wien/online)

PETER LANG

Bibliografische Information der Deutschen Nationalbibliothek
Die Deutsche Nationalbibliothek verzeichnet diese Publikation in der Deutschen Nationalbibliografie; detaillierte bibliografische Daten sind im Internet über http://dnb.d-nb.de abrufbar.

Gedruckt mit Unterstützung der
Rechtswissenschaftlichen Fakultät der Universität Wien

Der Umschlag wurde unter Verwendung einer Graphik von
Veronika Dirnhofer gestaltet.

ISSN 1432-7422
ISBN 978-3-631-85690-1 (Print)
E-ISBN 978-3-631-85542-3 (E-PDF)
E-ISBN 978-3-631-85853-0 (EPUB)
DOI 10.3726/b18916

Peter Lang – Berlin · Bern · Bruxelles ·
New York · Oxford · Warszawa · Wien

Diese Publikation wurde begutachtet.

www.peterlang.com

Inhalt

Vorwort

Plutarch berichtet, Cato der Ältere habe lediglich drei Dinge in seinem Leben bereut; eines davon sei, einen einzigen Tag ohne Testament gelebt zu haben. Diese Anekdote zeigt – auch wenn sie übertreiben mag – den sprichwörtlich gewordenen ‚horror of intestacy' der Römer. Die enorme Masse an überlieferten Quellen zu Problemen des äußerst komplex gestalteten römischen Testamentsrechts macht die besondere Bedeutung dieses Gegenstandes offenbar. Sehr häufig nahmen Prinzipien, welche sodann auch auf Rechtsgeschäfte unter Lebenden übertragen wurden, hier ihren Ausgang. Die dokumentarische Überlieferung belegt überdies gerade für dieses Rechtsgebiet besonders eindrucksvoll das Spannungsfeld zwischen Theorie und Praxis. Führende Expertinnen und Experten haben anlässlich einer ‚Internationalen Tagung zum Römischen Testamentsrecht' vom 6. und 7. November 2020 einzelne Aspekte der Rechtsentwicklung in den Blick genommen und die Hintergründe von ‚Klauselgestaltungen in Römischen Testamenten' beleuchtet.

Nach der Eröffnung durch die Dekanin der Rechtswissenschaftlichen Fakultät der Universität Wien, *Brigitta Zöchling-Jud*, sowie den Vizedekan und zugleich Vorstand des Instituts für Römisches Recht und Antike Rechtsgeschichte an der Universität Wien, *Franz-Stefan Meissel*, hat sich *Martin Avenarius* von der Universität zu Köln mit der ‚Gesetzesähnlichkeit' von Testamenten beschäftigt; hierbei stand die Erbeinsetzungsformel und deren Entwicklung im Vordergrund. *Ulrike Babusiaux* von der Universität Zürich zeigte, wie das in Auszügen als Inschrift überlieferte Testament einer ‚Iunia Libertas' bspw. im Hinblick auf das Verbot, etwas *ad incertas personas* zu vermachen, oder auch etwa im Zusammenhang mit Fragen der Anwachsung beim *usus fructus*, möglicherweise den rechtlichen Vorgaben entsprechen konnte. *Christian Baldus* von der Universität Heidelberg hat für die Akten eine Untersuchung beigesteuert, welche das Legat von Kleidung zum Gegenstand hat, welche bei der Bestattung verwendet worden war und dem Begünstigten eine *actio utilis* eröffnete; die Hauptfrage besteht darin, an welche Klage sich diese anlehnte. *Éva Jakab* von der Károli Gáspár Universität Budapest sowie der Universität Szeged hat den Blick dafür geschärft, wie die Juristenschriften die Praxis reflektieren. *Sebastian Lohsse* von der Westfälischen Wilhelms-Universität Münster hat sich komplizierte Fragestellungen zum Gegenstand gemacht, welche sich aus Diskrepanzen zwischen Pupillartestament und väterlichem Testament ergeben können. *Carla Masi Doria* von der Università degli studi di Napoli Federico II konnte ein neu entdecktes Testamentstäfelchen aus Nordafrika vorstellen, welches aus dem 4. Jh. stammen dürfte und nicht nur einzigartige sozialhistorische Einblicke gewährt, sondern zudem eindrucksvoll vor Augen führt, wie sehr man sich auch an diesem Ort und zu dieser Zeit bemühte, die Vorschriften des klassischen römischen Testamentsrechts einzuhalten. *Thomas Rüfner* von der Universität Trier beschäftigte sich mit dem Phänomen des Familienfideikommisses, welches insbesondere für die Bindung von Vermögen über mehrere Generationen hinweg Bedeutung hat; hier stellen sich bspw. Probleme im Zusammenhang mit dem Kreis der Begünstigten. *Dietmar Schanbacher* von der Technischen Universität Dresden hat Strategien der Umgehung gesetzlicher Verbote, welche die Testierfreiheit beschränken sollten, aufgezeigt; dabei fokussierte er auf die *lex Voconia* und die damit vermutlich in Verbindung stehende Entwicklung des Quotenlegats.

Die Vorträge und Diskussionen konnten zwar infolge der Corona-Pandemie und den damit verbundenen Einschränkungen nur virtuell stattfinden, doch tat das dem lebhaften Austausch über die einzelnen Fragestellungen keinen Abbruch. Ich danke allen Teilnehmerinnen und Teilnehmern sehr herzlich für ihre Bereitschaft, an dieser Tagung mitzuwirken sowie für die zügige Fertigstellung der Schriftfassungen. *Karin Wiedergut* vom Institut für Alte Geschichte der Universität Wien danke ich für Unterstützung bei der Herausgebertätigkeit; *Verena Halbwachs* vom Institut für Römisches Recht und Antike Rechtsgeschichte der Universität Wien für kritische Lektüre; schließlich auch ganz besonders *Nikolaus Benke* vom Institut für Römisches Recht und Antike Rechtsgeschichte der Universität Wien für die Aufnahme des Bandes in die Reihe ‚Wiener Studien zu Geschichte, Recht und Gesellschaft' des Peter Lang Verlages.

Wien, Juni 2021 Lisa Isola

Autorinnen und Autoren

Martin Avenarius, Professor für Bürgerliches Recht, Römisches Recht und Neuere Privatrechtsgeschichte an der Universität zu Köln

Ulrike Babusiaux, Professorin für Römisches Recht, Privatrecht und Rechtsvergleichung an der Universität Zürich

Christian Baldus, Professor für Bürgerliches Recht, Institut für geschichtliche Rechtswissenschaft (Romanistische Abteilung), an der Ruprecht-Karls-Universität Heidelberg

Éva Jakab, Professorin für Römisches Recht an der Károli Gáspár Universität Budapest sowie an der Universität Szeged

Sebastian Lohsse, Professor für Römisches Recht und Vergleichende Rechtsgeschichte, Bürgerliches Recht und Europäisches Privatrecht an der Westfälischen Wilhelms-Universität Münster

Carla Masi Doria, Professore ordinario di Storia del diritto romano pubblico e privato an der Università degli Studi di Napoli Federico II

Thomas Rüfner, Professor für Bürgerliches Recht, Römisches Recht und Neuere Privatrechtsgeschichte sowie Deutsches und Internationales Zivilverfahrensrecht an der Universität Trier, Richter am Oberlandesgericht Koblenz

Dietmar Schanbacher, Professor für Bürgerliches Recht und Römisches Recht an der Technischen Universität Dresden

Abkürzungen

AcP	Archiv für die civilistische Praxis
AE	L'Année épigraphique
AJA	American Journal of Archaeology
ANRW	Aufstieg und Niedergang der römischen Welt
AUPA	Annali del Seminario Giuridico dell'Università degli Studi di Palermo
BASP	Bulletin of the American Society of Papyrologists
BGU	Aegyptische Urkunden aus den Königlichen (Staatlichen) Museen zu Berlin, Griechische Urkunden
BIDR	Bullettino dell'Istituto di Diritto Romano
CIL	Corpus Inscriptionum Latinarum
CPR	Corpus Papyrorum Raineri
DER	Diritto Ereditario Romano
DLA	The Oxford Dictionary of Late Antiquity
DNP	Der Neue Pauly. Enzyklopädie der Antike
EAC	The Encyclopedia of Ancient History
ED	Enciclopedia del Diritto
EDCS	Epigraphische Datenbank Clauss-Slaby
FIRA	Fontes iuris Romani anteiustiniani
HAW	Handbuch der Altertumswissenschaft
HLL	Handbuch der lateinischen Literatur der Antike
HRG	Handwörterbuch zur deutschen Rechtsgeschichte
HRPR	Handbuch des Römischen Privatrechts (ed. U. Babusiaux, C. Baldus, W. Ernst, F.-S. Meissel, J. Platschek, T. Rüfner)
IdAltava	Les Inscriptions d'Altava (ed. J. Marcillet-Jaubert)
IE	Iuris Epitomae (Hermogenian)
IG	Inscriptiones Graecae
ILS	Inscriptiones Latinae selectae (ed. H. Dessau)
IPArk.	Thür, Gerhard/Taeuber, Hans. Prozessrechtliche Inschriften der griechischen Poleis: Arkadien
JJP	Journal of Juristic Papyrology
JRS	The Journal of Roman Studies
NNDI	Novissimo Digesto Italiano
NSA	Notizie degli Scavi di Antichità
P.Col.	Columbia Papyri
P.Diog.	Les Archives de Marcus Lucretius Diogenes et textes apparentés (ed. Paul Schubert)

P.Euphr.	Documents d'archives romains inédits du Moyen Euphrates (ed. D. Feissel/J. Gascou)
P.Hal.	Dikaiomata. Auszüge aus alexandrinischen Gesetzen und Verordnungen in einem Papyrus des Philologischen Seminars der Universität Halle (Pap.Hal. 1) mit einem Anhang weiterer Papyri derselben Sammlung (ed. Graeca Halensis)
P.Hamb.	Griechische Papyrusurkunden der Hamburger Staats- und Universitätsbibliothek
P.Ital.	Die nichtliterarischen lateinischen Papyri Italiens aus der Zeit 445–700 (ed. J.-O. Tjäder)
P.NYU.	Papyri from the New York University Collection (2 Bde.)
P.Oxy.	The Oxyrhynchus Papyri
P.Wisc.	The Wisconsin Papyri (2 Bde., ed. P. J. Sijpesteijn)
PR	Privatrecht
RAC	Reallexikon für Antike und Christentum
RE	Pauly's Realencyclopädie der classischen Altertumswissenschaft
RIDA	Revue internationale des droits de l'Antiquité
SB	Sammelbuch griechischer Urkunden aus Aegypten
SDHI	Studia et documenta historiae et iuris
SEG	Supplementum Epigraphicum Graecum
TPSulp.	Tabulae Pompeianae Sulpiciorum (2 Bde., ed. G. Camodeca)
TR	Tijdschrift voor Rechtsgeschiedenis
TSDP	Teoría e storia del diritto privato
Vat.Lat.	Biblioteca Apostolica Vaticana, Manuscript
ZRG RA	Zeitschrift der Savigny-Stiftung für Rechtsgeschichte, Romanistische Abteilung
ZVglRWiss	Zeitschrift für vergleichende Rechtswissenschaft

Martin Avenarius*

Gesetzessprache und Erbeinsetzung. Der Ausdruck der Gesetzeswirkung als Schlüssel zum Wortformalismus der *heredis institutio*

Inhalt:

I. Einleitung

Das römische Testament weist in verschiedener Hinsicht eine eigentümliche Nähe zum Gesetz auf[1]. Diese Beobachtung, die sich an genetischen, strukturellen und funktionalen Merkmalen gewinnen lässt, erlaubt möglicherweise eine Erklärung bestimmter Eigenarten des Testamentsrechts der klassischen Zeit. Hier scheint nämlich neben der fest etablierten dogmatischen Einordnung des Testaments als privates Rechtsgeschäft ein älteres Verständnis durch, das das Testament mit Rücksicht auf seine spezifische Bedeutung mit dem Gesetz assoziiert. Dies betrifft insbesondere die Sprache. Hier geraten zwei Ebenen in den Blick: die im Testament verwendete Sprache[2] sowie die Sprache der Juristentexte, die das Testament behandeln.

---

* Universität zu Köln, Institut für Römisches Recht, Albertus-Magnus-Platz, D-50923 Köln; aora3@uni-koeln.de.

1 Vgl. *Avenarius*, Tabulae, IVRA 60 (2012) 201–233.

2 Zum Problem des Formalismus grundsätzlich vgl. noch immer *Schulz*, Geschichte (1961) 28–33.

Für zivilrechtlich wirksame Verfügungen von Todes wegen verlangte das Recht der klassischen Zeit bekanntlich die Verwendung bestimmter sprachlicher Formen. Die spätere Aufgabe der entsprechenden formalen Anforderungen wird hauptsächlich mit einer Konstitution verbunden, die in der Überlieferung Konstantin zugeschrieben wird[3]. Sie gibt der *voluntas* gegenüber der Formstrenge der Wortwahl den Vorzug:

Const. A. ad populum C. 6.23.15 (a. 339)

Quoniam indignum est ob inanem observationem irritas fieri tabulas et iudicia mortuorum, placuit ademptis his, quorum imaginarius usus est, institutioni heredis verborum non esse necessariam observantiam, utrum imperativis et directis verbis fiat an inflexa. 1. *Nec enim interest, si dicatur: ‚heredem facio' vel ‚instituo' vel ‚volo' vel ‚mando' vel ‚cupio' vel ‚esto' vel ‚erit', sed quibuslibet confecta sententiis, quolibet loquendi genere formata institutio valeat, si modo per eam liquebit voluntatis intentio, nec necessaria sint momenta verborum, quae forte seminecis et balbutiens lingua profudit.* 2. *Et in postremis ergo iudiciis ordinandis amota erit sollemnium sermonum necessitas, ut, qui facultates proprias cupiunt ordinare, in quacumque instrumenti materia conscribere et quibuscumque verbis uti liberam habeant facultatem.*

Weil es unwürdig ist, wegen leerer Förmlichkeiten die Ungültigkeit der Testamente und letztwilligen Verfügungen Verstorbener eintreten zu lassen, ist beschlossen worden, dass man diejenigen abschafft, deren man sich nur zum Schein bedient, und bei den Worten der Erbeinsetzung nicht zwingend beachten muss, ob sie in befehlenden und direkten oder indirekten Worten geschieht. 1. Es kommt nämlich nicht darauf an, ob man sagt: ‚Ich mache ... zum Erben', ‚Ich setze ... ein', ‚Ich will ...', ‚Ich beauftrage ...', ‚Ich wünsche ...', ‚Er sei ...' oder ‚Er wird ... sein' – vielmehr soll eine jede Erbeinsetzung gelten, in welchen Ausdrücken dieselbe auch eingerichtet oder in welche Redeweise sie auch eingekleidet sein mag, sobald daraus die Willensrichtung nur klar erhellt. Und es ist auch keine Ausdruckskraft der Worte erforderlich, wenn eben eine bereits

3 Da Konstantin im Jahr 339 bereits verstorben war, wird überwiegend vermutet, dass die Zuschreibung durch die Kompilatoren unrichtig vorgenommen worden sei. Vgl. *Voci*, DER 1 [2](1967) 608 Fn. 4; *ders.*, DER 2 [2](1963) 129 Fn. 19; *Puliatti*, De cuius (2016) 102 mit Fn. 308. Seit Gothofredus verbinden zahlreiche Autoren die Konstitution mit Constantius II. (337–361). Vgl. *Bonfante*, L'origine, BIDR 4 (1891) 127 (= *ders.*, Scritti 1 [1916] 135); *Maschi*, La solennità, Aegyptus 17 (1937) 198; *ders.*, Ancora, in: Scritti Giuffrè 1 (1967) 646; *Marrone*, Istituzioni [3](2006) 619–620; *Palmieri*, Art. Istituzione, in: NNDI 9 (1963) 270; *Amelotti*, Testamento 1 (1966) 249. Von anderer Seite wird vermutet, dass die Jahresangabe falsch sei und die Konstitution einem auf Konstantin zurückgehenden, umfangreicheren Regelungskomplex angehört habe; vgl. *David*, Studien (1930) 56; Kunkel, in: *Jörs/Kunkel/Wenger*, Römisches Recht [3](1949) 322 Fn. 3; *Dupont*, Les successions, IVRA 15 (1964) 59–60; *Kaser*, PR 2 [2](1975) 489 Fn. 2. Für das hier verfolgte Verstehensinteresse kommt es auf die genaue Zuordnung der Konstitution nicht an.

halberstorbene und stammelnde Zunge sie herausstößt. 2. Also wird auch die Notwendigkeit, sich bei Errichtung letztwilliger Verfügungen bestimmter feierlicher Worte zu bedienen, aufgehoben, damit diejenigen, welche über ihr Vermögen zu bestimmen wünschen, völlige Freiheit haben, dies auf jedem zu Urkunden tauglichen Stoff mit beliebigen Worten niederzuschreiben.

Die Regelung besagt also im Kern, dass der auf die jeweilige Verfügung gerichtete Wille des Testators klar aus dem Text hervorgehen müsse (*si modo per eam liquebit voluntatis intentio*). Dass sich der Testator dagegen bestimmter *verba imperativa* bzw. *directa* bedient, soll nicht mehr erforderlich sein, nachdem es zuvor so gewesen war[4]. Die Formulierung lässt darauf schließen, dass die Änderung im Wesentlichen mit dieser Konstitution herbeigeführt werden sollte[5]. Der Text beschreibt damit das vorläufige Ende einer längeren und stufenweisen Entwicklung. Sie war vom Formalismus des altzivilen Testamentsrechts ausgegangen, der insoweit noch im Prinzipat fortgewirkt hatte, als er für einzelne Verfügungen, etwa Erbeinsetzung und Vermächtnisanordnung, die Verwendung bestimmter Wortformen verlangte.

Wir wollen versuchen, die Entwicklung der rechtlichen Anforderungen an die Verfügung bis zu dem Stand, der durch die Konstitution wiedergegeben wird, zu rekonstruieren. Im Mittelpunkt der Betrachtungen wird dabei der Wortlaut der Erbeinsetzung stehen, des Kerns des römischen Testaments der Kaiserzeit[6], von dem die Konstitution in erster Linie handelt.

II. Die Diskussion verschiedener Formen der Erbeinsetzung

Das Recht der klassischen Zeit fordert zur Gültigkeit einer Erbeinsetzung, dass der Testator eine bestimmte, speziell für diesen Zweck vorgesehene Wortformel verwendet. Eine ‚geltungserhaltende Interpretation' mit dem Ziel, auf Grundlage anderer Worte eine wirksame Erbeinsetzung anzuerkennen, ist nicht möglich. Die Strenge rührt aus dem älteren Recht der Republik her. Ihr hatte die tradierte Vorstellung zugrunde gelegen, die Form des Rechtsgeschäfts bestimme über den Inhalt. Sie war hier nicht nur die äußere Seite des Willens gewesen, den sie transportiert und gesichert hätte, sondern selbst – und allein – der wahre Geltungsgrund des Rechtsgeschäfts. Mit Rücksicht auf diese spezifische Funktion der Form im alten Recht hat Dulckeit das Konzept der ‚Wirkform' entwickelt[7].

---

4 Vgl. *Sanfilippo*, Studi, AUPA 17 (1937) 153.

5 Dazu *Kaser*, PR 2 ²(1975) 489 Fn. 2.

6 Gai. 2.229: *velut caput et fundamentum intellegitur totius testamenti heredis institutio*. Vgl. *Bonfante*, Le affinità, in: Scritti 1 (1916) 375.

7 Nach diesem Denken war die Form insoweit, als sie selbst den wahren Geltungsgrund des Rechtsgeschäfts bildete, „echte Wirkform" und keine bloße Schutzform; *Dulckeit*, Lehre, in: FS Schulz 1 (1951) 161.

Verschiedentlich wird beschrieben, dass sich in der frühen Kaiserzeit eine Abschwächung der Formstrenge bemerkbar gemacht habe[8]. Und tatsächlich berichten die Quellen für die klassische Zeit von einzelnen Entwicklungsschritten, die bis zum 2. Jahrhundert eine gewisse Bandbreite an Formulierungen zum Gegenstand der Diskussion unter den Juristen hatten werden lassen. Von anderer Seite wird wiederum vermutet, dass es gerade in der epiklassischen Zeit zu einem Verfall der Formen gekommen sei[9]. Da unter dem Eindruck der Rechtslage, die durch die Konstantin zugeschriebene Regelung geschaffen worden war, nicht mehr viele Texte zu dem Problem in die Digesten eingingen, kommt außerhalb der justinianischen Sammlung überlieferten Texten hier besondere Bedeutung zu. Um 160 n. Chr. schreibt Gaius:

Gai. 2.117

Sollemnis autem institutio haec est: ‚Titius heres esto'; sed et illa iam comprobata videtur: ‚Titium heredem esse iubeo'; at illa non est comprobata: ‚Titium heredem esse volo'; sed et illae a plerisque inprobatae sunt: ‚Titium heredem instituo', item: ‚heredem facio'.

Die feierliche Erbeinsetzung ist aber folgende: ‚Titius soll Erbe sein'; aber auch die folgende ist offensichtlich anerkannt: ‚Ich befehle, dass Titius Erbe ist'; hingegen ist die nachstehende nicht anerkannt: ‚Ich will, dass Titius Erbe ist'; aber auch die folgenden sind von den meisten nicht anerkannt worden: ‚Ich setze Titius zum Erben ein', ferner: ‚Ich mache … zum Erben'.

Der ps.-ulpianische *liber singularis regularum*, der überwiegend denselben tradierten Stoff verarbeitet hat wie Gaius, aber etwas später, nämlich kurz nach dem Tod Marc Aurels im Jahr 180 fixiert worden ist[10], lautet an der sachlich entsprechenden Stelle[11] etwas anders[12]:

---

8 Honsell, in: *Honsell/Mayer-Maly/Selb*, Römisches Recht [4](1987) 455; ähnlich *Puliatti*, De cuius (2016) 101–102; *Maschi*, La solennità, Aegyptus 17 (1937) 198.

9 *Schulz*, Geschichte (1961) 371–372 meint, man habe insoweit nurmehr „bloße Subtilität" wahrgenommen.

10 *Avenarius*, Liber singularis (2005) 76–85 sowie *ders.*, Il ‚liber singularis regularum', Index 34 (2006) 455–456. Weitere Argumente bei *Avenarius*, Marc Aurel, in: Selbstbetrachtungen (2012) 237–238.

11 *Maschi*, La solennità, Aegyptus 17 (1937) 198.

12 *Koschaker*, ZRG RA 58 (1938) 330 meint in seiner Rezension von *Maschi*, die beiden Texte stimmten im Wesentlichen überein. Ebenso *Voci*, DER 2 [2](1963) 122 Fn. 4 mit der Vorstellung, Ps.-Ulpian wiederhole einen Teil der bei Gaius gelieferten Darstellung. Wir wollen hier gerade auf den spezifischen Unterschied zwischen Gaius und Ps.-Ulpian abstellen, dessen Beachtung sich hier – wie oft – als aufschlussreich erweist.

Ps.-Ulp., reg. 21.1

Heres institui recte potest his verbis: ,Titius heres esto', ,Titius heres sit', ,Titium heredem esse iubeo'; illa autem institutio ,heredem instituo', ,heredem facio' plerisque inprobata est.

Ein Erbe kann förmlich mit folgenden Worten eingesetzt werden: ,Titius soll Erbe sein', ,Titius sei Erbe', ,Ich befehle, dass Titius Erbe ist'. Jene Einsetzung aber: ,Ich setze ... zum Erben ein', ,Ich mache ... zum Erben' wird von den meisten für ungenügend gehalten.

Der Gaiustext ist die für das hier verfolgte Verstehensinteresse wichtigste Quelle[13]. Im Vergleich beider Darstellungen beobachten wir nämlich, dass dieser Text nicht etwa mehrere Varianten der Erbeinsetzungsformel als gleichermaßen gültig nennt[14], sondern eine relativ differenzierte Abstufung in der Beurteilung der verschiedenen Varianten wiedergibt: Die Unterscheidung des Textes zwischen der traditionell geforderten, ,feierlichen' Form ,*Titius heres esto*' und der „offensichtlich schon anerkannten" Wortwahl ,*Titium heredem esse iubeo*' verrät noch die Entwicklung, die gegenüber der ursprünglichen Festlegung des zivilen Testamentsrechts auf eine bestimmte Formulierung inzwischen Zugeständnisse macht[15]. ,*Titius heres esto*' ist danach die älteste, zu einem früheren Zeitpunkt einmal allein zulässige Form der Erbeinsetzung[16], die als Folge einer Entwicklung der Rechtsauffassungen inzwischen nicht mehr die allein taugliche ist. Hinweise auf eine noch bestehende Diskussion[17] und auf einen sich möglicherweise andeutenden Entwicklungsschritt ergeben sich insoweit, als nicht alle Juristen, sondern nur die meisten die Varianten ,*Titium heredem instituo*' und ,*heredem facio*' als nicht ausreichend ansehen[18]. Allgemein nicht anerkannt ist jedenfalls, wie Gaius mitteilt, ,*Titium heredem esse volo*'.

Demgegenüber gibt Ps.-Ulpian das geltende Recht seiner Zeit mit Rücksicht auf dessen praktische Anwendung wieder[19]. Ihm kommt es auf die

---

13 *Watson*, Succession (1971) 40.

14 Anders *Voci*, DER 2 ²(1963) 122.

15 *Maschi*, La solennità, Aegyptus 17 (1937) 199; *ders.*, Ancora, in: Scritti Giuffrè 1 (1967) 651; *Nowak*, Wills (2015) 130.

16 Vgl. *Sanfilippo*, Studi, AUPA 17 (1937) 143.

17 Vgl. *Maschi*, La solennità, Aegyptus 17 (1937) 199.

18 *Girard/von Mayr*, Geschichte (1908) 895 verstehen die Mitteilungen bei Gaius und Ps.-Ulpian so, als seien die Varianten ,*volo*', ,*instituo*' und ,*facio*' unterschiedslos ,nicht gültig' gewesen.

19 Schon *Mommsen* hatte zutreffend erkannt, dass der Redaktor den ps.-ulpianischen *liber singularis regularum* für die Praxis schuf (*compendium foro destinabat*); De Ulpiani, in: Böcking, Domitii Ulpiani (1855) 111–112 (= *ders.*, Schriften 2 [1905] 49); vgl. *Avenarius*, Liber singularis (2005) 105 u. 112.

Rechtsfolge an, und so verzichtet er im Unterschied zu Gaius auf einen Teil der bei diesem wiedergegebenen Differenzierung. Weil er sich auf die Mitteilung des anwendbaren Rechts beschränkt, nennt er die drei Formulierungen, die aus seiner Sicht inzwischen als wirksam anerkannt sind, unterschiedslos und gleichrangig. Es handelt sich um ‚*Titius heres esto*' sowie ‚*Titium heredem esse iubeo*' und – über Gaius hinaus – noch ‚*Titius heres sit*'.

Diese Erbeinsetzungsformeln gelten für Ps.-Ulpian als ‚*recte*'[20]. Er nennt dieses Merkmal offenbar, weil er, wie so oft, auf eine bestimmte Rechtsquelle abzielt und die Differenzierung zwischen den verschiedenen Regelungssystemen im Blick hat[21]. Gemeint ist nämlich keine allgemeine ‚Richtigkeit'; vielmehr bedeutet das Merkmal ‚*recte*' hier ‚zivilrechtsgemäß', und das heißt traditionell insbesondere: ‚den Vorgaben des Zwölftafelrechts entsprechend'. Im weiteren Kontext der letztwilligen Verfügungen steht der ‚*recte*' erfolgenden Verfügung diejenige ‚*per fideicommissum*' gegenüber, wie sich entsprechend bei Ps.-Ulp., reg. 2.7 und 2.8 an dem Gegensatz zwischen *directum* und *per fideicommissum* im Recht der Freilassung von Todes wegen erweist[22]. Der Gegensatz tritt darüber hinaus aber im gesamten Erbrecht auf. Gaius teilt z.B. mit (Gai. 2.248), dass auch für die fideikommissarische Erbschaft ein Erbe *recto iure* eingesetzt sein müsse und es dessen Treue anvertraut werde (*fidei committatur*), die Erbschaft an einen Dritten herauszugeben[23].

Dass Gaius den Stoff anders darstellt, dürfte damit zusammenhängen, dass seine Institutionen systematisch auf einen grundsätzlichen Modernisierungsschritt zurückgehen, den sein Lehrer Julian gegangen war[24]. Dieser hatte im Zusammenhang mit seiner Ediktsredaktion das *ius civile* mit den Regelungen der anderen Rechtsquellen integriert und im Rahmen eines vorrangig nach materiellrechtlichen Kriterien geordneten Privatrechtssystems geordnet[25]. Im Unterschied zu Ps.-Ulpian, der in systematischer Hinsicht einen älteren Entwicklungsstand wiedergibt[26], kommt es für Gaius nicht mehr in erster Linie darauf an mitzuteilen, dass er von einem Merkmal des *ius civile* spricht. Er drückt sich daher weniger spezifisch aus und benennt die erforderliche

20 Sie entsprechen denen, die Ps.-Ulp., reg. 2.7 für die testamentarische Freilassung *directo* mitteilt.

21 *Avenarius*, Liber singularis (2005) 104 u. 110–117.

22 *Avenarius*, Liber singularis (2005) 214–216. Vgl. noch Isid. Etym. 5.24.17: *Fideicommissum dictum, ut fiat quod a defuncto committitur. Nam fides dicta eo quod fiat; quod tamen non in directis verbis, sed precativis expositur.*

23 *Avenarius*, The Pre-Classical, in: Writing (2020) 65–91.

24 S. nun *Avenarius*, Gaio, in: Le Istituzioni (2020) 796 u. 802; ferner *dens.*, Il ‚liber singularis regularum', Index 34 (2006) 458.

25 *Avenarius*, Liber singularis (2005) 132–134.

26 *Avenarius*, Liber singularis (2005) 130–131.

Ausdrucksweise allgemeiner als ‚*sollemnis*', also ‚feierlich-förmlich'. Dass mit der geforderten Förmlichkeit gerade die Wortwahl gemeint ist, erweist sich noch an der eingangs genannten, für Konstantin überlieferten Konstitution, in der sich die nunmehr abgeschaffte *sollemnitas* auf die Redeweise (*sermo sollemnis*) bezieht (§ 2).

III. ‚*Titius heres esto*' als Erbeinsetzungsformel des altzivilen Testamentsrechts

Wir haben aus Gai. 2.117 ersehen, dass ‚*Titius heres esto*' offenbar die älteste, zu einem frühen Zeitpunkt einmal allein taugliche Form der Erbeinsetzung war. Es handelt sich um eine Befehlsform[27]. Im Schrifttum wird sie darauf zurückgeführt, dass der Wille des Erblassers mit ihrer Hilfe fest bestimmt sei[28]. Das erklärt die Form aber nicht erschöpfend. Die Verbform ‚*esto*', der Imperativ II (Futuri) von *esse*[29], drückt vielmehr einen Befehl aus, der nicht sofort, sondern erst zu einem späteren Zeitpunkt befolgt werden soll, etwa bei Eintritt einer Bedingung oder bestimmter anderer Voraussetzungen. Der Befehl soll dann nicht nur in einer bestimmten Situation, sondern auf Dauer gelten[30]. Die grammatische Form findet daher regelmäßig bei Gesetzen und Rechtsgeschäften Gebrauch, die die Rechtslage mit längerfristiger Wirkung gestalten. Das ‚*esto*' bringt in zahlreichen Gesetzen geradezu typisch eine abstrakt-generelle Rechtsfolgenanordnung zum Ausdruck.

Die Frage liegt daher nahe, ob und ggf. in welcher Weise die Wendung ‚*Titius heres esto*' mit den gesetzlichen Formen des Testaments in Verbindung gebracht werden kann. Denn das alte *testamentum calatis comitiis* war, wie man überwiegend vermutet, ein Komitialgesetz für einen Einzelfall gewesen[31]. Inwieweit die für das jüngere, zum Erbeinsetzungstestament fortentwickelte *testamentum per aes et libram* bekannte *heredis institutio* auf die beiden alten Formen des Testaments zurückgeführt werden kann, ist umstritten. Zahlreiche Autoren erklären die Erbeinsetzung des Manzipationstestaments für eine grundsätzlich neue Einrichtung[32]. Manche wollen sogar überhaupt

27 *Siber*, Römisches Recht 2 (1928) 347; *Marrone*, Istituzioni ^{3}(2006) 619.

28 *Voci*, DER 2 ^{2}(1963) 122–123.

29 Vgl. *Pugliese*, Istituzioni ^{3}(1991) 675. Entsprechendes gilt für die Pluralformen ‚*estote*' und ‚*sunto*'.

30 *Kühner/Stegmann*, Grammatik 2/1 ^{2}(1912) 196.

31 Vgl. *Kaser*, PR 1 ^{2}(1971) 30 mit Nachweisen; aus moderner Sicht nun *Behrends*, Gesetzesbegriff, in: Gesetzesbegriff (1987) 89–90 (= *ders*., Verfassung [2014] 184–185); *Avenarius*, Tabulae, IVRA 60 (2012) 215–216.

32 So *D'Orta*, Saggio (1996) 3 Fn. 2; in diesem Sinne wohl auch, wenn auch mit einer anderen Ausrichtung des Verstehensinteresses, *Pietrini*, Deducto (2008) 76.

jede Erbeinsetzung erst mit der späteren Form dieses Testaments verbinden[33]. Von anderer Seite wird vermutet, dass die Einführung der Erbeinsetzung im Libraltestament durchaus auf die alten Testamentsformen zurückgegangen sei. Cardilli hat insoweit auf den Umstand hingewiesen, dass gerade die Ritualisierung der *heredis institutio* auf die vordezemvirale Tätigkeit der Pontifices zurückging[34]. Mit Rücksicht auf die bei Gai. 2.104 referierte, formelhafte Erklärung des *familiae emptor*, der Erblasser solle „*iure testamentum facere ... secundum legem puplicam*"[35], entwickelt Cardilli den Standpunkt, dass der *sollemnis mos* (Gai. 2.117) das Komitialtestament beherrscht habe. Er meint, wichtige, für das *testamentum calatis comitiis* geltende formale Vorgaben seien aus dem vordezemviralen *sollemnis mos* hervorgegangen, der unter der Aufsicht der *pontifices* zum Komitialtestament ausgeformt worden war. Dies soll, wie Cardilli vermutet, besonders für die Erbeinsetzung gelten[36].

Terranova hat darauf hingewiesen, dass wir nicht mit Bestimmtheit sagen können, wie die Struktur der *heredis institutio* in den ältesten Testamentsformen, die eine Erbeinsetzung kannten, im Einzelnen beschaffen war[37]. Nun geben offenbar die hier in den Blick genommenen Wortformen Anlass zu der Vermutung, dass gerade die Erbeinsetzungsformel ein Indiz für einen Entwicklungszusammenhang sein dürfte. In diesem Sinne hatte Beseler die Form ‚*Titius heres esto*' auf das *testamentum calatis comitiis* zurückgeführt, welches die Ausdrucksweise des Gesetzes voraussetzte. So dürfte beim Komitialtestament ‚*Titius heres esto*' ein Befehl gewesen sein, den der Testator erteilte und der anschließend zum Befehl des als gesetzgebende Versammlung zusammengetretenen Volkes wurde[38]. Als Bestandteil ältester Formeltechnik ermöglichte der Ausdruck ‚*heres esto*', dass der Befehl des Erblassers, ein bestimmter Begünstigter sei (oder werde) kraft seiner *lex* nun *heres*, zur Wirksamkeit gelangte[39].

---

33 So *Obrist*, Essai (1906) 161 und *Lenel*, Geschichte, in: Essays (1913) 120–142 (= Labeo 12 [1966] 358–374), die eine Herkunft der *heredis institutio* aus den alten Testamentsformen leugnen.

34 *Cardilli*, Lege, in: Homenaje Hinestrosa (2003) 214–215 u. 217–218.

35 Das ‚*secundum legem puplicam*' wird normalerweise so verstanden: ‚nach dem Zwölftafelgesetz'. Nachweise bei *Cardilli*, Lege, in: Homenaje Hinestrosa (2003) 214 Fn. 43. Aber auch *Guarino*, L'ordinamento [5](1990) 219 hat in der Wendung offenbar einen Hinweis auf die Form gesehen und übersetzt: „in forma pubblica".

36 *Cardilli*, Lege, in: Homenaje Hinestrosa (2003) 218.

37 *Terranova*, Ricerche (2011) 405 Fn. 861; vgl. *dies.*, Sulla natura, AUPA 53 (2009) 304 Fn. 4.

38 *von Beseler*, Fruges, in: FS Schulz 1 (1951) 50.

39 *Wieacker*, Hausgenossenschaft (1940) 38. Lehrreich ist insoweit die Parallele zur (ursprünglich gleichfalls in Gesetzesform vorgenommenen) Arrogation: Der Annehmende bat die Komitien zu bestimmen, dass ein Außenstehender nach dem

Bretone ist der Ansicht, im ‚*legare suae rei*' der Zwölftafeln (XII-tab. 5.3) konzentriere sich der Inhalt des archaischen Testaments insoweit, als der selbst-regelnde Wille des Testators hier seine juristische ‚Weihung' (la sua consacrazione giuridica) finde[40]. Das ist zwar für diese frühe Phase vielleicht zu willenstheoretisch gedacht, doch scheint jedenfalls der Hinweis weiterführend zu sein, das *legare* entspreche dem ‚enunciare una norma'. Bretone, der das ‚*Uti legassit*' auf das Komitialtestament bezieht, assoziiert offenbar das Gesetz[41]. Vering hatte sogar gemeint, auf die Worte der Zwölf Tafeln habe man die „Gültigkeit aller testamentarischen Verfügungen als autonomer Gesetze, als leges speciales des Testators" zurückgeführt[42].

Es bietet sich nach allem die Vermutung an, dass die formale Sprache des Komitialtestaments auf die spätere Erbeinsetzungsformel ‚abgefärbt' haben könnte[43]. Die Versammlung der *comitia curiata* leitete der *pontifex maximus*[44]. Er hatte, wie der Magistrat, welcher der Volksversammlung einen fertigen Gesetzesentwurf vortrug[45], mit einem ausformulierten Testamentstext vor die Kuriatkomitien treten müssen. Damit hatte er es in der Hand, auf die Korrektheit zu achten[46]. Solange das *testamentum calatis comitiis* allein praktiziert wurde, kontrollierte der *pontifex maximus* also die Form[47]. Die *pontifices* wiederum bewirkten, solange sie die Rechtsentwicklung dominierten, dass der Formalismus des Zwölftafelrechts fortgalt. Er beherrschte auch das *testamentum per aes et libram* und entsprach hier dem Grundsatz der Rechtsgeschäftslehre des Zwölftafelrechts, dass die jeweils verwendeten Worte die angestrebte Rechtsfolge mit den dafür vorgesehenen Termini bezeichnen mussten. Den rechtlichen Rahmen schuf die Bestimmung: ‚*Uti lingua nuncupassit*' – ‚so, wie die Zunge es spricht' – ‚*ita ius esto*' (XII-tab. 5.3). Die im Zwölftafelsatz enthaltene Befehlsform *esto* verhilft den ‚von der Zunge erfassten' *nomina* zur künftigen Geltung.

Gesetz sein Haussohn werde und ebenso seiner *patria potestas* unterfalle, wie es aufgrund agnatischer Geburt ein leiblicher Sohn täte: *uti L. Valerius L. Titio tam iure legeque filius siet, quam si ex eo patre matreque familias eius natus esset* (Gell. Noct. Att. 5.19.9). Vgl. *Seelentag*, Ius pontificium (2014) 18–23.

40 *Bretone*, I fondamenti (1998) 29.

41 *Bretone*, I fondamenti (1998) 40.

42 *Vering*, Geschichte ^{4}(1875) 674.

43 *Kaser*, PR 1 ^{2}(1971) 109 Fn. 30 unter Berufung auf *Wieacker*, Hausgenossenschaft (1940) 38 und *von Beseler*, Fruges, in: FS Schulz 1 (1951) 50.

44 *Amelotti*, Art. Testamento, in: ED 44 (1992) 460.

45 *Mommsen*, Staatsrecht 3/1 (1887) 303–304.

46 *Schulz*, Classical (1951) 248; *ders.*, Geschichte (1961) 23.

47 Vgl. *Schulz*, Classical (1951) 248.

Bei den insoweit tauglichen *nomina* handelte es sich selbstverständlich nicht um beliebige Worte, sondern um diejenigen, mit denen schon zuvor testamentarische Verfügungen gültig errichtet worden waren. Als im Rahmen des Manzipationstestaments Erbeinsetzungen möglich wurden, bedeutete dies, dass die früher als Gesetzesbefehl ergangene Anordnung ‚*heres esto*' ‚erfasst' werden musste. Auf den die Erbeinsetzung bewirkenden Befehl stützte sich noch die Gültigkeit des Libraltestaments einschließlich der darin enthaltenen weiteren Verfügungen. An diesen Gedanken knüpfen schließlich noch die Institutionen Justinians mit der Feststellung an, Testamente empfingen ihre Kraft aus der Erbeinsetzung (*vim ex institutione heredis accipiunt*)[48]. In der klassischen Zeit geht dies mit der Vorstellung einher, die Erbeinsetzung sei *caput et fundamentum* des Testaments, und mit der sich aus der formalen Logik der Wirkungsreihenfolge ergebenden Bestimmung, dass andere Verfügungen der *heredis institutio* grundsätzlich nachzufolgen hätten[49]. Für Bonfante war es gerade die spezifische *vis* der Erbeinsetzung gewesen, die ursprünglich die feierlich-förmliche Vornahme verlangt hatte. Auch er beobachtete allerdings, dass das jüngere Testamentsrecht insoweit nurmehr einen äußeren Formalismus vorsah, von dem es sich am Ende freimachte[50].

Die Formel ‚*heres esto*' etablierte sich also in der Interpretation der Zwölf Tafeln als die für das Manzipationstestament einzig taugliche[51]. Maßgeblich waren noch in der späten Republik, solange im Mittelpunkt der Rechtswissenschaft die Zwölf Tafeln standen, die Pontifices gewesen. Sie hatten die Zwölftafelinterpretation in ausgesprochen formaler Weise betrieben. Bis zum Prinzipat hielt man an dem hergebrachten Erbeinsetzungsformular fest. Solange es dabei blieb, bedurfte es offenbar weder einer näheren Begründung dafür noch einer abstrakten Beschreibung der geforderten Wortwahl. Die ‚Kraft der Tradition'[52], hier also die verbreitete Neigung römischer Juristen, an überlieferten Formen festzuhalten, garantierte den Bestand dieser Einzigartigkeit. Dies galt grundsätzlich auch noch in der klassischen Zeit. Normalerweise wurde die Einhaltung der jeweils geforderten Wortform durch eine feste Kautelarpraxis, unterstützt von Formularsammlungen, gewährleistet[53].

---

48 Gai. 2.229; Inst. 2.20.34; vgl. auch Ps.-Ulp., reg. 24.15; *Bonfante*, Istituzioni [10](1987) 483; *Avenarius*, Formularpraxis, in: Ars Iuris (2009) 26 f.

49 *Sanfilippo*, Studi, AUPA 17 (1937) 142–187; *Vismara*, Appunti, in: Studi Besta 3 (1939) 305–306 (= *ders.*, Scritti 6 [1988] 39–40); ferner unten Fn. 91.

50 *Bonfante*, L'origine, BIDR 4 (1891) 126 (= *ders.*, Scritti 1 [1916] 134).

51 Für Cicero war sie selbstverständlich; vgl. Inv. 2.42.122.

52 Vgl. *Bonfante*, Istituzioni [10](1987) 483.

53 Vgl. *Avenarius*, Formularpraxis, in: Ars Iuris (2009) 20–21. Vgl. die z.B. bei Oxyrhynchus-Papyri öfter auftretende Angabe, das jeweilige Dokument sei ‚auf der Straße' (ἐν ἀγυιᾷ) aufgesetzt worden. Man hatte offenbar einen öffentlichen

Eine solche Formularsammlung für die Abfassung von Testamenten *per aes et libram* ist im Hamburger Papyrus 72 (2.–3. Jhd.) erhalten[54]. Der Text lautet insoweit:

P. Hamb. I 72, Z. 1–2

[*Quicunque mihi ex ea quae uxor mea est tempore*] *mortis mea natus nataue erit mihi heres esto suntoue quod si unus unaue ex his quicunque natus nataue erit eruntue moriatur erogat*[*io*] *hereditatis* [*p*]*ro portione maior esto.*

Wer auch immer mir von derjenigen, die zur Zeit meines Todes meine Frau ist, geboren worden sein wird, der soll oder die sollen mir Erbe oder Erben sein. Wenn aber einer oder eine von denjenigen, die mir geboren worden sein werden, verstirbt, dann soll das Recht auf die anteilige Erbschaft jeweils entsprechend größer sein.

Die Diskussion, von der Gaius und Ps.-Ulpian Zeugnis ablegen, könnte darauf hindeuten, dass in der Praxis auch noch andere Formulierungen für die Erbeinsetzung benutzt wurden. Aber jedenfalls in römischen Testamenten bzw. deren Abschriften und griechischen Übersetzungen, die sich auf Papyri aus der Zeit erhalten haben, bevor Alexander Severus das Griechische als eigentliche Testamentssprache zuließ[55], finden sich keine anderen Formen als die von den Juristen genannten. Hier tritt vielmehr, wie zuletzt Nowak gezeigt hat, fast ausschließlich die traditionell geforderte Form ‚*heres esto*' bzw. (in den griechischen Übertragungen) ‚*κληρονόμος ἔστω*' auf[56]. Nur

---

Schreiber wie jenen in Anspruch genommen, *qui testamenta scripsit annos XXV sine iuris consult*[...] (CIL X 4919 = ILS 7750). Vgl. schließlich *Kreller*, Untersuchungen (1919) 319 und *Spina*, Ricerche (2012) 524–528.

54 *Meyer*, Griechische Papyrusurkunden 1 (1911–1924), Nr. 72. Der Text ist lateinisch und deutet damit auf den Gebrauch solcher Vorlagen im Westteil des Reiches hin; *ders.*, Römischrechtliche Papyrusurkunden, ZVglRWiss 35 (1918) 82; vgl. bereits *von Druffel*, Papyrologische Studien (1915) 22–24.

55 Nachdem die griechische Sprache im römischen Testament in der klassischen Zeit – von Ausnahmen abgesehen; vgl. Honsell, in: *Honsell/Mayer-Maly/Selb*, Römisches Recht [4](1987) 455 Fn. 8 mit Nachweisen; *Puliatti*, De cuius (2016) 102; *Pugliese*, Istituzioni [3](1991) 675; FIRA I, 79 – noch nicht zulässig gewesen war (vgl. Gnom. Id. Log. § 8 [BGU V, 1210]), erlaubt allerdings für die freierer Willensauslegung zugänglichen Fideikommisse (Ps.-Ulp., reg. 25.9; vgl. Paul. 2 decr. D. 36.1.76 pr., der von einem ‚*testamentum*' spricht), gestattete Alexander Severus, vielleicht nur für Ägypten, die Verwendung des Griechischen. Vgl. *Strobel*, Testamentsurkunden (2014) 31–35; *Nowak*, Wills (2015) 110–112. Die Konstitution selbst ist nicht überliefert, aber in verschiedenen Dokumenten zitiert oder jedenfalls angewandt. Vgl. SB I 5294 (a. 235) sowie P.Oxy. VI 907 = FIRA III, 51 (a. 276) und *Amelotti*, Testamento 1 (1966) 220–222.

56 *Nowak*, Wills (2015) 130; *dies.*, „Titius heres esto", JJP 40 (2010) 170, jeweils mit Nachweisen.

ausnahmsweise beobachten wir insoweit die Nutzung des Verbs, das bereits seiner Semantik nach den Befehl ausdrückte, also *iubeo*[57].

IV. Von der Gesetzesform zur Vorstellung von der Gesetzesähnlichkeit

In der Literatur begegnet vielfach die Vorstellung, dass es im Laufe des Prinzipats zu einem Aufweichen des starren Formalismus gekommen sei, der das alte Erbeinsetzungsrecht gekennzeichnet hatte. Vermutet wird auch, dass die insoweit beobachtete Entwicklung durch den *favor testamenti* begünstigt worden sei[58]. Diese Darstellung bezieht sich regelmäßig darauf, dass neben ‚*Titius heres esto*' allmählich noch weitere Formulierungen als für die Erbeinsetzung tauglich anerkannt wurden. Amelotti meint aber vielleicht treffender, dass die bei Gai. 2.117 referierte Diskussion nicht Ausdruck einer Überwindung der Formen selbst sei, sondern zeige, dass man hier mit einem ungelösten Problem umging[59]. Leider teilen weder Gaius noch Ps.-Ulpian ausdrücklich mit, unter welchen Umständen oder aus welchen Gründen inzwischen anerkannt worden war, dass bestimmte andere Formulierungen ‚*recte*' die Erbeinsetzung gültig bewirken konnten oder warum bestimmte abweichende Ausdrucksformen nicht anerkannt wurden.

In der späten Republik kam das alte Komitialtestament, das als *lex publica* errichtet worden war, nicht mehr vor, und fast alle zivilen Testamente[60] wurden nunmehr in der Form des *testamentum per aes et libram* errichtet. Überdies bestanden nach der Beendigung des Monopols der Pontifices gegen Ende der Republik und der Stärkung eines literarisch produktiven Juristenstandes im frühen Prinzipat neue Rahmenbedingungen für die Interpretation des positiven Rechts. Nun setzte sich offenbar die Auffassung

---

57 Dies darf im Fall des Testaments von Trawsfynydd in Wales (zwischen 75 und 125 n. Chr.) vermutet werden. Vgl. die Edition bei *Tomlin*, Roman Will, Archaeologia Cambrensis 150 (2001) 149. Der Text ist insoweit nicht erhalten. Die überlieferte Wendung ‚*ex asse herede*[…]' (Z. 6) lässt aber, da ‚*ex asse*' eine Singularform von *heres* nahelegt, an den Akkusativ ‚*heredem*' denken. Gefordert ist ferner eine Verbform in der 1. P. Sg., also wahrscheinlich *iubeo*. Während Tomlin insoweit zu *herede*[*m iubeo*] ergänzt, ist aus sprachlicher Sicht und mit Rücksicht auf die bei Ps.-Ulp., reg. 21.1 und Gai. 2.117 überlieferten Formeln eher *herede*[*m esse iubeo*] zu vermuten. Die Urkunde bietet in Zeile 6 offenbar genügend Raum dafür.

58 Dies betont *Maschi*, La solennità, Aegyptus 17 (1937) 203–232.

59 *Amelotti*, Art. Testamento, in: ED 44 (1992) 462 Fn. 10: „difficoltà di venirne fuori".

60 Verzichtet wird hier auf eine Erörterung der Militärtestamente, für die andere formale Bestimmungen galten. Vgl. Ps.-Ulp., reg. 23.10 und *Meyer-Hermann*, Testamentum militis (2012) 22–23.

durch, dass das Testament, obwohl es nicht mehr als Gesetz errichtet wurde, einem Gesetz doch in bestimmter Weise nahe stehe. Entsprechend konnte man an die Stelle der alten Vorstellung, der Erbeinsetzungsbefehl wirke wie ein gesetzlicher Befehl, eine neue Begründung für die Tauglichkeit der *heres-esto*-Formel setzen, die immerhin noch auf die Nähe zum Gesetz verwies. Eigentlich war, nachdem das Testament nicht mehr selbst formelles Gesetz war, der frühere Grund dafür, dass die Form ‚*esto*' erforderlich war, entfallen. Man hätte damit auf die zwingende Verwendung dieses Ausdrucks verzichten können. Aber es verging erhebliche Zeit, bis die Juristen offen erörterten, welche formalen Anforderungen an eine taugliche Formulierung der Erbeinsetzung zu stellen seien.

Für die Assoziation des Testaments mit dem Gesetz gab es auch jetzt noch besondere Gründe. Sie gingen über das Bewusstsein von der historischen Verknüpfung mit dem Volksgesetz hinaus, die noch in klassischer Zeit in dem Archaismus Ausdruck fand, dass man bei der Urkundenform des Testaments an der Holztafel festhielt, der traditionellen Publikationsform des Gesetzes[61]. Vielmehr bestand auch in materieller Hinsicht Anlass dafür, das Testament eines *pater familias* mit der Vorstellung von einem auf seinen Verantwortungsbereich beschränkten Gesetz zu verbinden. Die letztwillige Ordnung des Hauswesens durch das Familienoberhaupt[62] war zweifellos der wichtigste Rechtsakt eines römischen Bürgers[63], durch den dieser seinen Familienverband für zumindest die jeweils nächste Generation ordnen und darüber hinaus langfristige Wirkungen entfalten konnte[64]. Die Ordnung erfolgte bekanntlich umfassend. Soweit die testamentarischen Verfügungen in der Vergabe von Vermögen bestanden, konnte dies die Zuweisung einer bestimmten Rolle in der Familie nach dem Generationenwechsel und zugleich die Einräumung von symbolischem Kapital im Sinne Bourdieus bedeuten, das nach außen hin als Grundlage für gesellschaftliches Standing und politische Einflussnahme dient[65]. Die durch das Testament geschaffene Ordnung umfasste die Zuweisung der Verantwortung für die Pflege des Familienkults (*sacra familiaria*)[66], die Anknüpfung des Grabrechts[67] sowie die Regelung

61 *Avenarius*, Tabulae, IVRA 60 (2012) 201–233.

62 *Karlowa*, Römische Rechtsgeschichte 2 (1901) 850.

63 *Bretone*, Geschichte (1992) 20.

64 Auf die Besonderheit der auf einen längeren Zeitraum ausgedehnten Wirkung des Testaments verweist auch *Meyer*, Legitimacy (2004) 164.

65 Zum Konzept des symbolischen Kapitals im Sinne Pierre Bourdieus und dessen Übertragung auf die römische Aristokratie vgl. insbesondere *Hölkeskamp*, Rekonstruktionen (2004) 93–105; *ders.*, Konsens, Klio 88 (2006) 385–396.

66 *Avenarius*, Römisches Erbrecht, in: Einfluss (2012) 26–39.

67 Grundlegend *Kaser*, Grabrecht, ZRG RA 95 (1978) 15–92; *Klingenberg*, Art. Grabrecht, in: RAC 12 (1983) 590–637.

von Vormundschaft (*tutela*), Freilassungen und Patronatsrechten. Mit diesen und anderen, auf die jeweils besonderen Verhältnisse in der Familie abzielenden Bestimmungen erscheint das Testament, mit dem der *pater familias* die wichtigsten Grundlagen der Ordnung nach seinem Tod festlegt, als zentrales Rechtsgeschäft, aus dem sich für mindestens eine Generation und nicht selten für längere Zeit die Grundstrukturen der ‚Familienverfassung' ergeben[68].

Es blieb insoweit bei der Wahrnehmung, das Testament stelle sich mit Rücksicht auf Regelungsgehalt und Bedeutung in gewisser Weise wie ein Gesetz dar. Die Vorstellung von einer für spätere Zeit geltenden Anordnung, die befehlsweise erging und über längere Zeit gelten sollte, entsprach auf dieser Grundlage der Wirkungsweise, die man in der Sphäre des Gesetzes mit ‚*esto*' verbunden hatte. Auch eine Verfügung, die nicht als Gesetz errichtet wurde, konnte, wie zu zeigen sein wird, in einem *modus legis* gehalten sein. Soweit man es auf die ‚gesetzmäßige Weise' ankommen ließ, ergaben sich jetzt bestimmte abstrakte Anforderungen. Diese aber eröffneten, wie wir sehen werden, schrittweise Raum für die Diskussion bestimmter neuer Formeln.

V. Die Anerkennung von ‚*iubeo*' und deren Begründung

Die beschriebene Vorstellung von der uneigentlichen Gesetzesnatur des Testaments ermöglichte es offenbar, dass die Formel ‚*Titium heredem esse iubeo*' als tauglich für eine gültige Erbeinsetzung anerkannt werden konnte. Kaser hat gemeint, sie habe ebenso wie ‚*Titius heres esto*' bereits dem ‚altrömischen' Recht angehört[69], doch dürfte das so nicht richtig sein. Vielmehr etablierte sie sich offenbar erst in klassischer Zeit[70]. Wir haben gesehen, dass Ps.-Ulp., reg. 21.1 ‚*iubeo*' zwar ohne Weiteres als geeignet behandelt[71], dass die Formel aber in dem sachlich entsprechenden, wenngleich etwas differenzierter gehaltenen Gaiustext zurückhaltend als ‚schon anerkannt' (*iam conprobata*) bezeichnet wird (Gai. 2.117). Im Unterschied zu Ps.-Ulpian deutet Gaius damit an, dass es zu einer nicht allzu lange zurückliegenden Zeit, an

68 Vgl. *Liebs*, Römisches Recht ^{6}(2004) 119.

69 *Kaser*, PR 1 ^{2}(1971) 109.

70 Richtig Honsell, in: *Honsell/Mayer-Maly/Selb*, Römisches Recht ^{4}(1987) 455. Während Gaius die Wortwahl „*iubeo*" nur als inzwischen zugelassen darstellt, nennt die Theophilusparaphrase (Th.par. 1.14.1) sie im Rückblick geradezu als Normalform: *γράφομεν κληρονόμον λέγοντες illum heredem esse iubeo, τουτέστι ‚τόνδε κληρονόμον εἶναι κελεύω'· καὶ καλεῖται τοῦτο ἔνστασις κληρονόμου*. Vgl. *Maschi*, La solennità, Aegyptus 17 (1937) 199.

71 Vgl. auch Ps.-Ulp., reg. 24.4. Entsprechend dürfen wir vermuten, dass die Anordnung im Testament von Trawsfynydd ‚*iubeo*' gelautet hat. S. oben Fn. 57.

die man sich noch erinnert, auch eine Gegenansicht gegeben habe. Mitteilungen wie diese deuten darauf hin, dass die Juristen allmählich auf neue Impulse aus der Kautelarpraxis reagierten, und dass sich, jedenfalls in einer Übergangszeit, eine Kontroverse über die Tauglichkeit neu aufkommender Formulierungen entwickelt hatte.

Die Diskussion um die Zulassung verschiedener Erbeinsetzungsformeln setzte voraus, dass man sich über die spezifische Bedeutung der Wortwahl vergewisserte und abstrakte Kriterien entwickelte, an denen neu aufkommende Formeln beurteilt werden konnten. In diesem Zusammenhang orientierte man sich offenbar an der in bestimmten Quellen bereits tradierten Vorstellung von der besonderen ‚Feierlichkeit' der Testamentserrichtung und bezog sie auf die Sprache. Die für die Erbeinsetzung geforderte Ausdrucksweise musste bestimmten, allgemeiner formulierten formalen Anforderungen des *ius civile* genügen, deren Eigenart mit dem Ausdruck ‚*sollemnis*' beschrieben wurde. Dies deutet sich bei Gaius dadurch an, dass er darauf abstellt, ob die Formulierungen jeweils die Voraussetzungen einer *sollemnis institutio* erfüllten (Gai. 2.116–117). Gaius knüpft mit dieser Ausdrucksweise an eine vorklassische Lehre an, die in verschiedenen Bereichen des Zivilrechts das Erfordernis der Verwendung von *verba sollemnia* gekannt hatte[72]. Diese Lehre war in der Jurisprudenz der Republik wahrscheinlich noch strenger gehandhabt worden und hätte die Verwendung von *iubere* für die Erbeinsetzung wohl nicht ausreichen lassen[73]. Für Gaius als Sabinianer lag es wahrscheinlich nahe, sich auf diese vorklassische Lehre zu beziehen (Gai. 2.116–117)[74], während Ps.-Ulpian, der der klassisch-prokulianischen

72 Vgl. Gai. 2.116 *sollemni more*; 2.117 *sollemnis … institutio*. Dass die Ausdrucksweise sonst überwiegend in Ulpians Sabinuskommentar belegt ist (Ulp. 1 ad Sab. D. 28.1.20.7 u. 8; Ulp. 2 ad Sab. D. 28.1.21 pr. u. 1; Ulp. 7 ad Sab. D. 28.5.13.1), dürfte auf die vorklassische Tradition hindeuten. Zwei Papinianstellen lauten entsprechend (Pap. 1 def. D. 28.3.1; Pap. 6 resp. D. 28.4.4).

73 Die vorklassische Rechtsquellenlehre ordnete das Testamentsrecht dem *ius strictum* zu. Belegen dürfte dies Gai. 1 de test. ad ed. praet. D. 35.1.16: *In his, quae extra testamentum incurrerent, possunt res ex bono et aequo interpretationem capere: ea vero, quae ex ipso testamento orerentur, necesse est secundum stricti iuris rationem expediri.* Im Unterschied zu früheren Digestenausgaben hat Mommsen das *stricti* mit Rücksicht auf B. 44.19.16 (*τὰ δὲ ἐκ τῆς διαθήκης πρὸς τὴν ἀκρίβειαν τοῦ νόμου*) gegenüber dem in der Florentina überlieferten *scripti* befürwortet, und mit Rücksicht auf den Vorrang der *lectio difficilior* wohl mit Recht. Vgl. *Behrends*, Gesetz, in: Nomos und Gesetz (1995) 173 (= *ders.*, Institut 1 [2004] 135). Für den strengen Standpunkt, den Q. Mucius in der *causa Curiana* vertrat, vgl. *Avenarius*, Liber singularis (2005) 396.

74 Vgl. *Avenarius*, Liber singularis (2005) 91 u. 124–126.

Tradition verpflichtet ist und dem vorklassischen Denken ohnehin ferner steht[75], sie nicht mehr erwähnt.

Die allmähliche Anerkennung der Wortwahl ‚*iubeo*' bildet den Hintergrund für einen der wenigen Digestentexte, welche die in klassischer Zeit geforderte Formulierung der einfachen Erbeinsetzung betreffen. Ulpian schreibt:

Ulp. 1 ad Sab. D. 28.5.1.5–7

[Sabinus:] *Si autem sic scribat: ‚Lucius heres', licet non adiecerit ‚esto', credimus plus nuncupatum, minus scriptum: et si ita: ‚Lucius esto', tantundem dicimus: ergo et si ita: ‚Lucius' solummodo.* [Ulpian:] *Marcellus non insuptiliter non putat hodie non procedere. divus autem Pius, cum quidam portiones inter heredes distribuisset ita: ‚ille ex parte tota', ‚ille ex tota' nec adiecisset ‚heres esto', rescripsit valere institutionem: quod et Iulianus scripsit. 6. Item divus Pius rescripsit ‚illa uxor mea esto' institutionem valere, licet deesset ‚heres'. 7. Item Iulianus ‚illum heredem esse', non putavit valere, quoniam deest aliquid: sed et ipsa valebit subaudito ‚iubeo'.*

[Sabinus:] Wenn er [scil. der Erblasser] aber schreibt: ‚Lucius Erbe', ohne einzufügen: ‚sei', nehmen wir an, es sei [bei der förmlichen Testamentserrichtung] mündlich mehr erklärt worden, als geschrieben steht. Und wenn er so schreibt: ‚Lucius sei', sagen wir dasselbe; also auch, wenn er nur schreibt ‚Lucius'. [Ulpian:] Marcellus bemerkt nicht unverständig, dies führe heute nicht mehr zum Ziel. Doch in dem Fall, dass ein Erblasser auf folgende Weise Anteile an die Erben verteilt hatte: ‚dieser auf den ganzen Erbteil', ‚jener auf den ganzen', ohne ‚sei Erbe' einzufügen, hat der vergöttlichte Kaiser Antoninus Pius auf Anfrage entschieden, die Erbeinsetzung sei wirksam; und das hat auch Julian geschrieben. 6. Der vergöttlichte Kaiser Antoninus Pius hat auch entschieden, die Erbeinsetzung mit den Worten: ‚die Soundso, meine Frau, sei', habe Bestand, obgleich das Wort ‚Erbin' fehlt. 7. Julian war ferner der Meinung, die Worte: ‚dass der Soundso Erbe wird' seien unwirksam, weil etwas fehlt. Doch ist auch diese Erbeinsetzung wirksam, weil in Gedanken zu ergänzen ist: ‚befehle ich'.

Der Text beschreibt in § 5 bestimmte Zugeständnisse beim schriftlichen Ausdruck der Erbeinsetzung (*scriptum*) mit der Begründung, dass es letztlich auf das mündlich Geäußerte (*nuncupare*) ankomme[76]. Wenn also im Urkundentext von der korrekten Formel etwas fehlt, wird vermutet, das beim Errichtungsakt mündlich Geäußerte sei vollständig gewesen. Wahrscheinlich gibt Ulpian hier einen Standpunkt des von ihm kommentierten Sabinus wieder[77]. Er referiert anschließend Marcellus' Rechtsansicht, dass man zu seiner Zeit

75 Vgl. *Avenarius*, Liber singularis (2005) 104–105.

76 Vgl. *Sanfilippo*, Studi, AUPA 17 (1937) 145–146.

77 *Voci*, DER 2 ²(1963) 124; *Puliatti*, De cuius (2016) 101, Fn. 306; *Marrone*, Istituzioni ³(2006) 619; *Schulz*, Sabinus-Fragmente (1906) 14; *Astolfi*, I libri tres ²(2001) 200.

(‚*hodie*') nicht mehr im Sinne von Sabinus verfahren könne. Offenbar fehlt es für die Vermutung eines bestimmten, in der mündlichen *nuncupatio testamenti* geäußerten Wortlauts an einer zureichenden Grundlage in der Rechtspraxis. Vielleicht bildet das Vordringen des reinen Urkundentestaments in der Zeit von Antoninus Pius den Hintergrund für diese Meinung. Jedenfalls teilt Ulpian mit, ein Reskript dieses *princeps* habe die Gültigkeit der unvollständigen Formel bestätigt, und referiert die Zustimmung Julians. Dieser war also bereit, über das Fehlen des ‚*esto*' in einer schriftlich festgehaltenen Erbeinsetzungsformel hinwegzusehen. Wenn der von Marcellus geäußerte Standpunkt schon der seines Lehrers Julian[78] gewesen sein sollte, hätte dieser also nicht die Vorstellung von einer vollständigen *nuncupatio testamenti* zugrunde gelegt, sondern sich – im Ergebnis konform mit dem Pius-Reskript – im Sinne des *favor testamenti* dahin gehend geäußert, dass eine lückenhaft niedergelegte Verfügung selbst gültig sei.

Interessanterweise wendet sich Julian nach der Mitteilung in § 7 nun dagegen, den unvollständigen AcI in der korrekten Weise zu ergänzen, um die Verfügung als wirksam behandeln zu können. Er stellte offenbar darauf ab, dass an der Formel ‚etwas fehlt' (*aliquid deest*). Maschi hat vermutet, dass der Jurist eine um ‚*iubeo*' vervollständigte Einsetzung als gültig betrachtet hätte[79]. Während nun Ulpian kein Problem damit hat, eine Ergänzung durch ‚*iubeo*' anzunehmen und die insoweit vervollständigte Verfügung als gültig zu betrachten, lehnte Julian das offenbar ab. Angesichts seiner in § 5 mitgeteilten Bereitschaft, über die Unvollständigkeit von Verfügungen, die auf ‚*esto*' hätten lauten sollen[80], hinwegzusehen, dürfte dies wohl eher bedeuten, dass die Formel ‚*iubeo*' nach Julians Meinung nicht zur wirksamen Erbeinsetzung tauglich war. Diese Vermutung wird dadurch bestätigt, dass Gaius durch die Andeutung, es habe hier (zumindest früher einmal) eine Gegenansicht gegeben (Gai. 2.117), offenbar der Meinung seines Lehrers die Reverenz erweist, der sich in diesem Punkt nicht hatte durchsetzen können, während Ps.-Ulp., reg. 21.1 keinen Anlass zu diesem Hinweis hat.

---

78 Vgl. *Avenarius*, Benignior interpretatio, RLT 6 (2010) 17; *ders.*, Marc Aurel, in: Selbstbetrachtungen (2012) 255.

79 *Maschi*, Ancora, in: Scritti Giuffrè 1 (1967) 654.

80 Lautete die Verfügung dagegen auf ‚*esto*', war ‚*heres*' verzichtbar. Marcian 4 inst. D. 28.5.49 pr. berichtet als zu seiner Zeit – im spätklassischen Recht – anerkannt, dass die Wortwahl ‚*Titius hereditatis meae dominus esto*' eine gültige Erbeinsetzung bewirke. Vgl. *Voci*, DER 2 ^{2}(1963) 122.

VI. Zusammenhang mit der im Hinblick auf Gesetze verwendeten Sprache

Voci hat die Anerkennung von *‚heredem esse iubeo'* als taugliche Erbeinsetzungsformel mit der Einführung der klagweisen Durchsetzbarkeit des *fideicommissum* in Verbindung gebracht. Er weist darauf hin, dass dieses u.U. – ebenso wie die Erbeinsetzung – auf die Gesamtnachfolge gerichtet ist, allerdings mit *verba precativa* angeordnet werden kann und nur indirekt wirkt, nämlich über eine Erfüllung durch den Erben. Der Autor meint, mit dem Aufkommen der neuen Rechtseinrichtung habe die traditionelle Erbeinsetzungsformel eine Unterscheidungsfunktion bekommen, indem sie klarstellen sollte, dass es sich um eine Verfügung *directa* und *hereditaria* handele, die befehlsweise erfolge. Man verstehe insoweit, weshalb die Formel *‚heredem esse iubeo'*, die mit anderen Worten die Eigenart der früheren Formel beibehielt, nicht aber *‚heredem esse volo'* anerkannt worden sei[81]. Voci ist offenbar der Ansicht, dass die traditionelle Formel den Unterschied gegenüber dem Fideikommiss nicht hinreichend deutlich zum Ausdruck gebracht hätte. Hiergegen wird aber einzuwenden sein, dass sich das Problem, solange die Formen explizit als solche der zivilen Erbeinsetzung diskutiert wurden, gar nicht gestellt haben dürfte. Voci liefert allerdings einen wichtigen Hinweis auf eine bestimmte Verbindung zwischen den Ausdrucksweisen *iubeo* und *esto*. Im Unterschied zu *esto* gehört *iubeo* zwar nicht zur gesetzestypischen Sprache, entspricht aber der spezifischen Wirkung des Gesetzes in anderer Weise. Die Verwendung von *iubeo* dürfte durch die Praxis eingeführt worden sein. Hierbei wurde der Formalismus des Testamentsrechts aber weder aufgehoben noch aufgeweicht, sondern in erweiterter Form aufrechterhalten. Dass an ihm gerade in der am Gesetz orientierten Weise festgehalten wurde, bedeutet offenbar, dass man, dem rechtsgeschäftlichen Charakter des Testaments zum Trotz, an eine ähnliche Wirkungsweise dachte, wie sie das Gesetz als Norm kennt.

Biondi meinte beobachten zu können, dass die Rechtswissenschaft, wie es ähnlich in anderen Fällen vorgekommen sei, eine Einsetzungsformel nach der anderen anerkannt habe, die in der Praxis auftrat, ohne zur Formulierung irgendeines allgemeinen Prinzips zu gelangen[82]. Dagegen spricht aber wohl, dass es nur so lange, wie allein die Formel *‚heres esto'* galt, keines allgemeineren Grundsatzes bedurfte. Mit der Bereitschaft, von dieser Ausschließlichkeit abzugehen, kam nun aber das Bedürfnis nach einer Bestimmung der Merkmale auf, über die weitere zulässige Erbeinsetzungsformen

81 *Voci*, DER 2 ^{2}(1963) 123.
82 *Biondi*, Successione ^{2}(1955) 220.

verfügen mussten. Man brachte die geforderten Merkmale offenbar mit der Vorstellung von einem *modus legis* zum Ausdruck, in dem bestimmte Verfügungen, die nicht selbst Gesetz sind, gleichwohl gehalten sein mussten, um wirksam zu sein. Einen Hinweis auf diese Vorstellung können wir Ps.-Ulpian entnehmen, der den Vermächtniserwerb als Erwerb aufgrund Gesetzes (‚*lege*') einordnet (Ps.-Ulp., reg. 19.17). Das Legat ist kein Gesetz[83]. Die Bezugnahme auf das Gesetz erfolgt jedoch in Ps.-Ulp., reg. 24.1 mit Rücksicht auf dessen *modus*[84], also auf die Art und Weise, in der eine *lex* etwas anordnet[85]. Hier teilt Ps.-Ulp., reg. 24.1 nun mit, dass das Vermächtnis *legis modo, id est imperative* errichtet werde. Das erfordert zwar nicht die grammatische Form des Imperativs, wohl aber eine in anderer Art ‚befehlsweise' gehaltene Formulierung[86], wie sie beim Vindikationslegat in der Hauptformel *do lego* liegt[87]. Dass die ‚befehlsweise' Ausdrucksform gerade für die Gesetze kennzeichnend ist, ergibt sich aus der Mitteilung Modestins (Mod. 1 reg. D. 1.3.7), die *legis virtus*, also die Wirkungsweise von Gesetzen, liege – soweit sie gebieten – im *imperare*. Für die Beschreibung der Wirkungsweise der *lex* ist auch *iubere* eine anerkannte Ausdrucksweise: *lex ... iubet*[88]. Und wenn schon die *lex* selbst befiehlt (*iubet*), soll es für die Wirksamkeit der Erbeinsetzung offenbar auch genügen, wenn der Testator das tut. Das ursprünglich allein taugliche ‚*esto*', grammatisch ein Imperativ, wurde nun abstrakt als ‚imperative' Sprechweise beschrieben, und Beugeformen von *iubere* konnten dieses Merkmal gleichermaßen erfüllen[89].

---

83 Die Verbindung von *legatum* und *lex* deutet hier auf eine Zeit, in der das Testament zweifellos kein Gesetz mehr war, sondern ein privates Rechtsgeschäft; vgl. *Avenarius*, Extra, in: Zivilrecht und Steuerrecht (2015) 32–33.

84 Dass Ps.-Ulpian den *modus legis* bei der Erörterung des Vermächtnisrechts einführt, liegt mit Rücksicht auf die Etymologie des Ausdrucks *legatum* nahe. Das Merkmal lässt sich aber der Sache nach ohne Weiteres auf die Erbeinsetzung übertragen.

85 Anders ist es in Ps.-Ulp., reg. 19.17, wo das Zwölftafellegat als Fall des *lege adquiri* genannt wird, weil die Vorstellung einer Bekräftigung durch Gesetz zugrunde liegt. Vgl. *Avenarius*, Liber singularis (2005) 377.

86 *Schulz*, Classical (1951) 317 hält die Aussage für falsch, weil die Hauptformel *do lego* kein Imperativ sei. Der Ausdruck *imperative* bezieht sich aber nicht auf diese grammatische Kategorie.

87 Vgl. Cic. Clu. 7.21: *eumque partiri cum Dinaea matre iussit.* Die Wortwahl *iussit* gibt gut den befehlenden Charakter des angeordneten Legats wieder.

88 Quint. Inst. 7.5.5: *Porro lex omnis aut tribuit aut adimit aut punit aut iubet aut vetat aut permittit.* Zur ‚Beschreibung' der Wirkungsweise des Gesetzes wählte Cicero den Ausdruck; Rep. 3.22.33; Leg. 1.6.18; ebenso der Auct. ad Her. 1.11.19.

89 Vgl. *Marrone*, Istituzioni ^{3}(2006) 619.

Der Grund dafür, dass man gerade *iubeo* als tauglich anerkannte, dürfte mit der Technik der Bezugnahme des Zwölftafelsatzes (XII-tab. 5.3) auf das Testament, dessen Rechtswirksamkeit er begründet, zusammenhängen. So wie sich die Zustimmung des *populus* beim Volksgesetz auf den rogierten Wortlaut bezieht, verweist das Gesetz hier auf die Verfügung (das ‚*legare*') des Erblassers (‚So wie er vermacht hat…'). Das ‚*legare*' ist nicht die Vornahme des Rechtsgeschäfts insgesamt, sondern bezeichnet die sprachliche Äußerung des Erblassers. Hierauf weist die Perfektform ‚*legassit*': Die sprachliche Äußerung liegt jeweils in der Vergangenheit. Der Befehl folgt also nicht daraus, dass irgendeine Äußerung eines auf eine bestimmte Rechtsfolge gerichteten Willens in ein Rechtsgeschäft eingebunden wird. Vielmehr muss der Befehl in der geäußerten sprachlichen Form enthalten sein, auf die der Zwölftafelsatz Bezug nimmt. Ein Befehl konnte auf diese Weise in Geltung treten, weil er, mit Wirksamwerden des Testaments zum Bestandteil des *ius* geworden, seiner unmittelbaren Bedeutung nach eine Regelung der Rechtslage enthielt.

Dass die Form ‚*iubeo*' nach der hier zugrunde liegenden Vorstellung etwas ‚bewirkt', dürfte sich auch an der Formulierung ‚*Titium heredem esse iubeo*' erweisen: Normalerweise steht ein Befehl mit Konjunktiv und ggf. *ut*[90], weil das Befohlene erst verwirklicht werden muss. Hier wird dagegen ein gegenwärtiger, im Präsens Indikativ beschriebener Zustand befohlen: ‚Ich befehle dass T. Erbe ist'. Das setzt eigentlich voraus, dass der Befehl unmittelbar nach seinem Inkrafttreten etwas bewirkt, eine logische Sekunde später[91].

Das in der klassischen Zeit gültige Konzept, das die Erweiterung der zulässigen Formulierungen über *esto* hinaus kannte und die Anforderungen daher abstrakt mit dem Befehlscharakter beschrieb, setzte sich zunächst durch. Dies erweist sich auch daran, dass sogar noch die anfangs behandelte, Konstantin zugeschriebene Anordnung[92], die alle denkbaren Formulierungen zuließ, Bezug auf die zuvor gültige Kategorie der *verba imperativa et directa* nahm. Wenn Honsell meint, es hätten im ‚klassischen Recht' zumeist ‚*verba imperativa et directa*' verwendet werden müssen[93], ist dies wahrscheinlich insoweit richtig,

---

90 *Kühner/Stegmann*, Grammatik 2/2 [5](1976) 536.

91 Eine Nachwirkung dieser Vorstellung beobachten wir auch noch im *ordo testamenti* der klassischen Zeit, also in der Orientierung der geforderten Aufeinanderfolge der Verfügungen im Testament am logischen Vollzug: Bestimmte Schritte setzen voraus, dass andere bereits erfolgt sind. Entsprechend der Sachlogik, die eine bestimmte Reihenfolge der Ausführung verlangt – der Beschwerte muss z.B. erst etwas erlangen, bevor er es weitergeben kann – stellt man sich also vor, dass bestimmte Anordnungen durch die zuvor vollständig erfolgte Errichtung anderer bedingt sind. Vgl. *Avenarius*, Formularpraxis, in: Ars Iuris (2009) 30–36.

92 Const. A. ad populum C. 6.23.15 pr. (a. 339).

93 Honsell, in: *Honsell/Mayer-Maly/Selb*, Römisches Recht [4](1987) 455.

als sich die Konstitution auf das schon beschriebene Erfordernis bezog, dass die Wortform unmittelbar den Befehl zum Ausdruck brachte[94].

Die für die Erbeinsetzung im römischen Testament der klassischen Zeit geltende Anforderung, dass sie als Befehl erfolgen musste, erweist sich als Besonderheit im Vergleich mit der Ausdrucksweise, die in Testamenten aufgrund peregrinen Rechts auftritt. Menschen ohne römisches Bürgerrecht konnten kein römisches Testament errichten; sie konnten aber aus römischer Sicht durchaus testieren, wenn auch nur nach den Regeln ihrer jeweils eigenen Rechtsordnung (Ps.-Ulp., reg. 20.14)[95]. So testierten Bürger griechischer Gemeinden nach dem Recht ihrer jeweiligen *civitas* (Ps.-Ulp., reg. 20.14 a.E.). Im traditionellen griechischen Testament (*διαθήκη*) war die Erbeinsetzung keineswegs wie im römischen ein unverzichtbarer, zentraler Bestandteil[96]. Einen ausgeprägten Formalismus kannte allerdings auch das griechische Testamentsrecht, wenn auch eher im Interesse der Sicherung und der Publizität der Verfügungen[97]. In den in der römischen Zeit Ägyptens, aber nach lokalem Recht errichteten Testamenten finden wir immer wieder die Ausdrucksweisen: *καταλείπω* (‚Ich hinterlasse'), *κληρονόμον καταλείπω* oder *ἀπολείπω* (‚Ich hinterlasse als Erben'), auch *συγχωρῶ* (‚Ich gestatte, räume ein…')[98]. Diese peregrinen Testamente vermitteln die Vorstellung von einem ‚Hinterlassen', also sozusagen von einem ‚geordneten Rückzug' des Erblassers. Die Verfügungen sind in einem Stil gehalten, der römischen

---

94 Dass sich der Text mit den Worten *imperativis et directis verbis fiat an inflexa* auf grammatische Kategorien bezieht, ist dagegen nicht anzunehmen. Zwar steht der *oratio directa* die *oratio obliqua* (indirekte Rede) gegenüber. Die Quellen enthalten die Gegenüberstellung von *obliqua* und *directa* im Sinne von direkter und indirekter Rede teilweise bei Auseinandersetzung mit Texten jeweils anderer Autoren. Vgl. besonders Justin. ep. hist. Phil. 38.3; ferner Quint. Inst. 9.2.37; Pomp. Comm. in Hor. Flacc., Epodon 11, v. 15–16 (ed. Holder 206). Würde man aber dieses Verständnis zugrunde legen, dann wäre gerade auch „*Titium heredem esse iubeo*" ausgeschlossen gewesen.

95 *Seidl*, Privatrecht (1963) 235.

96 *Amelotti*, Art. Testamento, in: ED 44 (1992) 459; vgl. *Arangio-Ruiz*, La successione (1906) 67–71.

97 *Mitteis*, Reichsrecht (1891) 175; *Kreller*, Untersuchungen (1919) 314.

98 Es dominiert in verschiedenen Varianten die Formel: *ἐὰν ἐπὶ ταύτῃ τῇ διαθήκῃ τελευτήσω, κληρονόμον (κληρονόμους) καταλείπω* – ‚Wenn ich mit diesem Testament sterben werde, hinterlasse ich als Erben …'; vgl. P.Oxy. III 652; P.Oxy. LXVI 4533; P.Wisc. I 13. Für *κληρονόμους καταλείπω* vgl. noch P.Oxy. III 492; P.Oxy. VII 1034; für *κληρονόμον ἀπολείπω* (‚… hinterlasse ich als Erben') noch P.Oxy. I 105; P.Oxy. III 495. Für *καταλείπω* hinsichtlich bestimmten Vermögens vgl. CPR VI 72; P.Oxy. III 490; P.Oxy. III 583; P.Oxy. III 647. Für *συγχωρῶ* (‚Ich gestatte, räume ein …'): P.Oxy. I 104; P.Oxy. III 489. Vgl. die verdienstvolle Aufbereitung zahlreicher Dokumente bei *Nowak*, Wills (2015) 271–342 sowie *Kreller*, Untersuchungen (1919) 346.

Testamenten fremd ist. Es fehlt der Hinweis auf eine Machtausübung, wie sie mit befehlsweise formulierten Anordnungen verbunden wäre. Auch assoziative Verknüpfungen des Testaments mit dem Gesetz sind hier nicht ersichtlich.

Nachdem das römische Bürgerrecht durch die Constitutio Antoniniana auf fast alle freien Reichsangehörigen erstreckt worden war und dies nun auch für die meisten Ägypter galt, änderte sich der Sprachgebrauch in der durch die Papyri dokumentierten Testierpraxis. Da in Ägypten in griechischer Sprache testiert werden durfte, setzten sich nun die entsprechenden Äquivalente der römischen Erbeinsetzungsformen durch[99]. Dies begünstigte offenbar das Vordringen der Form ‚*κελεύω*', des griechischen Äquivalents zu *iubeo*[100]. Es liegt aber nahe, dass mit der sprachlichen Öffnung nicht etwa eine Beschränkung auf die jeweils unmittelbaren griechischen Äquivalente zu den gültigen lateinischen Wortformen einherging, sondern eine Hinnahme gewisser Varianten[101]. Entsprechend sind die Formeln von der zweiten Hälfte des 3. Jhd. an nicht mehr strikt an der Befehlsform orientiert und weisen nicht mehr die von den rechtsliterarischen Texten genannten Worte auf[102].

VII. Zur Erbeinsetzung untaugliche Formeln

Gaius berichtet, dass die Formel ‚*volo*' von den Juristen allgemein als für eine zivilrechtlich gültige Erbeinsetzung nicht geeignet angesehen werde; dass die Formeln ‚*heredem instituo*' und ‚*heredem facio*' jedenfalls nach Ansicht der ‚meisten' Juristen als nicht tauglich gelten, berichten Gai. 2.117 und Ps.-Ulp., reg. 21.1 übereinstimmend. Die Beispiele greifen offenbar nicht einzeln aufgetretene Varianten auf, etwa fehlerhafte Formulierungen in bestimmten Testamenten, sondern eine inzwischen aufgekommene Praxis, die immerhin oft genug wiederkehrte, dass die Frage nach ihrer Tauglichkeit auftreten konnte und zahlreiche Juristen Anlass hatten, sich dazu zu äußern. Man wird vermuten dürfen, dass die Formulierungen aus der Praxis der Errichtung von Fideikommissen übernommen worden sind, denn auch im Wege des Fideikommisses konnte ja eine ‚Erbschaft' – wenn auch nicht im technischen Sinne – zugewandt werden. Im Hinblick auf ‚*volo*' ist dies geradezu wahrscheinlich, denn es handelte sich dabei im Rahmen des breiten Spektrums der Ausdrucksmöglichkeiten beim Fideikommiss um eine geradezu typische Wortwahl[103]. Aber auch Formulierungen wie ‚*heredem instituo*' und ‚*heredem facio*' könnten aus der Praxis der Errichtung von Fideikommissen

99 *Mitteis*, Reichsrecht (1891) 182–183.
100 S. oben Fn. 70.
101 Vgl. *Strobel*, Testamentsurkunden (2014) 293–296.
102 *Nowak*, Wills (2015) 130–131; *dies.*, Titius heres esto, JJP 40 (2010) 171–172.
103 Vgl. Ps.-Ulp., reg. 25.2; Gai. 2.249; *Maschi*, La solennità, Aegyptus 17 (1937) 201.

übernommen worden sein. Dass sich eine dahin gehende Praxis entwickeln konnte, wenn die Formulierungen doch offensichtlich für die testamentarische Erbeinsetzung überwiegend nicht als geeignet angesehen wurden, ist möglicherweise einerseits durch die Annäherung der Fideikommisse an die entsprechenden zivilrechtlichen Formen der Zuwendung von Todes wegen zu erklären, die von Justinian dann schließlich sanktioniert wurde[104], andererseits durch die dauerhafte Verwendung entsprechender Formulare.

1. ‚*heredem esse volo*'

Nach allgemeiner Ansicht zur Erbeinsetzung untauglich ist, wie Gaius mitteilt, die Formel ‚*heredem esse volo*'. Diese Rechtslage wird noch in spätklassischer Zeit wie selbstverständlich vorausgesetzt bei Papinian. Er stellt die fideikommissarische Zuwendung einer *hereditas* geradezu der normalen Erbeinsetzung gegenüber, und zwar speziell mit Rücksicht auf die jeweils einschlägige Formulierung:

Pap. 19 quaest. D. 29.7.13.1

Tractari solet de eo, qui, cum tabulas testamenti non fecisset, codicillis ita scripsit: ‚Titium heredem esse volo', sed multum interest, utrum fideicommissariam hereditatem a legitimo per hanc scripturam, quam codicillorum instar habere voluit, reliquerit an vero testamentum facere se existimaverit: nam hoc casu nihil a legitimo peti poterit.

Man pflegt sich mit demjenigen zu befassen, der, ohne ein Testament errichtet zu haben, in Kodizillen wie folgt schrieb: ‚Ich will, dass Titius Erbe ist'. Es kommt aber sehr darauf an, ob er bei dieser Schrift, die bei ihm die Stelle von Kodizillen vertreten soll, eine fideikommissarische Erbschaft von seinem gesetzlichen Erben aus hinterließ oder ob er ein Testament zu errichten glaubte. Im letzteren Fall wird von dem gesetzlichen Erben nämlich nichts gefordert werden können.

Wie Papinian berichtet, war zur Anordnung einer *hereditas fideicommissaria* z.B. ‚*heredem esse volo*' ausreichend, wenn nur der Erblasser gerade die fideikommissarische Zuwendung gewollt hatte[105]. Wollte der Testator dagegen eine zivilrechtliche Erbeinsetzung vornehmen, war die Formulierung untauglich.

Wenn die Ablehnung der Wortwahl ‚*volo*' auch offenbar einvernehmlich war[106], weist sie doch darauf hin, dass eine literarische Diskussion darüber

104 Vgl. Inst. 2.20.3 sowie – hieran mit ‚*per omnia*' sicherlich angepasst – Ulp. 67 ed. D. 30.1.

105 Vgl. *Maschi*, Ancora, in: Scritti Giuffrè 1 (1967) 664.

106 Mit Rücksicht auf diesen Text s. *Riccobono*, La prassi, in: Atti Roma 1 (1934) 329; *Albertario*, Alcune osservazioni, in: Acta Congressus 1 (1935) 75; vgl. *Costa*, Papiniano 3 (1896) 32 u. Fn. 5.

stattgefunden hatte. Diese könnte dadurch begünstigt worden sein, dass im 2. Jhd., angeregt durch das willenstheoretische Denken Julians, die Vorstellung vordrang, Geltungsgrund eines Rechtsgeschäfts sei letztlich der Wille (*voluntas*)[107]. Es mochte naheliegen, dass Juristen, die von der *voluntas*-Theorie her dachten, eine Übertragung auf das Testamentsrecht erörterten. Die Vorstellung, der Hinweis auf den Willen genüge, setzte die Auffassung voraus, dass es letztlich auf den Willen ankomme. Das aber war im Bereich des zivilen Testamentsrechts in klassischer Zeit nicht der Fall. Zwar war das Wirkform-Denken längst abgekommen, doch galt die sprachliche Form noch immer als dasjenige, was die spezifisch befehlsmäßige Wirkungsweise, die Setzung der Rechtslage, zum Ausdruck bringen musste. Dass die überwiegend vertretene, ablehnende Position nicht auf den Willen abstellt, der ja mit ‚*volo*' genauso klar zum Ausdruck gebracht wird wie etwa mit ‚*heres esto*', erweist sich im Falle Papinians, wenn er ‚*heredem esse volo*' für die Einsetzung eines zivilen (!) Erben als unzureichend ansieht[108].

Die Formel ‚*heredem esse volo*' konnte den herkömmlichen Anforderungen an die Erbeinsetzung nicht genügen, weil sich ‚*volo*' im Unterschied zu den gültigen Formen ausschließlich auf eine innere Tatsache bezieht. Die Aussage des Erblassers, er ‚wolle' etwas, bedeutet genau dies und nicht mehr. Ein Verständnis im Sinne der Bewirkung des Gewollten ist hiernach nicht möglich. Der Hinweis auf den Willen kann nämlich den Vollzug desselben durch die Tat nicht ersetzen. Die Tat wäre hier ein Sprechakt, nämlich die Äußerung des Befehls. Es bietet sich an, dies mit dem Konzept des performativen Sprechens zu erklären[109]: Die förmliche Äußerung ist eine Handlung, und deren standardisierte Bedeutung gilt. Im Falle von ‚*iubeo*' ist dies unmittelbar einleuchtend, denn es handelt sich um ein explizites Performativum: Indem der Erblasser sagt, dass er etwas befehle, beschreibt er nicht nur, dass er befehle, sondern befiehlt unmittelbar. Wir kennen dieses Konzept im Bereich des zivilen Testamentsrechts auch noch vom konventionellen Verständnis des formellen Erbschaftsantritts (*cretio*). Hier war ein performativer Sprechakt erforderlich: Indem der Berufene erklärt, dass er antrete (‚*cerno*'), tritt er zugleich an. Dieses Konzept wurde erst abgelöst, als der Schritt zur Berücksichtigung des Willens durch Sonderrecht Marc Aurels erfolgte[110].

---

107 Vgl. bereits *Avenarius*, Benignior interpretatio, RLT 6 (2010) 15–18; *dens.*, Marc Aurel, in: Selbstbetrachtungen (2012) 252–257; *dens.*, Extra, in: Zivilrecht und Steuerrecht (2015) 23 u. 33–34.

108 Pap. 19 quaest. D. 29.7.13.1.

109 Vgl. *Manthe*, Agere, in: Iurisprudentia (2002) 431–444.

110 *Avenarius*, L'adizione, AUPA 55 (2012) 36–39.

2. *‚heredem instituo'* und *‚heredem facio'*

Schließlich teilen Gaius (Gai. 2.117) und Ps.-Ulp., reg. 1.21 übereinstimmend mit, dass ‚die meisten Juristen' die Einsetzung mit den Worten *‚heredem instituo'* (‚Ich setze ... zum Erben ein') und *‚heredem facio'* (‚Ich mache ... zum Erben') für ungültig hielten. Wir wissen nicht, warum diese Ausdrucksweisen jedenfalls von einer Minderheit unter den Juristen für geeignet zur Einsetzung eines zivilen Erben gehalten wurden. Möglicherweise stellten die Befürworter darauf ab, dass mit *‚heredem instituo'* und *‚heredem facio'* immerhin eine Handlung zum Ausdruck gebracht wurde, die auf die Herstellung einer bestimmten Rechtslage gerichtet war[111]. Wenn der Testator seine Anordnungen mit *‚instituo'* oder *‚facio'* formuliert, dann beschreibt er allerdings mehr seine Handlung, als dass er sie direkt vornähme[112]. Ein performativer Sprechakt kann mit dieser Wortwahl jedenfalls nicht vollzogen werden.

Auf erste Ansätze zu einem allgemeinen Aufweichen des Formalismus wird der Standpunkt der Befürworter kaum zurückgehen, wie die einverständliche Ablehnung von *‚volo'* belegen dürfte. Es fehlte hier jedenfalls an der von der Mehrheit der Juristen geforderten Befehlsform. Maschi vermutete, dass die beiden Formulierungen wohl wenig später breite Anerkennung gefunden hätten, wenn nicht gar schon zu Gaius' Zeit, weil dieser ja nicht selten Standpunkte wiedergebe, die eigentlich schon überwunden seien[113]. Immerhin nennt der Text die beiden Formulierungen, obwohl sie von den meisten Juristen für nicht ausreichend gehalten wurden, überhaupt unter den *institutiones*.

VIII. Schluss

Als die Juristen bereit waren, sich von der ausschließlichen Verwendung von *‚heres esto'* zu lösen, wurden abstrakte Vorstellungen von den Anforderungen entwickelt, die man an eine taugliche Formulierung der Erbeinsetzung richtete. Sie wurden unter dem Einfluss der Vorstellung geschaffen, das Testament weise eine spezifische Nähe zum Gesetz auf. Hiervon ausgehend

---

111 Wenn Trimalchio bei Petron. Sat. 71.3 eine Erbeinsetzung mit „*Fortunatam meam heredem facio*" wiedergibt, referiert er allerdings eher den Inhalt der Verfügung, als dass er sie wörtlich wiedergäbe.

112 Das ist schon im älteren Schrifttum beobachtet worden; vgl. *Faber*, De erroribus (1658) decad. XLIX, error 10, Rn. 10 u. 11; zustimmend *Schulting*, Jurisprudentia (1737), Note 2 zu Ulp. Tit. (= Ps.-Ulp., reg.) 21.1 (S. 633); ferner Savignys erste Vorlesung über die damals sog. ‚Fragmenta Ulpiani': *Savigny*, Ulpian (1801) Bl. 93v.

113 *Maschi*, La solennità, Aegyptus 17 (1937) 199.

kam es schrittweise zur Anerkennung bestimmter Formeln, die den *modus* der gesetzlichen Regelung wahrten. Die Standpunkte wurden offenbar mit Bedacht vertreten. Ein ‚allmähliches Aufweichen' der formalen Anforderungen an die Erbeinsetzung fand insoweit nicht statt. Besonders im Vergleich mit dem Fideikommissrecht, das eine zwar typische, letztlich aber ungeregelte Wortwahl und sogar die freie Auslegung nach dem Willen kannte, erweist sich, dass die schrittweise Anerkennung bestimmter Wendungen nach durchgängigen Prinzipien die Bedeutung des Formalismus für das zivile Recht der Erbeinsetzung geradezu bestätigte.

Bibliographie:

Albertario, Emilio. Alcune osservazioni sulla legislazione di Costantino, in: Acta Congressus iuridici internationalis, Band 1, Roma 1935, 69–79.

Amelotti, Mario. Il testamento romano attraverso la prassi documentale, Band 1: Le forme classiche del testamento, Le Monnier Firenze 1966.

Amelotti, Mario. Art. Testamento (dir. rom.), in: ED – Enciclopedia del Diritto, Band 44, Milano 1992, 459–470.

Arangio-Ruiz, Vincenzo. La successione testamentaria secondo i papiri greco-egizii, Pierro Napoli 1906.

Astolfi, Riccardo. I libri tres iuris civilis di Sabino, 2. Aufl., CEDAM Padova 2001.

Avenarius, Martin. Der pseudo-ulpianische liber singularis regularum, Entstehung, Eigenart und Überlieferung einer hochklassischen Juristenschrift, Wallstein Göttingen 2005.

Avenarius, Martin. Il liber singularis regularum pseudo-ulpianeo: sua specificità come opera giuridica altoclassica in comparazione con le Institutiones di Gaio, Index – Quaderni camerti di studi romanistici, Band 34 (2006) 455–477.

Avenarius, Martin. Formularpraxis römischer Urkundenschreiber und ordo scripturae im Spiegel testamentsrechtlicher Dogmatik, in: Avenarius, Martin/Meyer-Pritzl, Rudolf/Möller, Cosima (Hg.), Ars Iuris. Festschrift für Okko Behrends zum 70. Geburtstag, Wallstein Göttingen 2009, 13–41.

Avenarius, Martin. Benignior interpretatio: Origin and Transformation of a Rule of Construction in the Law of Succession, RLT – Roman Legal Tradition, Band 6 (2010) 1–21.

Avenarius, Martin. Die tabulae ceraeve des klassischen Manzipationstestaments als Archaismus. Die Testamentsurkunde als Ausdruck der Vorstellung vom Gesetzescharakter der letztwilligen Ausgestaltung der römischen

Familienverfassung, IVRA – Rivista internazionale di diritto romano e antico, Band 60 (2012) 201–233.

Avenarius, Martin. Römisches Erbrecht und Religion: Interdependenzen von Herrschafts-, Vermögens- und Kultperpetuierung in Pontifikaljurisprudenz sowie Dogmatik und Praxis des ius civile, in: Zimmermann, Reinhard (Hg.), Der Einfluss religiöser Vorstellungen auf die Entwicklung des Erbrechts, Mohr Siebeck Tübingen 2012, 7–78.

Avenarius, Martin. L'adizione dell'eredità e la rilevanza della volontà nella prospettiva di Gaio, AUPA – Annali del Seminario Giuridico dell'Università degli Studi di Palermo, Band 55 (2012) 9–40.

Avenarius, Martin. Marc Aurel und die Dogmatik des römischen Privatrechts. Kaiserliche Rechtspflege im System der Rechtsquellen und die Ausfüllung von Gestaltungsspielräumen in einer Übergangszeit der Rechtsentwicklung, in: van Ackeren, Marcel/Opsomer, Jan (Hg.), Selbstbetrachtungen und Selbstdarstellungen. Der Philosoph und Kaiser Marc Aurel im interdisziplinären Licht, Reichert Wiesbaden 2012, 203–282.

Avenarius, Martin. Extra propositam quidem materiam videtur ... . Kontinuität und Neubegründung im System der klassischen und vorklassischen Erbrechtstatbestände, in: Muscheler, Karlheinz/Zimmermann, Reinhard (Hg.), Zivilrecht und Steuerrecht, Erwerb von Todes wegen und Schenkung. Festschrift für Jens Peter Meincke zum 80. Geburtstag, C.H. Beck München 2015, 15–34.

Avenarius, Martin. Gaio e l'ascesa e il declino della critica delle interpolazioni, in: Babusiaux, Ulrike/Mantovani, Dario (Hg.), Le Istituzioni di Gaio: avventure di un bestseller. Trasmissione, uso e trasformazione del testo, Pavia University Press Pavia 2020, 767–802.

Avenarius, Martin. The Pre-Classical fidei committere and the Order to be Established Upon Death. Emotion as the Basis of the Legal Bindingness of the Decedent's Last Wishes, in: Bettenworth, Anja/Hammerstaedt, Jürgen (Hg.), Writing Order and Emotion. Affect and the Structures of Power in Greek and Latin Authors, Georg Olms Verlag Hildesheim/Zürich/New York 2020, 65–91.

Behrends, Okko. Der römische Gesetzesbegriff und das Prinzip der Gewaltenteilung, in: Behrends, Okko/Link, Christoph (Hg.), Zum römischen und neuzeitlichen Gesetzesbegriff. 1. Symposion der Kommission Die Funktion des Gesetzes in Geschichte und Gegenwart vom 26. u. 27. April 1985, Vandenhoeck & Ruprecht Göttingen 1987, 34–114 (= *ders.*, Zur römischen Verfassung. Ausgewählte Schriften, hrsg. von Martin Avenarius und Cosima Möller, Wallstein Göttingen 2014, 129–209).

Behrends, Okko. Gesetz und Sprache, in: Okko Behrends/Wolfgang Sellert (Hg.), Nomos und Gesetz. Ursprünge und Wirkungen des griechischen Gesetzesdenkens. Abhandlungen der Akademie der Wissenschaften in Göttingen, Philologisch-Historische Klasse, 3. Folge, Band 209, Vandenhoeck & Ruprecht Göttingen 1995, 137–249 (= *ders.*, Institut und Prinzip. Siedlungsgeschichtliche Grundlagen, philosophische Einflüsse und das Fortwirken der beiden republikanischen Konzeptionen in den kaiserzeitlichen Rechtsschulen, hrsg. von Martin Avenarius, Rudolf Meyer-Pritzl und Cosima Möller, Band 1, Wallstein Göttingen 2004, 91–224).

von Beseler, Gerhard. Fruges et Paleae II, in: Festschrift Fritz Schulz, Band 1, Böhlau Weimar 1951, 3–51.

Biondi, Biondo. Successione testamentaria e donazioni, 2. Aufl., Giuffrè Milano 1955.

Bonfante, Pietro. L'origine dell'Hereditas e dei Legata nel diritto successorio romano, BIDR – Bullettino dell'Istituto di Diritto Romano, Band 4 (1891) 97–143 (= *ders.*, Scritti giuridici varii, Band 1: Famiglia e successione, Unione Tipografico-Editrice Torinese Torino 1916, 101–151).

Bonfante, Pietro. Le affinità giuridiche greco-romane. Testamento romano e testamento greco (1910), in: *ders.*, Scritti giuridici varii, Band 1: Famiglia e successione, Unione Tipografico-Editrice Torinese Torino 1916, 337–416.

Bonfante, Pietro. Istituzioni di diritto romano, Ndr. der 10. Aufl., Giuffrè Milano 1987.

Bretone, Mario. Geschichte des römischen Rechts. Von den Anfängen bis zu Justinian, C.H. Beck München 1992.

Bretone, Mario. I fondamenti del diritto romano. Le cose e la natura, Laterza Roma/Bari 1998.

Cardilli, Riccardo. Lege XII tabularum praeposita iungitur interpretatio, in: Estudios de derecho civil. Obligationes y contratos. Libro Homenaje a Fernando Hinestrosa 40 años de rectoría 1963–2003, Band 1, Universidad externado de Colombia Bogotà 2003, 201–226.

Costa, Emilio. Papiniano, Band 3, Zanichelli Bologna 1896.

David, Martin. Studien zur heredis institutio ex re certa im klassischen römischen und justinianischen Recht, Weicher Leipzig 1930.

von Druffel, Ernst. Papyrologische Studien zum byzantinischen Urkundenwesen im Anschluß an P. Heidelberg 311, C.H. Beck München 1915.

Dulckeit, Gerhard. Zur Lehre vom Rechtsgeschäft im klassischen römischen Recht, in: Festschrift Fritz Schulz, Band 1, Böhlau Weimar 1951, 148–190.

Dupont, Clémence. Les successions dans les constitutions de Constantin, IVRA – Rivista internazionale di diritto romano e antico, Band 15 (1964) 57–116.

Faber, Anton. De erroribus pragmaticorum et interpretum iuris, Band 1, Sumptibus Philippi Borde, Laurentii Arnaud et Claudii Rigaud Lugduni 1658.

Girard, Paul Friedrich/von Mayr, Robert. Geschichte und System des römischen Rechtes, Vahlen Berlin 1908.

Guarino, Antonio. L'ordinamento giuridico romano, 5. Aufl., Jovene Napoli 1990.

Hölkeskamp, Karl-Joachim. Rekonstruktionen einer Republik. Die politische Kultur des antiken Rom und die Forschung der letzten Jahrzehnte, Oldenbourg München 2004.

Hölkeskamp, Karl-Joachim. Konsens und Konkurrenz. Die politische Kultur der römischen Republik in neuer Sicht, Klio – Beiträge zur Alten Geschichte, Band 88 (2006) 385–396.

Honsell, Heinrich/Mayer-Maly, Theo/Selb, Walter. Römisches Recht, 4. Aufl., Springer Berlin/Heidelberg/New York/London/Paris/Tokyo 1987.

Jörs, Paul/Kunkel, Wolfgang/Wenger, Leopold. Römisches Recht, 3. Aufl., Springer Berlin/Göttingen/Heidelberg 1949.

Karlowa, Otto. Römische Rechtsgeschichte, Band 2, Veit Leipzig 1901.

Kaser, Max. Das römische Privatrecht. Erster Abschnitt. Das altrömische, das vorklassische und das klassische Recht, 2. Aufl., C.H. Beck München 1971.

Kaser, Max. Das römische Privatrecht. Zweiter Abschnitt. Die nachklassischen Entwicklungen, 2. Aufl., C.H. Beck München 1975.

Kaser, Max. Zum römischen Grabrecht, ZRG RA – Zeitschrift der Savigny-Stiftung für Rechtsgeschichte, romanistische Abteilung, Band 95 (1978) 15–92.

Klingenberg, Georg. Art. Grabrecht (Grabmulta, Grabschändung), in: RAC – Reallexikon für Antike und Christentum, Band 12 (1983) 590–637.

Koschaker, Paul. Rezension von C. A. Maschi, La solennità, ZRG RA – Zeitschrift der Savigny-Stiftung für Rechtsgeschichte, romanistische Abteilung, Band 58 (1938) 330–334.

Kreller, Hans. Erbrechtliche Untersuchungen aufgrund der graeco-ägyptischen Papyrusurkunden, Teubner Leipzig 1919.

Kühner, Raphael/Stegmann, Carl. Ausführliche Grammatik der lateinischen Sprache. 2. Teil, 1. Band, 2. Aufl., Hahn Hannover 1912 (Ndr.

Wissenschaftliche Buchgesellschaft Darmstadt 1971); 2. Band, 5. Aufl., Hahn Hannover 1976.

Lenel, Otto. Zur Geschichte der heredis institutio, in: Vinogradoff, Paul (Hg.), Essays in legal history, read before the International Congress of Historical Studies held in London in 1913, Oxford University Press London 1913, 120–142 (= Labeo – Rassegna di diritto romano, Band 12 [1966] 358–374).

Liebs, Detlef. Römisches Recht, 6. Aufl., Vandenhoeck & Ruprecht Göttingen 2004.

Manthe, Ulrich. Agere und aio: Sprechakttheorie und Legisaktionen, in: Schermaier, Martin J./Rainer, J. Michael/Winkel, Laurens C. (Hg.), Iurisprudentia universalis. Festschrift für Theo Mayer-Maly, Böhlau Köln 2002, 431–444.

Marrone, Matteo. Istituzioni di diritto romano, 3. Aufl., Palumbo Palermo 2006.

Maschi, Carlo Alberto. La solennità della heredis institutio nel diritto romano, Aegyptus, Band 17 (1937) 197–232.

Maschi, Carlo Alberto. Ancora sulla solennità della heredis institutio nel diritto romano, in: Scritti in memoria di Antonio Giuffrè, Band 1, Giuffrè Milano 1967, 643–677.

Meyer, Elizabeth. Legitimacy and Law: Tabulae in Roman Belief and Practice, Cambridge University Press Cambridge 2004.

Meyer, Paul M. Griechische Papyrusurkunden der Hamburger Staats- und Universitätsbibliothek, Band 1, Teubner Leipzig 1911–1924.

Meyer, Paul M. Römischrechtliche Papyrusurkunden der Hamburger Stadtbibliothek, ZVglRWiss – Zeitschrift für vergleichende Rechtswissenschaft, Band 35 (1918) 81–104.

Meyer-Hermann, Johannes. Testamentum militis – das römische Recht des Soldatentestaments. Entwicklung von den Anfängen bis zu Justinian, Shaker Aachen 2012.

Mitteis, Ludwig. Reichsrecht und Volksrecht in den östlichen Provinzen des römischen Kaiserreichs. Mit Beiträgen zur Kenntnis des griechischen Rechts und der spätrömischen Rechtsentwicklung, Teubner Leipzig 1891.

Mommsen, Theodor. De Ulpiani regularum libro singulari, in: Böcking, Eduard, Domitii Ulpiani quae vocantur Fragmenta sive excerpta ex Ulpiani libro singulari regularum, 4. Aufl., Hirzel Leipzig 1855, 109–120 (= *ders.*, Gesammelte Schriften, Band 2, Juristische Schriften, Band 2, Berlin 1905, 47–55).

Mommsen, Theodor. Römisches Staatsrecht, Band 3, 1. Abtheilung, Hirzel Leipzig 1887.

Nowak, Maria. Titius heres esto. The role of the legal practice in law-creation in late antiquity, JJP – Journal of Juristic Papyrology, Band 40 (2010) 161–184.

Nowak, Maria. Wills in the Roman Empire. A Documentary Approach, Faculty of Law and Administration of the University of Warsaw Warszawa 2015.

Obrist, Alfred. Essai sur les origines du testament romain, Viret-Genton Lausanne 1906.

D'Orta, Maurizio. Saggio sulla heredis institutio. Problemi di origine, Giappichelli Torino 1996.

Palmieri, Elio. Art. Istituzione di erede (Diritto romano), in: NNDI – Novissimo Digesto Italiano, Band 9 (1963) 269–271.

Pietrini, Stefania. Deducto usu fructu. Una nuova ipotesi sull'origine dell'usufrutto, Giuffrè Milano 2008.

Pugliese, Giovanni. Istituzioni di diritto romano, 3. Aufl., Giappichelli Torino 1991.

Puliatti, Salvatore. De cuius hereditate agitur, Giappichelli Torino 2016.

Riccobono, Salvatore. La prassi nel periodo postclassico, in: Atti del Congresso internazionale di Diritto romano, Roma, Band 1, Fusi Pavia 1934, 317–359.

Sanfilippo, Cesare. Studi sull' hereditas, AUPA – Annali del Seminario Giuridico dell'Università degli Studi di Palermo, Band 17 (1937) 65–331.

von Savigny, Friedrich Carl. Ulpian. Erste Vorlesung, Winterhalbjahr 1801, 39 Stunden – der ganze Ulpian zugleich mit einer Reihe von Pandektenstellen abwechselnd erklärt. UB Marburg, Ms. 925/34, Bl. 60r-114v.

Schulting, Anton. Jurisprudentia vetus Ante-Justinianea, editio nova, Officina Weidmanniana Leipzig 1737.

Schulz, Fritz. Sabinus-Fragmente in Ulpians Sabinus-Commentar, Niemeyer Halle a.d.S. 1906.

Schulz, Fritz. Classical Roman Law, Clarendon Press Oxford 1951.

Schulz, Fritz. Geschichte der römischen Rechtswissenschaft, Böhlau Weimar 1961.

Seelentag, Anna M. Ius pontificium cum iure civili coniunctum. Das Recht der Arrogation in klassischer Zeit, Mohr Siebeck Tübingen 2014.

Seidl, Erwin. Römisches Privatrecht, Heymann Köln/Berlin/Bonn/München 1963.

Siber, Heinrich. Römisches Recht, Band 2, Sack Berlin 1928 (Ndr. Wissenschaftliche Buchgesellschaft Darmstadt 1968).

Spina, Alessia. Ricerche sulla successione testamentaria nei responsa di Cervidio Scevola, Giuffrè Milano 2012.

Strobel, Benedikt. Römische Testamentsurkunden aus Ägypten vor und nach der Constitutio Antoniniana, C.H. Beck München 2014.

Terranova, Francesca. Sulla natura testamentaria della cosiddetta mancipatio familiae, AUPA – Annali del Seminario Giuridico dell'Università degli Studi di Palermo, Band 53 (2009) 299–335.

Terranova, Francesca. Ricerche sul testamentum per aes et libram, Vol. 1: Il ruolo del familiae emptor, Giappichelli Torino 2011.

Tomlin, Roger S. O. A Roman Will from North Wales, Archaeologia Cambrensis, Band 150 (2001) 143–156.

Vering, Friedrich H. Geschichte und Pandekten des römischen und heutigen Gemeinen Privatrechts, 4. Aufl., Kirchheim Mainz 1875.

Vismara, Giulio. Appunti intorno alla heredis institutio, in: Studi di storia e diritto in onore di Enrico Besta, Band 3, Giuffrè Milano 1939, 301–363 (= *ders.*, Scritti di storia giuridica, Band 6, Giuffrè Milano 1988, 37–106).

Voci, Pasquale. Diritto ereditario romano, Band 1: Introduzione. Parte generale, 2. Aufl., Giuffrè Milano 1967;

Voci, Pasquale. Diritto ereditario romano, Band 2: Parte speciale. Successione ab intestato, successione testamentaria, 2. Aufl., Giuffrè Milano 1963.

Watson, Alan. The Law of Succession in the Later Roman Republic, Clarendon Press Oxford 1971.

Wieacker, Franz. Hausgenossenschaft und Erbeinsetzung. Über die Anfänge des römischen Testaments, Weicher Leipzig 1940.

Ulrike Babusiaux*

Zum Testament der Iunia Libertas aus Ostia (AE 1940, 94)

Inhalt:

I. Einleitung

Im Jahre 1939 publizierte Guido Calza, der mit den Ausgrabungen in Ostia betraut war[1], unter dem Titel „Epigrafe sepolcrale contenente disposizioni testamentarie" die folgende Inschrift[2]:

---

* Universität Zürich, Rechtswissenschaftliche Fakultät, Lehrstuhl für Römisches Recht, Privatrecht und Rechtsvergleichung, Rämistrasse 74/41, CH-8001 Zürich; ulrike.babusiaux@uzh.ch.

1 Zur Person, vgl. *Bloch*, AJA 50 (1946) 407 f.

2 *Calza*, Epigrafe sepolcrale, Epigraphica 1 (1939) 160–162. Hier verwendete Edition: AE 1940, 94.

Iunia D(ecimi) f(ilia) Libertas/
hortorum et aedificiorum et tabernarum Hilar/
onianorum Iunianorum ita uti macerie sua propria/
clusi sunt quae iuris eius in his sunt usum fructumqu[e]/
dedit concessit libertis libertabusque suis quive ab i[is]/
posterisque eorum manumissi manumissaeve sun[t]/
eruntve et ne qui ex is usum fructumve portionis/
suae vendidisse aut alienasse aut ali concessisse/
velit donec ad unum unamve usus fructus/
perveniat et si nemo ex familia superaverit/
tunc eos hortos cum aedifici(i)s et tabernis/
ita uti macerie clusi sunt finibus suis/
proprietatis iurisque esse volo/
colonorum coloniae rei publicae Ostiensiu[m]/
ex quorum reditu ab re pu(b)lica Ostiensium/
inpendi volo in ornationem sepulchri/
et sacrificis die parentaliorum/
HS C violae HS C rosae HS C/
hanc voluntatem meam publicari volo/
ad lib(ertos) libertasq(ue) meos primo loco ius pertineat post eos ad posteros eor(um)/

Es handelt sich um einen gut lesbaren und bis auf die letzte Zeile in gleich großen und gleichmäßigen Buchstaben eingeschlagenen Text auf einem gerahmten Marmorstein. Der Stein diente zuletzt als Bodenbelag in einer Taberna, die sich vor dem Eingang des Theaters von Ostia befand, weshalb der Fundkontext nicht den ursprünglichen Aufstellungsort wiedergibt[3]. Diese häufiger zu beobachtende Umnutzung von Inschriften führt dazu, dass ihr Originalkontext nicht mit Sicherheit festgestellt werden kann. Während die meisten Kommentatoren von einer Grabinschrift ausgehen[4], hat zuletzt Kremer[5] eine abweichende Deutung vorgeschlagen, indem er annahm, die Inschrift sei an einem von mehreren Häusern gemeinschaftlich genutzten hinteren Garten angebracht gewesen, um die Nutzungsrechte der durch das Testament begünstigten Personen zu beweisen und deutlich hervorzuheben. Jedenfalls ist Kremer insoweit Recht zu geben, als dass die Inschrift trotz der von Calza gewählten Bezeichnung „epigrafe sepolcrale“ nicht als eigentliche Grabinschrift anzusehen ist, da sie weder die Begräbnisstätte anzeigt, noch einen Toten den Göttern weiht[6]. Der Bezug auf den Tod der Namen gebenden

3 *Calza*, Epigrafe sepolcrale, Epigraphica 1 (1939) 160.
4 Siehe unten IV.
5 *Kremer*, Conflit, IVRA 61 (2013) 25–45.
6 Zur Stilisierung von Epitaphen, vgl. *Chioffi*, Death and Burial, in: Oxford Handbook of Roman Epigraphy (2014) 628–634.

Iunia Libertas ist allein dadurch gegeben, dass der Text einen Auszug aus ihrem Testament enthält. Ersichtlich teilt sich die Inschrift in zwei stilistisch deutlich zu scheidende Teile: Z. 1–10 (*perveniat*) berichtet in dritter Person von den Anordnungen der Erblasserin, während Z. 10–20 (*et si nemo*) in der ersten Person stilisiert ist und offenbar wörtlich aus dem Testament der Verstorbenen zitiert. Die unterschiedliche Perspektive wird optisch durch die in Z. 10 beginnende Zentrierung der Buchstaben betont und hat ihre Entsprechung in einem abweichenden rechtlichen Gehalt: Während der erste Teil des Textes von einem *ususfructus* zugunsten der Freigelassenen der Erblasserin und weiteren Personen an einem näher bezeichneten Gartengrundstück handelt, enthält der in direkter Rede formulierte Teil ein Fideikommiss auf Herausgabe des Eigentums an dem Grundstück zugunsten der Stadt Ostia, die gleichzeitig mit der Auflage beschwert wird, aus den Erträgen des Grundstücks Opfergaben an den *parentalia* der Erblasserin darzureichen.

Die Inschrift hat seit ihrer Entdeckung auch die Aufmerksamkeit der romanistischen Forschung erhalten. Fernand de Visscher integrierte sie in seine Forschungen zum römischen Grabrecht, in denen er den Text als einen Hauptzeugen für Stiftungen von Todes wegen ansah[7]; Mario Amelotti widmete ihr einen kurzen Abschnitt in seiner Untersuchung des „testamento romano attraverso la prassi“[8]. Zu nennen ist auch Mario Bretone, der die Inschrift als Beleg für eine laienhafte (bei ihm ‚vulgarrechtliche‘) Anschauung des *ususfructus* als eines Eigentums auf Zeit verwendete[9]. Analysen jüngeren Datums stammen von Blanch Nougués[10], der vor allem die stiftungsrechtlichen Aspekte untersucht, und von Bianchi[11], der sich mit dem *ususfructus* befasst hat. Trotz ihrer Diversität ist der Grundtenor aller dieser Untersuchungen skeptisch, indem meist unterstellt wird, die Anordnungen seien unvollständig und rechtlich uninformiert, fehlerhaft oder ungeschickt; entsprechend gelangt man meist zu dem Ergebnis, dass jedenfalls ein Teil der in der Inschrift ersichtlichen Rechtsbestimmungen unwirksam sei[12].

Im Folgenden soll versucht werden, dem Text mit weniger Misstrauen zu begegnen und vielmehr zu fragen, welche Informationen er zum römischen

---

7 *De Visscher*, Tombeaux (1963) 239–251.

8 *Amelotti*, Testamento 1 (1966) 19 f., 253 f.

9 *Bretone*, Usufrutto (1962) 197–203.

10 *Blanch Nougués*, Consideraciones, RIDA 54 (2007) 197–218.

11 *Bianchi*, Inalienabilità, Annaeus 10 (2013) 15–31.

12 Diese wurde gänzlich infrage gestellt von *Sanfilippo*, Valore giuridico, Annali Catania 4 (1949/50) 159: „Ancora una volta la diffidenza del giurista verso un testo pseudo-giuridico è risultata fondata. (...) L'iscrizione di Ostia, dunque, non ha valore giuridico di sorta.“

Testamentsrecht vermitteln könnte, die möglicherweise über die aus den juristischen Quellen erhältlichen hinausreichen. Dabei soll ein besonderer Schwerpunkt auf der Frage liegen, welche letztwillige Strategie die offenbar wohlhabende Frau[13] aus dem Hafen der Stadt Rom verfolgt haben könnte und ob diese Strategie mit dem bisher verwendeten Topos der ‚Stiftung' zutreffend erfasst wird.

II. Übersetzung

Grundlage der folgenden Analyse ist eine möglichst wörtliche, nicht zielsprachenorientierte Übersetzung, die im Folgenden – im Rahmen des in der deutschen Sprache möglichen – auch die Zeileneinteilung der Inschrift wiedergibt[14]:

Iunia Libertas, Tochter des Decimus,
hat von den Gärten und Gebäuden und Läden Hilar-
oniani Iuniani, so wie sie durch eine Einfriedung als ihre eigenen Besitztümer eingeschlossen worden sind, was hinsichtlich dieser Dinge ihr Recht ist, den Nießbrauch
gegeben und eingeräumt ihren männlichen und weiblichen Freigelassenen oder diesen, die von ihnen
und von ihren Nachkommen (als Mann oder Frau) freigelassen worden sind oder freigelassen worden sein werden, und damit keiner von ihnen den Nießbrauch seines Anteils
verkauft haben oder veräußert haben oder einem anderen eingeräumt haben
will, solange bis der *usus fructus* an einen einzigen oder eine einzige
gelange, und wenn niemand aus der Familie übriggeblieben sein wird,
dann will ich, dass diese Gärten mit den Gebäuden und den Läden
so, wie sie durch eine Einfriedung eingeschlossen sind in ihren Grenzen,
als Eigentum gehören
der Gemeinde der Kolonie und der Bewohner Ostias.
Aus deren Ertrag will ich, dass von der Gemeinde der Einwohner Ostias
für den Schmuck das Grabes bezahlt wird
und für Opfer am Tag der Totenfeier der Verwandten (*parentalia*)
100 Sesterzen, für Veilchen 100 Sesterzen, für Rosen 100 Sesterzen.
Ich will, dass dieser mein Wille bekannt gemacht wird.
[Ich will], dass meinen männlichen und weiblichen Freigelassenen an erster Stelle
das Recht zustehen soll, nach diesen ihren Nachkommen.

13 Zu dieser Einschätzung vgl. *Herzig*, Frauen in Ostia, Historia 32 (1983) 80; *Dixon*, Woman of substance, Helios 19 (1993) 162–173.

14 Für philologische Unterstützung und Diskussion der Übersetzung danke ich meiner Mitarbeiterin, Frau lic. phil. Thamar Xandry; für Unterstützung in epigraphischen Fragen danke ich Prof. Dr. Michael A. Speidel, Bern/Zürich.

Der Inhalt des Textes lässt sich in vier verschiedene Abschnitte unterteilen: Der erste Abschnitt umfasst die Anordnung eines Legates des *ususfructus* an einem genauer bezeichneten Grundstücksteil mit entsprechenden Bauten an Freigelassene und die von ihnen und ihren Nachkommen ihrerseits Freigelassenen (Z. 1–7); der zweite Abschnitt formuliert ein Verfügungsverbot hinsichtlich des *ususfructus* des jeweiligen Anteils, das solange gelten soll, bis noch Personen aus der Gruppe der Begünstigten (die als Familie bezeichnet wird) übrig bleiben, sowie die Bestimmung, dass mit dem Ende der Familie das Eigentum an dem oben genauer bezeichneten Grundstücksteil an die Gemeinde von Ostia herausgegeben werden soll (Z. 7–14). Der dritte Teil enthält die Auflage an die Stadt Ostia, aus den Erträgen des Grundstücksteils Feierlichkeiten zu den *parentalia* der Iunia Libertas zu organisieren (Z. 15–18). Diese Bestimmung wird durch die Erklärung, dass die Erblasserin die Publikation ihres Willens angeordnet hat (Z. 19) ergänzt. Es folgt die offenkundig später, weil in viel kleinerer Schrift hinzugefügte Präzisierung, dass die Freigelassenen (männlich und weiblich) vorrangig das Recht haben sollen und ihre Nachkommen erst später (Z. 20).

Schon nach einer ersten Lektüre zeigt sich die Zweiteilung der erblasserischen Planung: Im ersten Schritt sollen mithilfe eines Nießbrauchlegates ihre Freigelassenen von dem Grundstück profitieren; im zweiten Schritt soll der Erbe, der in der Inschrift nicht in Erscheinung tritt, das Eigentum am Grundstück an die Gemeinde Ostia herausgeben[15], die verpflichtet wird, aus den Erträgen *parentalia* zu Ehren der Eltern und Verwandten der Iunia Libertas auszurichten. Während der zweite Teil der Inschrift rechtlich als Fideikommiss zugunsten der Stadt konstruiert werden kann (IV), ist der erste Teil in seiner Bedeutung und rechtlichen Funktionalität umstritten. Es soll daher im Folgenden analysiert werden, was genau als Gegenstand des Nießbrauchlegates hinterlassen ist (III.1), wer die Begünstigten sind (III.2) und wie das Veräußerungsverbot, das die Erblasserin den Begünstigten auferlegt, rechtlich sanktioniert und durchgesetzt werden kann (III.3). Nach Klärung dieser Fragen ist abschließend die erbrechtliche Gesamtstrategie der Erblasserin zu würdigen und nach dem Zweck der Inschrift zu fragen (IV).

15 Auch ein Übergang der Verpflichtung aus dem Fideikommiss auf den Erben des Erben ist konzeptionell möglich; anders (mit Interpolationsannahmen): *Sanfilippo*, Valore giuridico, Annali Catania 4 (1949/50) 159.

III. Der Nießbrauch zugunsten der Freigelassenen aus rechtlicher Perspektive

Z. 2–5 der Inschrift informieren darüber, dass die Iunia Libertas einen Nießbrauch gegeben und zugestanden (*dedit concessit*) habe an dem, was ihr hinsichtlich der Gärten, Gebäude und Läden des als Hilaronianisches Iunianisches Grundstück bezeichneten Komplexes an Recht zustehe und was durch eine Einfriedung (*maceries*) eingeschlossen sei. Die Formulierung der Nießbraucheinräumung mit *dare* könnte dabei für ein Vindikationslegat des *ususfructus* sprechen[16], wobei allerdings auch eine lebzeitige *in iure cessio* nicht von vornherein ausgeschlossen werden kann[17]. Auffällig und erklärungsbedürftig ist die scheinbar tautologische Betonung ihres Rechts an dem Grundstück, „*quae iuris eius in his sunt*" (Z. 4).

1. Der Gegenstand und die Funktion des Nießbrauchs

Die auffällige Umschreibung „*quae iuris eius in his sunt*" (Z. 4) ist nicht als Ungeschicklichkeit der Erblasserin anzusehen[18], sondern dient offenbar dazu, den *ususfructus* auf bestimmte, der Erblasserin zustehende Teile des Gartengrundstücks zu beschränken[19]. In Fortführung dieses Gedankens hat zuletzt Kremer die Vermutung formuliert, Iunia Libertas habe ihren Eigentumsanteil an den in Erbengemeinschaft befindlichen Gärten mit Gebäuden und Läden Hilaroniani Iuniani zum Nießbrauch gegeben[20]. Kremer stützt diese Hypothese durch weitere Überlegungen ab, wobei er insbesondere Meiggs' Annahme hervorhebt, die in der Inschrift beschriebenen Gärten könnten – wie das ‚House of the Paintings' in Ostia – einen ganzen Komplex von Gärten, Wohngebäuden und Läden bezeichnen[21], weshalb ein Alleineigentum der Erblasserin weniger wahrscheinlich sei.

Als weiteres Indiz für diese Hypothese könnte man die ebenfalls betonte Einfriedung des vom Legat erfassten Teils mit einer *maceria (maceries)*

---

16 *Blanch Nougués*, Consideraciones, RIDA 54 (2007) 204 unterscheidet die Übertragung des Rechts (*dedit*) von der Überlassung seiner Ausübung (*concessit*).

17 Zur *in iure cessio* als Bestellungsgeschäft des *ususfructus*, vgl. Gai. 2.30 und 2.32; Paul. 1 manual. Frag.Vat. 47: *Per mancipationem deduci usus fructus potest, non etiam transferri. Per do lego legatum et per in iure cessionem et deduci et dari potest.* Zu allem, vgl. *Wesener*, s.v. usus fructus, RE IX A.1 (1961) 1165. Die Formulierung *dedit concessit* kann für ein Legat sprechen, vgl. *Di Nisio*, Libertis dari volo, Index 42 (2014) 254.

18 So aber *Sanfilippo*, Valore giuridico, Annali Catania 4 (1949/50) 152.

19 So schon *Bretone*, Usufrutto (1962) 198 Fn. 8.

20 *Kremer*, Conflit, IVRA 61 (2013) 31–34 m.w.N.

21 *Meiggs*, Roman Ostia ^{2}(1973) 68 f.

anführen: Eine *maceria* wird als Hag oder Einfriedung, genauer als Trocken- oder Luftziegelmauer beschrieben und ist damit jedenfalls eine vorläufige Konstruktion[22]. Da solche Mauern nicht aus Stein errichtet sind, sind sie relativ leicht aufzubauen und können ebenso rasch wieder abgerissen werden. Es könnte sich daher um ein taugliches Mittel handeln, um einen von einem Mitinhaber genutzten Teil des Grundstücks auszuweisen und von den Flächen der anderen Teilhaber abzugrenzen[23]: Da jederzeit die Teilung von einem der Miterben oder Miteigentümer verlangt werden kann, wäre eine dauerhafte Ummauerung des von einem Teilhaber genutzten Grundstücksteils nicht zielführend[24].

Dass ein *usufructus* an einer *pars pro indiviso* bestellt werden kann, zeigen verschiedene Digestenstellen[25]. Bedeutsam für die hier zu untersuchende Planung der Iunia Libertas ist, dass die Einräumung des Nießbrauchs Auswirkungen auf die Teilungsklage haben kann:

Lab. 2 post. a Iav. epit. D. 33.2.31

Is qui fundum tecum communem habebat usum fructum fundi uxori legaverat: post mortem eius tecum heres arbitrum communi dividundo petierat. Blaesus ait Trebatium respondisse, si arbiter certis regionibus fundum divisisset, eius partis, quae tibi optigerit, usum fructum mulieri nulla ex parte deberi, sed eius, quod heredi optigisset, totius usum fructum eam habituram. Ego hoc falsum puto: nam cum ante arbitrum communi dividundo coniunctus pro indiviso ex parte dimidia totius fundi usus fructus mulieris fuisset, non potuisse arbitrum inter alios iudicando alterius ius mutare: quod et receptum est.

Jemand, der ein Landgut mit dir gemeinschaftlich hatte, hatte der Ehefrau den *ususfructus* am Landgut vermacht. Nach dessen Tod hatte der Erbe mit dir einen *arbiter* zur Teilung des Gemeinschaftlichen (*actio communi dividundo*) verlangt. Blaesus sagt, Trebatius habe geantwortet, wenn der *arbiter* das Landgut in verschiedene Flurstücke aufgeteilt hätte, werde der Ehefrau hinsichtlich des Teils, der dir zugeteilt worden ist, der *usufructus* zu keinem Anteil geschuldet, sondern hinsichtlich dessen, was dem Erben zugeteilt worden war, werde sie insgesamt den *ususfructus* erhalten. Ich halte dies für falsch, denn wenn der *usufructus* der Frau vor dem Schiedsrichter der Teilungsklage für eine *pars pro indiviso* ungeteilt auf eine Hälfte des gesamten Landgutes bestanden hätte, hätte der Schiedsrichter durch eine

22 Vgl. *Ebert*, s.v. maceria (maceries), RE XIV.1 (1928) 135; *Flach*, Agrargeschichte (1990) 196.

23 Grundlage einer solchen Zuweisung kann die Teilungsanordnung im Testament sein oder eine Vereinbarung zwischen den Miterben.

24 Zur jederzeitigen Erhebung der Teilungsklage (*actio familiae erciscundae*), vgl. Ulp. 30 ad Sab. D. 10.2.43: *Arbitrum familiae erciscundae vel unus petere potest: nam provocare apud iudicem vel unum heredem posse palam est: igitur et praesentibus ceteris et invitis poterit vel unus arbitrum poscere.*

25 Vgl. nur *Kaser*, PR 1 ²(1971) 450 Fn. 20.

Entscheidung zwischen den einen nicht das Recht eines anderen verändern können. Was auch anerkannt worden ist.

Das Fragment[26] belegt, dass die Teilungsklage (*actio communi dividundo*) gegenüber dem Begünstigten des *ususfructus* keine Wirkungen entfaltet. Dies bedeutet, dass, solange der *ususfructus* besteht, die Teilung zwar verlangt werden und eine *adiudicatio inter partes* auch stattfinden kann, diese Rechtsfolgen aber dem Usufruktuar nicht entgegengesetzt werden können, da er nicht am Verfahren aus der Teilungsklage beteiligt ist[27]. Man kann hieraus schließen, dass eine Teilungsklage mit Blick auf das Grundstück zwar rechtlich nicht ausgeschlossen ist, ihre Attraktivität aber stark leidet, solange der Nießbrauch am ideellen Anteil fortbesteht[28]. Für die zwischen Miterben einschlägige *actio familiae erciscundae* sind keine abweichenden Regelungen belegt; beide Teilungsklagen sind aber ohnehin nahe verwandt und werden von den römischen Juristen oft gemeinsam erörtert[29], weshalb ein Rückschluss von der *actio communi dividundo* auf die *actio familiae erciscundae* zulässig erscheint.

Folgt man der Annahme, dass Gegenstand des *ususfructus* ein Miteigentumsanteil ist, rückt dies die Planung der Iunia Libertas in ein neues Licht: Es könnte sein, dass sie durch die Bestellung des *ususfructus* die Teilung jedenfalls solange verhindern wollte, bis – wie es in Z. 9–10 der Inschrift heißt – niemand mehr aus ihrer *familia* vorhanden ist: Erst wenn der *ususfructus* mangels Berechtigtem erlischt, soll das Eigentum des Anteils an die Gemeinde von Ostia herausgegeben werden, was bedeutet, dass der Erbe zuvor die Teilung beantragen und durchführen muss, um die Herausgabepflicht aus dem Fideikommiss zu erfüllen.

---

26 Zu vergleichbaren Regelungen beim Pfandrecht, vgl. *Misera*, Akzession und Surrogation, ZRG RA 103 (1986) 389 f. (auch zur *actio communi dividundo utilis*); da der *ususfructus* kein Verwertungsrecht gibt, ist die Teilung unter Beteiligung des Usufruktuars weniger sinnvoll als mit dem Pfandgläubiger. Quellen gibt es hierzu ersichtlich nicht.

27 Vgl. *Gaudemet*, Indivision (1934) 408 f.; *Wieling*, Reichweite, ZRG RA 102 (1985) 304 f. m.w.N.

28 So auch *Misera*, Akzession und Surrogation, ZRG RA 103 (1986) 396 Fn. 72 „gänzlich unpraktisch" (zur Stelle).

29 Zudem ist zu beachten, dass die *actio communi dividundo* auch bei Erbteilungen in Betracht kommt, die nicht vollständig durchgeführt wurden, was ein ebenfalls mögliches Szenario für die Iunia Libertas sein könnte, vgl. Paul. 6 ad Sab. D. 10.2.44pr. *Inter coheredes etiam communi dividundo agi potest, ut res dumtaxat quae eorum communes sint et causae ex his rebus pendentes in iudicium veniant, de ceteris vero in integro sit familiae erciscundae iudicium.*

Mit dieser Annahme zur Funktion des Nießbrauchs erhält die Frage nach den Begünstigten des Nießbrauchsvermächtnisses, und insbesondere nach der Fernwirkung für zukünftige Begünstigte besondere Relevanz.

2. Die Begünstigten des Nießbrauchlegates (Z. 5–6)

Nach dem Wortlaut des Textes hat Iunia Libertas nicht nur ihre Freigelassenen männlichen wie weiblichen Geschlechtes als Usufruktuare bedacht, sondern gleichzeitig die von ihnen (sc. den Freigelassenen) und deren Nachkommen (*posteri*) ihrerseits Freigelassenen (männlichen und weiblichen Geschlechts): *quive ab iis posterisque eorum manumissi manumissaeve sunt* (Z. 5–6). Die Klausel weicht von der ansonsten häufiger bezeugten Zuwendung an *libertis libertabusque suis posterisque eorum*[30], mit der ein Erblasser seine Freigelassenen und deren Nachkommen bedenkt, ab[31]. Die Auffälligkeit der Inschrift aus Ostia liegt vor allem darin, dass die *posteri* der Freigelassenen selbst nicht als Legatare vorgesehen sind, sondern lediglich als Vektor fungieren, indem sie die Aufgabe haben, Personen freizulassen, die zukünftig Legatare sind.

Es hat nicht an Versuchen gemangelt, diese Besonderheit zu erklären, wobei sich die Interpreten meist darin einig waren, dass die Auslassung der *posteri* als Fehler anzusehen sei, den man auf verschiedene Weise zu erklären oder zu beheben habe. Auf dieser Linie liegt schon die Vermutung De Visschers, der sowohl einen Fehler der Testatorin („rédaction défectueuse du texte“) als auch einen Irrtum des Steinmetzes („erreur du lapidaire“) für möglich erachtete und jedenfalls davon ausging, dass auch die Nachkommen der Freigelassenen der Erblasserin vom Legat umfasst seien[32].

---

30 Vgl. NSA-1917-25,2 (Rom) = EDCS-52602920; NSA-1919-55 (Rom) = EDCS-52602789.

31 Die Formulierung im Testament der Iunia Libertas ist aber auch nicht deckungsgleich mit der Begünstigung in der Formulierung *libertis libertabusque quique ab is manumissi manumissaeve posterisque eorum*, denn diese umfasst die Freigelassenen (männlichen und weiblichen Geschlechts) und diejenigen, die von ihnen freigelassen worden sind, sowie deren Nachkommen. Vgl. CIL VI 8101 = ILS 8270 (1. Jhd., Rom); vgl. auch CIL XIV 420 (1. Jhd., Ostia antica); zur Frage, vgl. bereits *Kremer*, Conflit, IVRA 61 (2013) 35 f.

32 *De Visscher*, Tombeaux (1963) 242; Arangio-Ruiz, FIRA III (1943) S. 139 Fn. 5; *Bianchi*, Inalienabilità, Annaeus 10 (2013) 22–25; *Di Nisio*, Libertis dari volo, Index 42 (2014) 254 Fn. 111. Konsequenterweise sehen sie die Anordnung einer Rangfolge zwischen Freigelassenen und *posteri* in Z. 20 als Korrektur der zuvor fehlerhaften Bestimmung, so auch *Blanch Nougués*, Consideraciones, RIDA 54 (2007) 205 f.

Vor der Annahme eines Fehlers soll hier untersucht werden, ob nicht ein Sachverhalt vorstellbar ist, der die Auslassung der *posteri* aus der Struktur der Begünstigung erklären könnte. Für die Sachverhaltsrekonstruktion sind die drei unterschiedlichen Gruppen von Begünstigten zu unterscheiden. Den einfachsten und unproblematischen Fall bildet die Freilassung der eigenen Sklaven und Sklavinnen. Erklärungsbedürftig ist aber, wie die Testatorin gleichzeitig davon ausgehen kann, dass ihre *liberti et libertae* ihrerseits Personen freilassen, die sodann ebenfalls in den Genuss des Nießbrauchs gelangen sollen[33]. Dass es sich hierbei nicht um irgendwelche Dritten handelt, sondern vermutlich um zuvor ebenfalls der Erblasserin gehörende Sklaven, die den *liberti et libertae* im *peculium* zugewiesen werden, lässt sich schließen aus:

> Cels. 19 dig D. 33.8.25[34]
> *Si servus liber esse iussus sit eique peculium legatum sit, vicariorum eius vicarii legato continentur.*
> Wenn dem Sklaven befohlen worden ist, frei zu sein, und ihm ein Peculium vermacht worden ist, sind im Legat die Vikarsklaven seiner Vikarsklaven enthalten.

Celsus betrachtet die Auslegung des anlässlich einer Freilassung erteilten Legates des *peculium*[35]. Er hält fest, dass dieses Legat nicht nur die Vikarsklaven der Freigelassenen erfasse, die damit zum Herrn über diese Sklaven ‚aufsteigen', sondern auch die *servi vicarii* der Vikarsklaven selbst. Die Freilassung der *servi ordinarii* führt danach gleichzeitig dazu, dass die früheren Vikarsklaven zu ‚regulären' Sklaven der *liberti* werden und die früheren Untervikarsklaven (*vicarii vicariorum*) zu ‚ordentlichen' Vikarsklaven[36]. Die ‚regulären' Sklaven werden frei und erhalten – sofern dies entweder vom Erblasser selbst oder vom freilassenden *libertus* festgesetzt wird – ihrerseits die Herrschaft über ihre früheren Vikarsklaven. Die sozialhistorische Funktion dieser Gestaltung ist zuletzt von Mouritsen beschrieben worden[37]: Sie dient zur Strukturierung der Näheverhältnisse der (rechtlich nicht

---

33 *Sanfilippo*, Valore giuridico, Annali Catania 4 (1949/50) 154 sieht hierin einen Verstoß gegen die Unübertragbarkeit des *ususfructus*, dazu unten III.3a.

34 Vgl. *Herrmann-Otto*, Ancilla (1994) 207 f. Vgl. auch Ulp. 25 ad Sab. D. 33.8.6.2: *Vicario autem meo mihi legato an et vicarii mei peculium ad me pertineat, quaeritur. Et putamus contineri legato vicarii eius peculium, nisi adversa sit voluntas testatoris.*

35 Theoretisch kann die Erblasserin auch direkt die Vikarsklaven mit ihrem *peculium* freilassen, vgl. Ulp. 25 ad Sab. D. 33.8.6.3: *Si servus et vicarius eius liberi esse iussi sint eisque peculia sua legata sint, verba secundum voluntatem testatoris exaudienda, tamquam de duobus separatisque peculiis testatore locuto: et secundum haec vicarius vicarii non communicabitur, nisi haec mens fuit testantis.*

36 Zur Freilassung der *servi vicarii*, vgl. *Erman*, Servus vicarius (1896) 461–474.

37 *Mouritsen*, Freedman (2011) bes. 151–155 (zur Freilassung).

anerkannten) Sklavenfamilien und erlaubt, die Arbeitsorganisation über die hierdurch entstehende Hierarchie effizient zu gestalten. Zudem besteht für miteinander verwandte *liberti*, Sklaven und Vikarsklaven meist ein Anreiz zu Wohlverhalten und zum Verbleiben an einem Ort, um die Freilassung des letzten Angehörigen zu erwarten oder jedenfalls dessen Freilassung nicht durch Fehlverhalten zu gefährden. Auch mit Blick auf die Verfügung der Iunia Libertas lässt sich daher die plausible Vermutung formulieren, dass die zweistufige Zuwendung an ihre (im Testament) freigelassenen *liberti et libertae* und die von diesen Freigelassenen auf einer zu Lebzeiten bestehenden Position als *servi ordinarii* (für die späteren Freigelassenen) und Vikarsklaven (für die später freizulassenden Personen) beruht.

a. Die zweite Stufe der Begünstigung: Freigelassene der liberti et libertae

Auf zweiter Stufe hat die Erblasserin die Freigelassenen der *liberti et libertae* begünstigt, welche, nach der soeben vorgeschlagenen Rekonstruktion, die ursprünglichen Vikarsklaven sind, die nach der Freilassung der Obersklaven durch die Erblasserin in den Rang eines ‚gewöhnlichen' Sklaven nachrücken. Die Inschrift gibt keine Auskunft darüber, auf welcher Grundlage diese *servi* von den Freigelassenen der Iunia Libertas freigelassen werden. Wenn jedoch die Vermutung zutrifft, dass es sich hierbei um ehemalige Vikarsklaven handelt, ist wahrscheinlich, dass auch diese Freilassung nicht auf Zufall oder dem Gutdünken der neuen Herren und Herrinnen beruht, sondern von der Erblasserin geplant wurde. Da die *liberti et libertae* selbst als Freilasser auftreten, ist dabei nur ein von der Erblasserin zugunsten der Vikarsklaven ausgesetztes Freilassungsfideikommiss vorstellbar. Iunia Libertas müsste also ihre Freigelassenen gebeten haben, die früheren Vikarsklaven, die ihnen übertragen wurden, nach bestimmter Frist oder dem Eintritt einer Bedingung freizulassen[38]. Eine mögliche Gestaltung findet sich in folgender Digestenstelle:

Ulp. 4 fideicomm. D. 36.1.11.2

> … *Antistia decedens Titium heredem instituit et libertatem dedit Albinae directam eique filiam per fideicommissum reliquit rogavitque, ut filiam manumitteret: sed et Titium rogavit, ut manumissae Albinae filiae restitueret hereditatem …*

> … Im Sterben liegend hat Antistia den Titius zum Erben eingesetzt und hat der Albina die unmittelbare Freiheit gegeben und ihr die Tochter durch ein Fideikommiss hinterlassen und sie gebeten, dass sie die Tochter freilasse. Aber sie hat auch den Titius gebeten, dass er der Tochter der Albina nach ihrer Freilassung die Erbschaft herausgebe …

38 Weitere Belege für die Übertragung von Familienangehörigen auf freigelassene Sklaven bei *Mouritsen*, Freedman (2011) 157 f.

Die Erblasserin hat einen Titius zum Erben eingesetzt, ihre Sklavin Albina testamentarisch freigelassen und ihr die eigene Tochter als Legat hinterlassen; gleichzeitig hat sie der Mutter durch Fideikommiss auferlegt, die Tochter freizulassen, und hat den Erben gebeten, der Tochter nach ihrer Freilassung die Erbschaft herauszugeben. Das Fragment zeigt, dass die Erblasserin mithilfe des Freilassungsfideikommisses eine gestufte Freilassungsordnung einrichten kann: Auf erster Stufe lässt sie selbst die Mutter frei, der sie auferlegt – möglicherweise nach Erreichen der Mündigkeit oder nach Ablauf einer bestimmten Frist –, die ihr als Sklavin anvertraute Tochter ebenfalls freizulassen[39]. Es ist daher rechtlich möglich, dass die Iunia Libertas nicht nur die als „ihre" *liberti et libertae* bezeichneten Personen freigelassen hat, sondern mittels Fideikommiss auch für die Freilassung der von diesen übernommenen Sklaven, die in ihrem Haushalt zuvor Vikarsklaven waren, gesorgt hat.

b. *Die Freigelassenen der* posteri *als dritte Stufe der Begünstigung*

Die dritte Gruppe der vom Nießbrauch Begünstigten sind die von den *posteri* Freigelassenen, wobei – wie die Schlussklausel des Testaments zeigt – die *posteri* selbst ursprünglich nicht als Begünstigte vorgesehen waren. Es ist daher zunächst zu klären, wie die Erblasserin auch diese Freilassungen planen konnte, denn es ist aus den skizzierten sozialhistorischen Gründen wahrscheinlich, dass die Begünstigung wiederum nur Personen betreffen sollte, für die sich die Erblasserin verantwortlich fühlte.

Ein Indiz für die genauere Beschreibung der Freigelassenen der *posteri* liefert das später formulierte Veräußerungsverbot, das von der *familia* der Erblasserin spricht, womit die *familia servorum vel libertorum* gemeint sein muss[40]. Die *posteri* stehen außerhalb dieser Familie, denn es handelt sich um die nach Freilassung geborenen Kinder der direkt oder fideikommissarisch freigelassenen Sklaven der Erblasserin, weshalb die Erblasserin diese auch nicht aufgrund ihres eigenen Sklaven- oder Freigelassenenstatus zu irgendwelchen Handlungen verpflichten kann. Als frei geborene Abkömmlinge der früheren Sklaven stehen sie zwar rechtlich außerhalb des Zugriffsbereichs der Erblasserin; in sittlicher, familiärer und ökonomischer Hinsicht ist jedoch eine enge Verbindung zwischen den *posteri* und der *familia servorum*

39 Vergleichbare Gestaltungen in Alfen. 2 dig. a Paulo epit. D. 33.8.15: *Servo manumisso peculium legatum erat: alio capite omnes ancillas suas uxori legaverat: in peculio servi ancilla fuit. servi eam esse respondit neque referre, utri prius legatum esset.* Dazu *Herrmann-Otto*, Ancilla (1994) 210 Fn. 14.

40 Zu diesem Familienbegriff, vgl. *Bürge*, Familia libertorum, ZRG RA 105 (1988) 317–321; *Mouritsen*, Freedman (2011) 42–51.

vel libertorum anzunehmen[41]. Dabei ist nur daran zu erinnern, dass häufig die Nähe und natürliche Verwandtschaft zwischen Sklaven, Freigelassenen und den von ihnen abstammenden freien Kindern auch die Freigelassenen oder Freien de facto zu Loyalität gegenüber dem Haushalt des Sklavenhalters anhielt: Einerseits war es unwahrscheinlich, den nahen Verwandten den Rücken zu kehren, indem man sich vom Haushalt, in dem diese als Sklaven tätig waren, abwandte; andererseits bestand die Hoffnung, dass auch diese Personen irgendwann freigelassen werden könnten, weshalb die bereits freien Angehörigen versuchten, durch ihre Arbeit und ihr Wohlverhalten gegenüber dem Herrn die Chancen der versklavten Familienmitglieder auf Freilassung zu erhöhen.

Geht man davon aus, dass die erste Gruppe der Begünstigten aus der ersten Generation von Sklaven der Erblasserin besteht (*liberti et libertae*) und die von diesen freigelassene zweite Gruppe der Begünstigten deren Abkömmlinge sind (Freigelassene der *liberti et libertae*), ist es möglich, dass die von den *posteri* Freigelassenen als dritte Gruppe der Begünstigten ihrerseits von der zweiten Gruppe abstammen, also die Kinder der aufgrund eines Fideikommisses freigelassenen Elterngeneration sind. Mit anderen Worten: Es könnte sich um die (leiblichen) Geschwister der *posteri* handeln, die noch nicht in Freiheit, sondern noch während des Sklavenstatus der zweiten Gruppe zur Welt gekommen sind. Sozialhistorisch wäre dann an sogenannte *vernae*, also hausgeborene Sklaven, zu denken[42], wobei gerade eine gewisse Anzahl an Geburten von *vernae* eine plausible Bedingung für die Freilassung der zweiten Gruppe der Sklaven darstellen könnte: Wenn die Nachkommenschaft an Sklaven durch eine gewisse Anzahl an in Abhängigkeit geborenen Kindern gesichert war, konnten verdiente Sklaven freigelassen werden und anschließend freie Kinder zur Welt bringen[43]. Gleichzeitig müsste man annehmen, dass die hausgeborenen Sklaven den Eltern bei Freilassung zum Eigentum übertragen worden wären, um bei Erreichen einer bestimmten Frist oder unter einer Bedingung ihrerseits die Freiheit zu erlangen.

Hinsichtlich dieser sozialhistorisch überaus plausiblen Konstruktion stellt sich aus rechtstechnischer Sicht die Frage, ob die Erblasserin auch hinsichtlich dieser noch ungeborenen Kinder entsprechende Regelungen treffen konnte[44].

---

41 Zum Begriff der *familia* in der Inschrift, vgl. *Mouritsen*, Freedman (2011) 42 Fn. 39; zur erbrechtlichen Bedeutung der *familia*, vgl. *Champlin*, Final Judgments (1991) 131–154.

42 Zu den *vernae vicarii*, vgl. *Herrmann-Otto*, Ancilla (1994) 209 f.

43 Hierzu Einzelheiten und Quellen bei *Herrmann-Otto*, Ancilla (1994) 251–254.

44 Dabei ist zu beachten, dass die Rechtsquellen kaum auf die Verbindung zwischen *vicarii* und *vernae* weisen und sich dies vorrangig aus Inschriften erschließen lässt, vgl. grundlegend *Hermann-Otto*, Ancilla (1994) 222 f.

Dass eine Übertragung der noch zu gebärenden Kinder in das Eigentum der freizulassenden Vikarsklaven durchaus von der Erblasserin geplant werden konnte, ist vorstellbar, denn es handelt sich um ein das Freilassungsfideikommiss begleitendes Fideikommiss zugunsten des freizulassenden Sklaven. Fraglich ist aber, ob es rechtlich möglich ist, die noch nicht geborenen *vernae* (in der dritten Generation von Sklaven) mit einem Freilassungsfideikommiss zu bedenken[45].

c. *Ein Freilassungsfideikommiss zugunsten von ungeborenen Sklavenkindern?*

Die Zulässigkeit einer entsprechenden Planung ist vor allem aufgrund des auch auf Fideikommisse erstreckten Verbotes des *legatum ad incertas personas* problematisch. Diese in den Digesten nur noch indirekt erschließbaren Grenzen thematisiert Gaius, wenngleich er nur das förmliche Legat und die testamentarische Freilassung behandelt:

> Gai. 2.239[46]
>
> *Libertas quoque non videtur incertae personae dari posse, quia lex Fufia Caninia iubet nominatim servos liberari.*
>
> Auch ist ersichtlich, dass man die Freiheit nicht einer unbestimmten Person hinterlassen kann, weil ja die *lex Fufia Caninia* bestimmt, dass Sklaven namentlich zu befreien sind.

Gaius hebt hervor, dass die testamentarische Freilassung nach der *lex Fufia Caninia* verlange, den Sklaven *nominatim* freizulassen. Der Erblasser muss also im Vorhinein wissen, welchen Sklaven er freilassen will. Es stellt sich aber die Frage, inwieweit dieser Bestimmtheitsgrundsatz unmodifiziert auch für Freiheitsfideikommisse galt. Eine wichtige Ergänzung liefern insoweit die *Pauli sententiae*[47]:

---

45 Es ist theoretisch auch möglich, dass die Erblasserin einfach davon ausging, die *posteri* würden ihre leiblichen Geschwister freilassen. Im Sinne der minutiösen Planung und der Einheit von *familia* und Wirtschaft ist es aber weniger wahrscheinlich, dass die Erblasserin diese Frage dem Ermessen überließ.

46 Vgl. auch Inst. 2.20.25, dazu zuletzt *Corbo*, Incertae personae (2012) 179–181, die sich allerdings zur Freilassung nicht äußert.

47 Zum Text, vgl. zuletzt *Lamberti*, Fideicommissa libertas, in: Femmes-esclaves (1999) 373–375; unrichtig *Sirks*, Dotalprivileg, ZRG RA 129 (2012) 549 zu PS. 4.14.1, dass die namentliche Freilassung nicht vorgeschrieben, sondern möglich sei: „but PS 4,14,1 only says that they can be freed *nominatim*, not that they must".

PS. 4.14.1

Nominatim servi testamento manumitti secundum legem Fufiam possunt. Nominatim autem manumittere intellegitur hoc modo Stichus liber esto. Cum autem opsonatorem, vel qui ex ancilla illa nascetur, liberum esse volo, ex Orfitiano senatus consulto perinde libertas competit, ac si nominatim data sit: ...

Nach der *lex Fufia* können Sklaven im Testament namentlich freigelassen werden. ‚Namentlich freilassen' wird aber auf diese Art und Weise verstanden: ‚Stichus soll frei sein'. Wenn ich aber will, dass ‚der Einkäufer für die Küche' oder ‚wer von jener Sklavenfrau geboren sein wird' frei ist, steht aus dem *Senatus consultum Orphitianum* die Freiheit ebenso zu, wie wenn sie namentlich erteilt worden ist. ...

Hiernach erfährt die Vorgabe, *nominatim* freizulassen, für Fideikommisse gewisse Erleichterungen, wobei diese auf ein *Senatus consultum Orphitianum* zurückgeführt werden[48]. Die fideikommissarische Freilassung soll auch dann wirksam sein, wenn der „Einkäufer für die Küche"[49] und derjenige, „der von jener Sklavenfrau geboren sein wird", freigelassen wird, wobei der Text im Fortgang erklärt, dass diese Beschreibung des Freigelassenen einer Namensnennung entspreche. Im hiesigen Zusammenhang ist vor allem die fideikommissarische Freilassung des zukünftigen Sklavenkindes von Interesse: „*qui ex ancilla illa nascetur, liberum esse volo*". Die Klausel betrifft fideikommissarische Freilassungen zukünftiger Kinder einer bestimmten Sklavin. Unklar ist allerdings, ob damit nur die bereits gezeugten, im Moment der Verfügung *in utero* befindlichen Sklavenkinder gemeint sind oder jegliches zukünftige Kind der Sklavin. Zwei Rechtsfragen sind bei der Beantwortung dieser Frage zu unterscheiden[50]: erstens, ob ein Freiheitsfideikommiss zugunsten einer noch nicht geborenen Person überhaupt ausgesetzt werden kann, und zweitens, ob das Fideikommiss zugunsten von Kindern einer bestimmten Sklavin den Vorgaben des Bestimmtheitsgebotes entspricht.

---

48 Die Identität dieses Senatsbeschlusses ist unklar; eine direkte Verbindung zum *Senatus consultum Orphitianum*, das ein Intestaterbrecht der Mutter nach ihren Kindern etabliert, ist zweifelhaft.

49 Gleichsinnig Gai. 1 rer. cott. vel. aur. D. 40.4.24: *Nominatim videntur liberi esse iussi, qui vel ex artificio vel officio vel quolibet alio modo evidenter denotati essent, veluti ‚dispensator meus' ‚cellarius meus' ‚cocus meus' ‚Pamphili servi mei filius'.*

50 Eine hier nicht zu entscheidende Rechtsfrage ist die Wirksamkeit der Verleihung der Freiheit bei Wahlrecht des Erben, dazu Iust. A. Iuliano C. 7.4.16 pr. (a. 531): *Si quis in suo testamento rogaverit suum heredem ex liberis ancillae suae quam nominaverit unum quem elegerit ad libertatem perducere et, cum ancilla unum vel plures enixa est, heres neque dum superest in libertatem aliquem adduxerit vel, cum deliberat, quis ad libertatem producendus est, ab hac luce fuerit subtractus: dubitabatur ab antiquis, utrumne omnes an quidam aut nemo ex his ad libertatem perveniant.* (...), dazu *Buckland*, Slavery (1908) 556 f.

Für die erste Frage kann eine Analogie zu Legaten über zukünftige Sachen herangezogen werden:

Pomp. 5 ad Sab. D. 30.24 pr.[51]

Quod in rerum natura adhuc non sit, legari posse, veluti ‚quidquid illa ancilla peperisset', constitit: vel ita ‚ex vino quod in fundo meo natum est' vel ‚fetus tantum dato'.

Es stand fest, dass das, was noch nicht in natürlicher Existenz ist, vermacht werden kann, zum Beispiel ‚was auch immer jene Sklavin geboren haben wird'; oder so ‚aus dem Wein, der aus meinem Grundstück hervorgegangen ist', oder ‚er soll von dem Wurf soviel geben'.

Nach Pomponius können zukünftige Sklavenkinder, die noch nicht existent sind, (durch Damnationslegat) vermacht werden, wobei dieses Legat ersichtlich nicht auf die in Entstehung befindlichen Kinder beschränkt ist; vielmehr liegt eine bedingte Verfügung vor, die nur dann wirksam wird, wenn die Sache zur Entstehung gelangt[52]. Da auch in anderen Kontexten ein Konnex zwischen erlaubtem Inhalt und Definition des Begünstigten ersichtlich ist, könnte man hieraus schließen, dass auch zukünftige Sklavenkinder durch ein Freilassungsfideikommiss begünstigt werden können, wobei dieses erst dann wirksam wird, wenn diese tatsächlich zur Welt kommen[53].

Schwieriger ist die Frage zu beantworten, ob eine solche Gestaltung auch dem Bestimmtheitsgebot entspricht, das Gaius' Institutionen für das Legat ausführlich erörtern[54]: Als entscheidendes Kriterium vermerkt Gaius,

---

51 Gleichsinnig Gai. 2.203 und Inst. 2.20.7. Zweifelnd zur Frage: *Buckland*, Slavery (1908) 476 f., der diesbezüglich m.E. nicht ausreichend zwischen Fideikommissen und direkten Freilassungen unterscheidet.

52 Gleichsinnig Pomp. 3 ad Q. Muc. D. 35.1.1.3, dazu *Voci*, Acquisto (1936) 96 f.

53 So auch *Bianchi*, Concepimento, RDR 12 (2012) 6: „Le parole ‚QUOD EX ILLA ANCILLA' (...) ricomprendono tanto il conceptus quanto colui che non ha ancora esistenza." Ulp. 5 fideicomm. D. 40.5.24.4 *Servo eius, qui nondum in rebus humanis est, libertas recte per fideicommissum relinquitur.* Diese Aussage bezieht sich auf einen bereits gezeugten Sklaven, nicht auf jede zukünftige Geburt, vgl. *Ferretti*, In rerum natura (2008) 170 f. Zur Unterscheidung von ungeborenen Hauserben und Sklavenkindern, vgl. *Thomas*, L'enfant, Annales 62 (2007) 35, der betont: „Aux enfants à naître d'une femme esclave n'était accordée aucune sorte d'existence fictive. (...)" (unter Verweis auf Pap. 19 quaest. D. 35.2.9); differenzierend jetzt *Sanna*, Partus ancillae, TSDP 5 (2012) 1–37.

54 Inst. 2.20.25: *Incertis vero personis neque legata neque fideicommissa olim relinqui concessum erat: nam nec miles quidem incertae personae poterat relinquere, ut divus Hadrianus rescripsit. incerta autem persona videbatur, quam incerta opinione animo suo testator subiciebat, veluti si quis ita dicat: quicumque filio meo in matrimonium filiam suam collocaverit, ei heres meus illum fundum dato: illud*

dass der Erblasser eine Person aus einer zuvor genauer ermittelten Gruppe begünstige. Daher gilt das Legat, „demjenigen meiner jetzt vorhandenen Blutsverwandten, der als erster zu meiner Beerdigung kommt, soll meine Erbe 10'000 zahlen" (Gai. 2.239)[55] als hinreichend bestimmbar, während die allgemeinere Fassung „Wer als erster zu meiner Beerdigung kommt, dem soll mein Erbe 10'000 zahlen" (Gai. 2.238)[56] als unwirksam anzusehen ist. Übertragen auf die Freilassung von Sklaven könnte man daher annehmen, dass die Freilassung irgendwelcher zukünftig geborener Sklaven nicht hinreichend bestimmt ist, während die Freilassung der von einer bestimmten Sklavin (*illa ancilla*) geborenen Kinder als Freilassung von Individuen einer bestimmten Gruppe Wirksamkeit entfaltet. Allerdings ist zu beachten, dass Gaius diese Gruppe mit Blick auf das Legat noch weiter einschränkt, indem er nur diejenigen *ex cognatis meis, qui nunc sunt*, von der Verfügung erfasst sehen will. Gerade die zukünftigen Kognaten sind mithin nicht im Legat aufgenommen.

Dennoch könnte das Freilassungsfideikommiss zugunsten der zukünftigen Kinder einer bestimmten Sklavin dem Bestimmtheitsgrundsatz genügen, wenn man beachtet, dass das Fideikommissrecht mit Blick auf diese Regel auch sonst eine größere Flexibilität erkennen lässt als das formelle Legatsrecht:

Mod. 9 reg. D. 31.32.6[57]

In fideicommisso quod familiae relinquitur hi ad petitionem eius admitti possunt, qui nominati sunt, aut post omnes eos exstinctos qui ex nomine defuncti fuerint eo tempore, quo testator moreretur, et qui ex his primo gradu procreati sint, nisi specialiter defunctus ad ulteriores voluntatem suam extenderit.

Hinsichtlich eines Fideikommisses, das einer Familie hinterlassen wird, können diejenigen zu dessen Klage zugelassen werden, die namentlich genannt worden sind, oder diejenigen, die – nachdem diese alle verstorben sind – im Namen des Verstorbenen waren zu dem Zeitpunkt, in dem der Testator verstarb, und welche im ersten Grad von diesen gezeugt worden sind, wenn nicht der Verstorbene seinen Willen im Besonderen auf die übrigen erweitert hat.

Mit Blick auf das Familienfideikommiss hält Modestinus fest, dass nicht nur diejenigen Familienangehörigen, die beim Tod des Erblassers schon lebten,

---

quoque, quod his relinquebatur, qui post testamentum scriptum primi consules designati erunt, aeque incertae personae legari videbatur: et denique multae aliae huiusmodi species sunt. libertas quoque non videbatur posse incertae personae dari, quia placebat nominatim servos liberari. (...).

55 Gai. 2.238: *(...) Ex cognatis meis, qui nunc sunt, qui primus ad funus meum venerit, ei x milia heres meus dato.*

56 Gai. 2.238: *(...) qui primus ad funus meum venerit, ei heres meus x <milia> dato.*

57 Zur Stelle, vgl. Belege bei *Babusiaux*, Erbrecht im Gnomon, ZRG RA 135 (2018) 118–120.

von der Begünstigung erfasst würden, sondern auch diejenigen, die von diesen im ersten Grad gezeugt wurden, also ihre unmittelbaren Abkömmlinge. Die Großzügigkeit erklärt sich aus der Formlosigkeit des Fideikommissrechts. Diese hat für die Bestimmbarkeit des Begünstigten eine doppelte Wirkung: Erstens ist der – wie auch immer geäußerte oder durch Auslegung ermittelte – Wille des Erblassers entscheidend; zweitens unterliegt das Fideikommiss gerade nicht den Schranken, die dem Legat durch das Verbot des *legatum post mortem heredis* gesetzt werden, wie Gai. 2.269 betont[58]. Daher sind beim Fideikommiss typischerweise auch generationsüberschreitende Gestaltungen möglich und zulässig, was sich auf die Auslegung seines Inhalts auswirken muss. Es erscheint daher vorstellbar, dass auch die fideikommissarische Freilassung großzügigeren Maßstäben mit Blick auf die Bestimmbarkeit unterlag als die testamentarische Freilassung, wobei für die Inschrift zudem zu beachten ist, dass die Gleichstellung von Legaten und Fideikommissen hinsichtlich der Bestimmbarkeit erst unter Hadrian erfolgte, während der Text der Iunia Libertas auf den Beginn des 2. Jahrhunderts n. Chr. datiert wird[59]. Es könnte daher auch sein, dass die Erblasserin noch zu einer Zeit testierte, als das Verbot einer Verfügung *ad incertas personas* noch nicht für Fideikommisse galt.

Mit der Annahme einer wirksamen fideikommissarischen Freilassung der zukünftigen Kinder bereits jetzt bekannter Sklavinnen (oder Sklavenpaare) wäre auch erklärbar, auf welche Weise die *posteri* in die Planung der Erblasserin einbezogen sind:

PS. 4.13.2

Decedente eo, a quo fideicommissa libertas relicta est, heredes eius eam praestare cogendi sunt.

Bei Tod desjenigen, mit Wirkung für den das Freiheitsfideikommiss hinterlassen worden ist, müssen seine Erben gezwungen werden, diese [die Freiheit] zu leisten.

Soweit die *posteri* ihre freigelassenen Eltern nach *ius civile* oder *ius praetorium* – allenfalls auch im Wege der gesetzlichen Erbfolge – beerbten, erhielten sie nicht nur das Eigentum an den diesen hinterlassenen *vernae*. Vielmehr wären die *posteri* als Rechtsnachfolger der Eltern verpflichtet, die in Sklaverei verbliebenen Geschwister nach Eintritt der bestimmten Frist oder der festgelegten Bedingung freizulassen.

---

58 Gai. 2.269: *Nam ecce per fideicommissum post mortem heredis relinqui potest, cum alioquin legatum ita relictum inutile sit.*

59 Vgl. *Bretone*, Usufrutto (1962) 199, der davon ausgeht, dass die Inschrift vor dem Hadrianischen Verbot angefertigt wurde.

d. Die Bedeutung der Ergänzung in Z. 20

Gelangt man mithin zu dem Ergebnis, dass ein Freilassungsfideikommiss zugunsten der von den Freigelassenen der *liberti et libertae* der Erblasserin geborenen Kinder, der *vernae*, konstruktiv vorstellbar ist, wäre die diesbezügliche Planung der Iunia Libertas wie folgt zusammenzufassen:

1. Sie lässt die erste Generation von Sklaven testamentarisch frei (*liberti et libertae*) und gibt ihnen die eigenen schon lebenden Kinder als *peculium* mit der Auflage (Fideikommiss), diese nach Geburt von einer bestimmten Anzahl von Sklavenkindern (oder Verstreichen einer Frist) freizulassen.
2. Die zweite Generation Sklaven wird von den *liberti et libertae* der Erblasserin in Befolgung des Freilassungsfideikommisses freigelassen und erhält entsprechend den Vorgaben der Erblasserin ihre in Sklaverei geborenen Kinder zum Eigentum, wobei erneut ein Freilassungsfideikommiss der Erblasserin zugunsten dieser als *vernae* vorstellbaren Gruppe gilt.
3. Die *posteri* als die frei geborenen Abkömmlinge der zweiten Gruppe erben beim Tod der zweiten Generation aufgrund der üblichen Regeln des *ius civile* oder des *ius praetorium* das Eigentum an ihren Geschwistern, den *vernae*, und unterliegen dabei gleichzeitig dem Freiheitsfideikommiss, das die Erblasserin zugunsten dieser zukünftigen Sklaven (*ex ancilla nascetur*) ausgesetzt hat.

Es sei betont, dass, wenn diese Rekonstruktion zutreffen sollte, nicht nur erklärbar wäre, warum die Iunia Libertas nicht über die *posteri* hinaus entsprechende Anordnungen traf, obgleich sie ja – wie die Auflage an die Stadt Ostia zeigt – durchaus an einem längerfristigen Andenken interessiert gewesen wäre. Die Erklärung für die auf drei Gruppen von Freigelassenen beschränkte Wirkung wäre dann in den Vorgaben des Bestimmtheitsgrundsatzes im Recht der Freilassungsfideikommisse zu suchen.

Weiter ließe sich mit der hier vorgeschlagenen Rekonstruktion erklären, warum in Z. 20 eine ergänzende Bestimmung zugunsten der *posteri* eingefügt werden musste, die schon in ihrer äußeren Gestalt erkennen lässt, dass sie nicht auf der ursprünglichen Planung im Testament, sondern vermutlich auf einem Kodizill beruhte: Die skizzierte gestufte Zuwendung an verschiedene Generationen von Sklaven der Familie ging offenkundig von der Prämisse aus, dass die Generationen nacheinander begünstigt sein würden und es kaum zu einer Koexistenz verschiedener Gruppen kommen würde, wobei daran zu denken ist, dass die Erblasserin durch entsprechende Bedingungs- oder Befristungskonstruktionen vorsorgte. Der *posteri* hingegen konnte die Erblasserin nicht habhaft werden, weil diese durch den bloßen Tod eines männlichen Elternteils an dessen Stelle treten und daher durch Zufall in die

Gruppe der Begünstigten gelangten[60]. Dieser von der Erblasserin bei Abfassung des Testaments offenbar nicht vorhergesehene Fall war bei ihrem Tod entweder eingetreten oder absehbar, weshalb sie sich genötigt sah, eine Rangfolge zwischen den *posteri* und ihren Vorfahren (der zweiten Generation der Sklaven der Iunia Libertas) zu bestimmen. Die in der letzten Zeile der Inschrift aufgenommene Bestimmung (Z. 20) ist daher keine Korrektur eines früheren Versehens, sondern eine Substitution von Begünstigten (nämlich der Freigelassenen der Freigelassenen zu Lasten der *posteri*), wie sie auch sonst in Kodizillen zu beobachten ist[61]. Die offenkundig später erfolgte Ergänzung des Steins mit den zusätzlichen Anordnungen der Iunia Libertas wird man einem Begünstigten dieser Regelung zuschreiben müssen, wobei man voraussetzen muss, dass er oder sie Zugang zu der letztwilligen Verfügung der Erblasserin hatte.

Versteht man die Begünstigten in dem hier vorgeschlagenen Sinne, liegt mithin das Legat eines *ususfructus* an verschiedene Gruppen von direkt oder indirekt Freigelassenen der Erblasserin vor, die – solange noch einer aus ihrer Mitte vorhanden ist – die Teilung des Grundstücks erschweren.

Diese von den bisherigen Deutungen abweichenden Überlegungen sind nunmehr auch bei Betrachtung des in Z. 7–10 der Inschrift enthaltenen Veräußerungsverbotes zu berücksichtigen.

3. Zu den Wirkungen des Veräußerungsverbotes

Das Veräußerungsverbot ist in auffälliger Weise durch *velit* in Kombination mit drei Infinitiven im Perfekt Aktiv formuliert. Die Perfektform dient hier nicht zum Ausdruck von Vorzeitigkeit[62], sondern unterstreicht den Verbotscharakter der Vorschrift: Die Erblasserin verbietet den Begünstigten, den Nießbrauch zu verkaufen, zu veräußern oder einem Dritten zu überlassen, weil sich – wie sie ebenfalls ausdrücklich erklärt – der Nießbrauch in der letzten aus der *familia* stammenden Person konzentrieren soll, nach deren Tod dann der Erbe das Eigentum an die Gemeinde Ostia herausgeben soll. Der Sinn dieser Vorgabe ist vor allem aus zwei Gründen in Zweifel gezogen

60 Zum Erwerb des *ususfructus* durch den Erben, vgl. III.3.

61 Die klarste Parallele bildet Mod. 10 resp. D. 32.83.1: *Testator, qui libertis fideicommissum relinquebat, substitutione inter eos facta expressit, ut post mortem extremi ad posteros eorum pertineret: quaero, cum nemo alius sit nisi libertus eius qui extremo mortuus est, an is ad fideicommissum admitti debeat. respondit: posterorum appellatione liberos tantummodo, non etiam libertos eorum, quibus fideicommissum relictum est, fideicommisso contineri nequaquam incertum est.*

62 Vgl. *Leumann/Hofmann/Szantyr*, Lateinische Syntax (1972) 351 f.

worden: Zum einen wurde das Verbot für unnötig erachtet, weil es sich ja um ein Grundstück mit einem Grab handele, das schon als solches unveräußerlich sei[63]; zum andern wurde das Verbot als sinnwidrig angesehen, da die Nutznießung als höchstpersönliches Recht nicht übertragen werden könne, sondern erlösche[64]. Gegen die erste Annahme spricht bereits, dass es wenig überzeugt, eine unterstellte Funktion der Inschrift für die Kritik des Textes zu verwenden. Die zweite Infragestellung der Inschrift übersieht, dass der Usufruktuar auch die Ausübung des Nießbrauches Dritten übertragen kann, sodass das Veräußerungsverbot gerade diese Übertragung der Ausübung an Dritte betreffen könnte[65]. Ziel des Verbotes wäre dann, den Wirtschaftsverband der *liberti* und ihrer Nachkommen aufrechtzuerhalten, das heißt die räumlichen und persönlichen Strukturen, die durch die *familia* geschaffen wurden, auch nach dem Tod der Erblasserin fortzuführen. Diese Intention ist keineswegs sinnwidrig, wenn man sich vor Augen führt, dass die verschiedenen Stufungen der Abhängigkeit – *liberti* und *libertae*, Sklaven und Vikarsklaven – auch der wirtschaftlichen Organisation dienten[66]. Die Weitergabe einzelner Nutzungsbefugnisse an Fremde hätte diese Organisation gestört.

Problematischer ist die Frage, auf welche Weise das so verstandene Veräußerungsverbot durchgesetzt werden konnte. Diesbezüglich wird meist auf die Regelungen des Familienfideikommisses verwiesen[67], durch die eine Bindung eines Grundstücks an einen bestimmten Familiennamen erreicht werden kann[68]. Allerdings ist zu beachten, dass die Auslegung von Veräußerungsverboten als Fideikommiss mit Sicherheit erst ab der Severerzeit gilt[69], weshalb sich die Frage stellt, ob die vom Beginn des 2. Jahrhunderts

63 Zur Einordnung als Grab, vgl. auch *Kaser*, Grabrecht, ZRG RA 95 (1978) 66 Fn. 223.

64 Diese angebliche Eigenschaft des Nießbrauchs wurde auch als Anhaltspunkt für die These verwendet, es handele sich um Quasi-Eigentum, vgl. *Bianchi*, Inalienabilità, Annaeus 10 (2013) 21.

65 So offenbar auch *Bianchi*, Inalienabilità, Annaeus 10 (2013) 30 f., zur Übertragbarkeit der Ausübung, vgl. Ulp. 17 ad Sab. D. 7.1.12.2 *Usufructuarius vel ipse frui ea re vel alii fruendam concedere vel locare vel vendere potest: nam et qui locat utitur, et qui vendit utitur.* (...), dazu *Wesener*, s.v. usus fructus, RE IX A.1 (1961) 1149; *Sanfilippo*, Valore giuridico, Annali Catania 4 (1949/50) 153 hält dieses Verständnis für nicht zielführend, weil es dem Eigentümer nicht entgegengehalten werden könne. Darauf kommt es jedoch gar nicht an.

66 *Mouritsen*, Freedman (2011) 218–221.

67 Nachweise bei *Blanch Nougués*, Consideraciones, RIDA 54 (2007) 210 f.

68 Allgemein zu derartigen Bestimmungen: *Johnston*, Family settlements, ZRG RA 102 (1985) 223–227.

69 Zu Marcian. 8 inst. D. 30.114.14, vgl. *Johnston*, Family settlements, ZRG RA 102 (1985) 272–281, der 227 die „fundamental changes" in dieser Zeit hervorhebt.

n. Chr. stammende Inschrift nicht möglicherweise von anderen Voraussetzungen ausgegangen ist[70]. Zudem verlangt die Auslegung als Fideikommiss die Ermittlung eines Begünstigten, die hier nicht ohne Weiteres möglich ist, denn die Weitergabe der Ausübung am eigenen Anteil hindert die sonstigen Usufruktuare *prima facie* nicht, ihr Recht auszuüben[71]. Zudem ist es – wie schon De Visscher zu Recht hervorgehoben hat – gar nicht notwendig, die Usufruktuare im Fall des Versterbens zu verpflichten, ein Familienmitglied als Nachfolger in den *ususfructus* vorzusehen[72]: Ein ‚Nachrücken' von Angehörigen der *familia* erfolgt vielmehr schon aufgrund der Anwachsungsvorschriften des *legatum ususfructus*, weshalb es keines Schutzes durch Fideikommiss für den Übergang zwischen den Generationen bedarf.

Im Folgenden soll geprüft werden, ob die Anwachsungsvorschriften möglicherweise auch eine Sanktion des Veräußerungsverbotes der Z. 7–10 erlauben, sodass die Inschrift auch diesbezüglich eine rechtlich tragfähige Regelung enthalten könnte.

a. Anwachsungsregeln beim Vindikationslegat des ususfructus

Da die Anwendung der Anwachsungsregeln auch mit Blick auf die Nachfolgeregelung der Begünstigten in Zweifel gezogen worden ist, sind diese zunächst kurz darzustellen und auf ihre Tauglichkeit im vorliegenden Kontext zu prüfen. Hauptkritikpunkt von Sanfilippo war die fehlende Vererblichkeit des *ususfructus*, der als höchstpersönliches Recht nicht auf einen Erben übergehen könne, weshalb er die von der Erblasserin gewählte Gestaltung, erst ihre Freigelassenen, dann deren Freigelassene und schließlich die von den *posteri* freigelassenen Personen als Usufruktuare vorzusehen, für rechtlich unzulässig hielt[73]. Hiergegen ist zum einen darauf zu verweisen, dass die Vererblichkeit des *ususfructus* nicht zwingend als justinianische

70 Hier ist insbesondere an die Auslegung durch Scaevola in Scaev. 19 dig. D. 32.38.4 zu erinnern, dazu *Johnston*, Family settlements, ZRG RA 102 (1985) 227 f.

71 Zudem ist fraglich, ob ein gemeinsamer Entscheid der Begünstigten, die Ausübung ausschließlich Dritten zu überlassen, wirksam wäre, vgl. auch Scaev. 3 resp. D. 31.88.14, dazu *Johnston*, Family settlements, ZRG RA 102 (1985) 233.

72 *De Visscher*, Tombeaux (1963) 247–249; die Kritik von *Johnston*, Trusts and Tombs, ZPE 72 (1988) 85 „accrual is all very well but could operate only until the usufruct was concentrated in the hands of the last of the original group of beneficiaries" betrifft die Frage des Grabschutzes und nicht die Konstruktion als solche.

73 *Sanfilippo*, Valore giuridico, Annali Catania 4 (1949/50) 154 f.; so auch *Bretone*, Usufrutto (1962) 199.

Interpolation anzusehen ist. So hat zuletzt Finkenauers genaue Analyse der Reformkonstitution Justinians gezeigt, dass die Frage des Übergangs auf den Erben bereits in der Rechtswissenschaft des Prinzipats diskutiert und teilweise bejaht wurde[74]. Dabei scheint dieser Übergang von einer Mehrheit der Juristen vom Parteiwillen abhängig gemacht worden zu sein[75]. Zum andern ist daran zu erinnern, dass die Stufung von Berechtigten ohnehin nicht mit der Frage nach der Vererblichkeit zu verwechseln ist, da es sich nicht um einen Übergang von einer Person auf die andere, sondern um eine eigene, vom ursprünglichen Erblasser stammende Begünstigung der nachfolgenden Person handelt[76]. Daher steht – wie viele Texte aus den Digesten und auch aus der außerjustinianischen Überlieferung beweisen[77] – der höchstpersönliche Charakter des Nießbrauchs der Gültigkeit von Anwachsungsvorschriften zwischen Kollegataren eines *ususfructus* nicht entgegen.

Die Anwachsungsregeln zwischen Kollegataren hat zuletzt Sebastian Lohsse im Detail untersucht; er hat dabei auch die Besonderheiten des Nießbrauchlegates im Vergleich zum Legat des Eigentums herausgearbeitet[78]. Beachtlich ist im hiesigen Kontext insbesondere seine Erklärung des Anwachsungsmechanismus zwischen Kollegataren beim Nießbrauchlegat. Er führt die Unterschiede, die im Vergleich zum Legat von Miteigentum zu beobachten sind, darauf zurück, dass der *dies cedens* des Nießbrauchlegates für jeden einzelnen Berechtigten zu bestimmen sei. Dies habe zur Folge, dass die Rechtsmacht des einen Legatars von vornherein durch das möglicherweise auch nur aufschiebend bedingte Recht des anderen beschränkt werde: „Kollegatare eines *fundus* erwerben alle gleichermaßen und zu einem Zeitpunkt das Eigentum (...). Dagegen beschränken Nießbrauchkollegatare einander schon beim Erwerb, nicht erst in der Ausübung des Rechts; (...).

74 Iust. A. Iuliano C. 3.33.14 pr. (a. 530) geht von der Wirksamkeit eines revolvierenden Nießbrauchlegates aus und berichtet dabei davon, dass die Frage umstritten gewesen sei; zur Deutung des Textes, vgl. *Finkenauer*, Stipulation (2010) 154–157; vgl. auch Ulp. 21 ad Sab. D. 30.39.4: *Si quis alicui legaverit licere lapidem caedere, quaesitum est, an etiam ad heredem hoc legatum transeat. Et Marcellus negat ad heredem transmitti, nisi nomen heredis adiectum legato fuerit.*

75 Einzelheiten bei *Finkenauer*, Stipulation (2010) 139–154.

76 Zum Unterschied zwischen Anwachsung und Substitution, vgl. *Lohsse*, Ius adcrescendi (2008) 139, der allerdings zugesteht, dass der rechtstechnisch grundlegende Unterschied praktisch kaum Auswirkungen hat.

77 Der Nießbrauch ist ein typisches Beispiel für Anwachsungsvorschriften, vgl. nur D. 7.2 *De usu fructu adcrescendo*; Ulp. 17 ad Sab. Frag. Vat. 76–77, dazu *Wesener*, s.v. usus fructus, RE XI A.1 (1961) 1165 f.; *González Roldán*, Legato d'usufrutto, in: Scritti Corbino 3 (2016) 457–463.

78 *Lohsse*, Ius adcrescendi (2008) 151–225.

Deshalb gilt, daß der Nießbrauch anders als das Eigentum zu verschiedenen Zeitpunkten entsteht und vermacht wird; (...).“[79]. Diese gut begründete Feststellung hat zur Folge, dass auch der Eintritt von nachrangig Berechtigten als originär vorhandene Beschränkung der erstberechtigten Legatare angesehen werden kann, so dass die später hinzutretenden Nießbrauchsberechtigten *ab initio* als Kollegatare anzusehen sind[80].

Weiter ist beachtlich, dass nach Lohsse „der erbrechtliche Erwerbsgrund des Nießbrauchs stets Bedeutung“ hat[81], weil – anders als beim Miteigentum – kein selbstständiges Verhältnis zwischen den ‚Mitnießbrauchern‘ besteht, sondern jeder Einzelne seine Berechtigung aus dem Legat ableitet. Dieser Unterschied zum Legat des Miteigentums zeige sich gerade dann, wenn es um den Ausfall eines Berechtigten geht, dessen Anteil sodann den übrigen anwächst: „Die Konsolidation des Nießbrauchs mit dem Eigentum wird (...) durch das bedingt ausgesetzte ‚Restvermächtnis‘ verhindert“[82]; hieraus erklärt sich auch, dass der Legatar, der sein Anrecht verloren hat, dieses nicht wieder erlangen kann, da das Vermächtnis ‚verbraucht‘ ist.

Die von Lohsse herausgearbeitete dogmatische Konstruktion der Anwachsungsregeln beim Nießbrauchlegat vermag die Planung des *usufructus* im Testament der Iunia Libertas plausibel zu erklären: Berechtigte Kollegatare sind all diejenigen, die sie als Empfänger des Vermächtnisses bestimmt hat; das Legat am *usufructus* fällt jedem Einzelnen mit der eigenen Freilassung an, ist also auf den Vollzug der Freilassung durch die Erblasserin, die *liberti et libertae* sowie durch die Freigelassenen der *liberti et libertae* und ihre *posteri* bedingt[83]. Dass das Hinzutreten und die Ablösung der früheren Berechtigten durch die späteren trotz des jeweils unterschiedlichen *dies cedens* dennoch ein einziges Nießbrauchlegat darstellt, zeigt sich besonders deutlich im *donec*-Satz (Z. 9), der das Ziel des Legates formuliert[84]: Am Ende der erblasserischen Planung soll das letzte Familienmitglied das gesamte Legat auf sich vereinen. Seine Berechtigung – so könnte man die juristische Konstruktion dieses längerfristig wirkenden Legates beschreiben – ist durch die

---

79 *Lohsse*, Ius adcrescendi (2008) 214.

80 Vat. 77, dazu *Lohsse*, Ius adcrescendi (2008) 152 f.

81 *Lohsse*, Ius adcrescendi (2008) 224; zur Bedeutung des Testatorwillens für die Auslegung des *usufructus*, vgl. auch *González Roldán*, Legato d'usufrutto, in: Scritti Corbino 3 (2016) 476–478.

82 *Lohsse*, Ius adcrescendi (2008) 225.

83 Genau diese Konstruktion hielt *Amelotti*, Testamento 1 (1966) 175 für nicht überzeugend, da die Anwachsung nicht mit zukünftigen Personen vorgesehen werden könne; ihm folgend *Bianchi*, Inalienabilità, Annaeus 10 (2013) 23.

84 Zutreffend auch *Bianchi*, Inalienabilità, Annaeus 10 (2013) 28.

früheren Mitberechtigungen beschränkt und gleichzeitig bedingt dadurch, dass er als Letzter der Familie überlebt[85].

Mit diesen Beobachtungen zu Charakter und Erklärung der Anwachsungsvorschriften beim Nießbrauchlegat ist nunmehr zu untersuchen, ob die Anwachsung auch als Sanktion für das Veräußerungsverbot der Erblasserin wirken könnte. Konkret hieße dies, dass ein Legatar, der gegen das Verbot, die Ausübung seines Anteils einem Dritten zu unterlassen, verstößt, seine Berechtigung verliert und in der Folge auch nicht wiedererlangen kann.

b. *Anwachsung als Sanktion des Verstoßes gegen ein Veräußerungsverbot?*

Nach den vorstehenden Überlegungen könnte eine solche Rechtsfolge dadurch konstruiert werden, dass das Nießbrauchlegat jeweils nur zur eigenen Ausübung hinterlassen ist und der Legatar daher seine Berechtigung verliert, wenn er gegen das Veräußerungsverbot verstößt. Zwar ist der Verstoß gegen Veräußerungsverbote kein anerkannter Grund für das Erlöschen eines Nießbrauchs[86]; nach der von Lohsse aufgezeigten Fortgeltung des erbrechtlichen Erwerbsgrundes, das heißt der Abhängigkeit aller, auch nachrangig Berechtigter vom Legat, könnte man aber an eine *ademptio legati*[87] mit Blick auf den eigenen Anteil am Nießbrauchlegat denken, die nicht auf die klassischen Erlöschensgründe des dinglichen Rechts beschränkt ist. Der Entzug des Legates von einem Berechtigten führte dann zur Anwachsung bei den anderen[88]. Ein Beispiel für eine derartige *translatio legati* findet sich für ein Damnationslegat über ein Landgut:

Ulp. 24 ad Sab. D. 34.4.3.4[89]

Si quis ita legaverit: ‚heres meus Titio fundum dato et si Titius eum fundum alienaverit, heres meus eundem fundum Seio dato‘, oneratus est heres: non enim a Titio fideicommissum relictum est, si alienasset fundum, sed ab herede ei legatum est.

---

85 Zur *condicio ‚si novissimus supervixit‘*, vgl. Iul. 36 dig. D. 34.5.11, dazu *Di Nisio*, Libertis dari volo, Index 42 (2014) 249 mit Fn. 90.

86 Zu den Erlöschensgründen eines Nießbrauchs, vgl. nur PS. 3.6.28–33, dazu *Wesener*, s.v. usus fructus, RE XI A.1 (1961) 1168–1171.

87 Die *ademptio legati* bedarf neuer Untersuchung; die letzte Studie stammt von *Talamanca*, Revoca, in: Studi Betti 4 (1962) 181–348 und ist noch interpolationistisch geprägt.

88 Zur *translatio legati* bei Verfügungen zugunsten von *liberti et libertae*, vgl. auch *Tamayo Errazquin*, Libertis libertabusque (2007) 260–283 m.w.N.

89 Zum Text, vgl. *Talamanca*, Revoca, in: Studi Betti 4 (1962) 247–249, der zu Recht betont, dass es sich um ein Damnationslegat handelt.

Heres igitur debebit doli exceptione posita prospicere sibi cautione a Titio de fundo non alienando.

Wenn jemand so vermacht hat: ‚Mein Erbe soll dem Titius ein Grundstück geben und, wenn Titius dieses Grundstück veräußert hat, soll mein Erbe dasselbe Grundstück dem Seius geben', wurde der Erbe beschwert. Denn nicht zu Lasten des Titius ist das Fideikommiss hinterlassen worden, wenn er das Grundstück veräußert hätte, sondern vom Erben ist es ihm vermacht worden. Der Erbe wird sich daher durch Erhebung einer *exceptio doli* eine Sicherheitsleistung von Titius hinsichtlich der Nichtveräußerung des Grundstücks beschaffen müssen.

In diesem Fall ist ein Landgut an Titius vermacht worden: Wenn Titius gegen das Verbot, das Grundstück zu veräußern, verstößt, soll der Seius das Landgut erhalten. Ulpian entscheidet, dass der Erbe zugunsten des Seius beschwert sei; es liege kein Fideikommiss zu Lasten des Titius vor, sondern ein Entzug des Legates für den Fall, dass Titius das Landgut veräußere. Der Jurist empfiehlt daher dem Erben, Titius das Landgut nur gegen Sicherheitsleistung mit Blick auf die Nichtveräußerung zu überlassen, weil er sonst für die Uneinbringlichkeit des Landgutes aufkommen müsse.

Einer derartigen kautelaren Sicherung bedarf es beim Vindikationslegat nicht, denn hier führt der Verstoß gegen die Vorgaben des Erblassers automatisch zum Rechtsübergang auf den nachrangig Berechtigten[90]:

Iul. 32 dig. D. 30.81.2[91]

‚Stichum Sempronio do lego: si Sempronius Stichum intra annum non manumiserit, eundem Stichum Titio do lego'. Quaesitum est, quid iuris esset. Respondi Sempronium interim totum habiturum et, si quidem intra annum manumisisset, liberum eum effecturum: sin autem hoc non fecisset, totum ad Titium pertinere.

‚Ich gebe und vermache den Stichus dem Sempronius. Wenn Sempronius den Stichus nicht innerhalb eines Jahres freigelassen habe, gebe und vermache ich den gleichen Stichus dem Titius'. Die Frage war, was rechtens sei. Ich habe geantwortet, dass Sempronius ihn in der Zwischenzeit als Eigentümer haben werde und, wenn er ihn ja innerhalb eines Jahres freigelassen habe, ihn zum Freien machen werde. Wenn er dies aber nicht getan habe, werde er ganz dem Titius gehören.

In diesem Fall ist Stichus durch Vindikationslegat dem Sempronius unter der Bedingung hinterlassen worden, dass Sempronius den Stichus freilasse und, wenn er ihn nicht freilasse, Titius das Eigentum am Sklaven als Legatar erwerbe. Verstößt Sempronius gegen die Freilassungsbestimmung, erwirbt Titius das Eigentum an dem Sklaven[92].

---

90 Diesen Unterschied betont auch *Di Salvo*, Legato modale (1973) 182 Fn. 285.
91 *Talamanca*, Revoca, in: Studi Betti 4 (1962) 260–263.
92 Zur Frage des *modus*, vgl. auch *Di Salvo*, Legato modale (1973) 178 Fn. 273.

Auch wenn kein Text zur *ademptio legati* beim *legatum usus fructus* überliefert ist, ist es nach diesen Beobachtungen zum Legat von Eigentum durchaus plausibel, dass auch das Nießbrauchvermächtnis durch entsprechende Bedingungen oder Auflagen ausgestaltet werden konnte. Wenn zudem zutrifft, dass – wie Lohsse herausgearbeitet hat – der erbrechtliche Erwerbsgrund beim *usus fructus* auch für das spätere Verhältnis der Kollegatare entscheidend ist, könnte sich aus der Kombination von Anwachsungsregeln und Veräußerungsverbot ein effektiver Mechanismus ergeben, um den Willen der Erblasserin gegenüber unwilligen Freigelassenen durchzusetzen.

IV. Die letztwillige Strategie der Iunia Libertas in der Gesamtschau

Betrachtet man abschließend das Gesamtkonzept der Planung, die in der Inschrift zum Ausdruck kommt, so kann man sich des Eindrucks nicht erwehren, dass Iunia Libertas eine längerfristige Strategie verfolgte. Der erste Schritt dieser Strategie bestand darin, den ihr zustehenden Miteigentumsanteil gestuft an ihre *familia servorum et libertorum* zum *usus fructus* zu geben. Wie oben näher begründet, konnte sie dadurch vermutlich die Erbteilung jedenfalls faktisch verhindern. Dabei war den Freigelassenen und den von ihnen weiter Freigelassenen aufgegeben, das Grundstück mit seinen Wirtschaftsgebäuden selbstständig zu verwalten und keine Dritten in die Bewirtschaftung aufzunehmen. Der Schutz dieser Bestimmung wurde vermutlich durch die Anwachsungsregeln des Nießbrauchrechts erzielt, sodass diejenigen, die gegen das Veräußerungsverbot verstießen, ihren Anteil zugunsten der getreuen Gefolgsleute der Erblasserin verloren. Mit dem Tod des letzten der Dynastie von Freigelassenen sollte der Erbe sodann das Grundstück zum Eigentum an die Stadt Ostia herausgeben, die aus seinen Erträgen *parentalia* abhalten sollte. Diese Bestimmung ist als Fideikommiss mit entsprechender Auflage erklärbar und entspricht einer gängigen Praxis in den epigraphisch überlieferten letztwilligen Verfügungen[93]. Eine Gleichsetzung von *usus fructus* und Eigentum kann man aus dieser Abfolge zweier unterschiedlicher Bestimmungen nur ableiten, wenn man übersieht, dass nicht die Legatare, sondern der Erbe mit dem Fideikommiss beschwert war[94].

Ebenfalls abzulehnen ist die immer wieder aufgestellte Behauptung, die Inschrift diene der Grabpflege[95]; weder der Fundort noch der Inhalt der Inschrift sprechen für diese Annahme; auch die schlichte Tatsache, dass die

93 *Desanti*, Restitutionis post mortem onus (2003) 215 f. mit Fn. 104 f.

94 So aber *Bretone*, Usufrutto (1962) 201 f.

95 Zuletzt noch *Kremer*, Conflit, IVRA 61 (2013) 36.

Freigelassenen mit einem Legat bedacht sind, das ein Gartengrundstück mit Wirtschaftsgebäuden umfasst[96], erscheint kein hinreichendes Argument, zumal die Überlassung des *ususfructus* auch dem für dieses Rechtsinstitut mehrfach belegten Alimentierungszweck gedient haben könnte[97].

Im Gesamtkontext der Inschrift wird man aber eine andere Vermutung zum Zweck der Anordnungen der Testatorin aufstellen können. Diese Vermutung hängt mit der Auflage zu Lasten der Stadt Ostia zusammen, durch welche die Erblasserin anordnet[98], bestimmte Opfer zu den *parentalia* darzubringen[99]. Die *parentalia* waren jährlich vorgeschriebene Gedenktage für die Toten, die im Februar stattfanden, und waren ursprünglich auf die Erinnerung an die Vorfahren in direkter Linie (Eltern, Großeltern, Urgroßeltern) beschränkt, wurden später aber auch auf Verwandte im weiteren Sinne ausgedehnt[100]. Die Anordnung von Gedenkfeiern an den *parentalia* ist ein typisches Element von Inschriften und der Wille des Erblassers, diese Feiern für sich zu sichern, gilt als Grund und Anlass für das verbreitete ‚Stiftungswesen'[101].

In der Tat ist die Bedeutung des Totenkultes und der *memoria* nicht gering zu schätzen[102]; im Zusammenhang mit den übrigen Planungen der Iunia Libertas könnte man allerdings an eine spezifischere Strategie der Erblasserin denken. Wenn man unterstellt – wofür immerhin ihr Name sprechen könnte[103] –, dass sie die Gärten mit den Gebäuden selbst geerbt hat und

96 Der Garten ist der Hauptgrund für *Bianchi*, Inalienabilità, Annaeus 10 (2013) 21 f., von einem Grab auszugehen.

97 Zur Versorgungsfunktion, vgl. auch das Petitum von *Bürge*, Familia libertorum, ZRG RA 105 (1988) 326; zuletzt *Tamayo Errazquin*, Libertis libertabusque (2007) bes. 53–124.

98 Zu *ex quorum reditu*, vgl. CIL VIII 1495 (p 938) = CIL VIII 26590 (201–205 n. Chr., Africa proconsularis); CIL V 5279 = ILS 6728 (31–70 n. Chr., Transpadana, Comum). Zur Typizität der diesbezüglichen Opfergaben, vgl. *Dolansky*, Parentalia, Phoenix 65 (2011) 134 (zum Text).

99 *Bianchi*, Inalienabilità, Annaeus 10 (2013) 19 f.; zu den Fideikommissen zugunsten von Stadtgemeinden, vgl. *Johnston*, Munificence and Municipia, JRS 75 (1985) 107 f; zur Erfüllung von Auflagen, vgl. *Johnston*, a.a.O. 118 f.

100 *Dolansky*, Parentalia, Phoenix 65 (2011) 128 f.; *Blanch Nougués*, Consideraciones, RIDA 54 (2007) 205 Fn. 19.

101 Nachweise zur älteren Lit. bei *Blanch Nougués*, Consideraciones, RIDA 54 (2007) 197 Fn. 1.

102 *Champlin*, Final Judgments (1991) 169–182; ein Überblick über die Inschriften bei *Chioffi*, Death and Burial, in: Oxford Handbook of Roman Epigraphy (2014) 627–648.

103 Dazu vor allem *Dixon*, Woman of substance, Helios 19 (1993) 167, die auch eine Verbindung zwischen der Bezeichnung der Grundstücke als *Hilaroniani Iuniani* und dem Namen der Erblasserin (*Iunia*) sieht.

sie insoweit ihrer Ursprungsfamilie zugehörig waren[104], könnte die Überlassung an ihre Freigelassenen als ihrer eigenen *familia* auch dem Zweck gedient haben, den Übergang des Grundstücks in die Familie ihres Mannes zu verhindern. Gerade wenn man – wie die Gestaltung nahelegt – einen testamentarischen Erben unterstellt, dem der *ususfructus* zugunsten der *liberti et libertae* und ihrer Nachkommen ebenso wie das Fideikommiss zugunsten der Stadt Ostia auferlegt wird, ist die Gefahr einer Vermischung der beiden Familienvermögen als real anzusehen. So ist daran zu erinnern, dass, falls die Iunia Libertas eheliche Kinder gehabt hätte, diese der Familie ihres Ehemanns zugeordnet worden wären, sodass eine (sonst durchaus naheliegende) Erbeinsetzung der Kinder durch die Mutter[105] automatisch zu einem Übergang des Grundstücks in das Eigentum der Familie des Ehemanns geführt hätte. Der *ususfructus* für die *liberti et libertae*, die im Übrigen aufgrund der Pseudofiliation den fiktiven Gentilnamen der Frau erhalten, erlaubt es auch nach dem Tod der Iunia Libertas das Vermögen aus ihrer Ursprungsfamilie separat zu halten und gleichzeitig an diese Familie zu erinnern. Dieser Erinnerungszweck wird – nachdem die zulässigen Grenzen des Legatsrechts erreicht sind – durch die Anordnung der *parentalia* zu Lasten der Stadt Ostia weiter gepflegt und gerade im Andenken an die *parentes* der Iunia Libertas, also ihrer Ursprungsfamilie und ihrer *liberti et libertae*, fortgeführt. Die angeordnete Publikation ihres Testaments soll die Stadt Ostia zur Befolgung dieser Verpflichtung anhalten[106]. Wie auch die graphische Hervorhebung des wörtlich zitierten Testamentteils zeigt, lag hierin gerade der Hauptzweck der Inschrift.

Der Text insgesamt zeigt damit eine äußerst kunstvolle und passgenaue Planung für die Bedürfnisse der Erblasserin: Soweit dies rechtstechnisch möglich ist, setzt sie die Wirtschaftseinheit, die in ihrem Teil der Gärten mit den Gebäuden durch ihre *familia* begründet worden ist, fort; mit dem Ende der zulässigen Herrschaft der Toten über die Lebenden zieht sie es vor, der Allgemeinheit, das heißt ihrer Stadt und deren Bürgern, das Grundstück zum Eigentum zu übertragen. Sie sollen sodann die Erinnerung an die *familia* der Iunia Libertas wachhalten.

Diese Überlegungen zeigen zum einen, dass die Geringschätzung der Inschrift, die sich seit Sanfilippo bis heute als Topos in der Forschung findet[107],

---

104 Dazu auch *Herzig*, Frauen in Ostia, Historia 32 (1983) 80.

105 Zu dieser Frage, vgl. vor allem *Champlin*, Final Judgments (1991) 41–63.

106 Vgl. die Vermutung von *Kremer*, Conflit, IVRA 61 (2013) 42 f., dass die Stadt vom Grundstück profitiere, weil die Lasten durch die *parentalia* sehr klein seien, weshalb die Stadt ein Interesse am Schutz der Usufruktuare gehabt habe.

107 Vgl. *Dixon*, Woman of substance, Helios 19 (1993) 169: „the apparent care given to the provisions is flawed"; auch *Johnston*, Trusts and Tombs, ZPE 72 (1988)

eine genaue Würdigung der Anordnungen der Testatorin verhindert hat, obgleich diese eine wertvolle Ergänzung der aus den Rechtscorpora ersichtlichen Testaments- und Vermächtnisregeln erlauben. Zum andern ergibt sich, dass die rechtstechnische Betrachtung nicht ohne den sozialhistorischen Hintergrund gelingen kann, zu dem nicht nur die *familia libertorum* und ihre ökonomische Funktion gehören, sondern auch die erbrechtliche Stellung der verheirateten Frau im Verhältnis zu ihren Kindern. Die Inschrift bietet daher auch Anlass, die von *liberti* und ihren *patroni* handelnden Zeugnisse zu den Veräußerungsverboten und Familienfideikommissen[108] einer erneuten Prüfung zu unterziehen und zu fragen, ob sich neben dem Totenkult und der Erinnerungskultur andere, handfestere Motive für derartige Anordnungen ausmachen lassen[109].

Bibliographie:

Amelotti, Mario. Il testamento romano attraverso la prassi documentale, Band 1: Le forme classiche di testamento, Le Monnier Firenze 1966.

Arangio-Ruiz, Vincenzo. Fontes iuris Romani antejustiniani. Pars III. Negotia, 2. Aufl. Barbèra Firenze 1943.

Babusiaux, Ulrike. Römisches Erbrecht im Gnomon des Idios Logos, ZRG RA – Zeitschrift der Savigny-Stiftung für Rechtsgeschichte, romanistische Abteilung, Band 135 (2018) 108–177.

Bianchi, Ernesto. In tema di concepimento. Osservazioni lessicali ed esegetiche su Gai., inst. 2.203 e D. 30.24pr. A proposito di ‚cosa futura' e di ‚concepturus', RDR – Rivista di diritto romano, Band 12 (2012) 1–7.

Bianchi, Ernesto. Appunti in tema di inalienabilità di usufrutto. Il testamento di Iunia Libertas, Annaeus – Anales de la tradición romanística, Band 10 (2013) 15–31.

85: „perhaps the draftsman of the inscription knew little law (...) or perhaps this is an illustration of the ‚vulgar' conception of ususfruct as temporary ownership."; gleichsinnnig die ‚vulgarrechtliche' Erklärung, die von *Bretone* begründet wurde und sich noch bei *Blanch Nougués*, Consideraciones, RIDA 54 (2007) 215 und *Kremer*, Conflit, IVRA 61 (2013) 39 f. findet.

108 Eine Übersicht über die Belege bei *Blanch Nougués*, Consideraciones, RIDA 54 (2007) 200 Fn. 8.

109 *Bürge*, Familia libertorum, ZRG RA 105 (1988) 325 f. zeigt, dass die Betonung der Perpetuierung eines Grundstücks im Eigentum einer Familie oder in einem Namen nicht der einzige Zweck sein kann; man sollte diese Zwecke auch nicht als konträr ansehen. Vielmehr sind die praktischen Zielsetzungen mit dem Erinnerungskult vereinbar.

Blanch Nougués, José Maria. Nuevas consideraciones acerca de la fundación funeraria de Iunia Libertas en Ostia, RIDA – Revue internationale des droits de l'Antiquité, Band 54 (2007) 197–218.

Bloch, Herbert. In Memoriam Guido Calza (1888–1946), AJA – American Journal of Archaeology, Band 50 (1946) 407–408.

Bretone, Mario. La nozione romana di usufrutto, Band 1: Dalle origini a Diocleziano, Jovene Napoli 1962.

Buckland, William Warwick. The Roman Law of Slavery. The Condition of the Slave in Private Law from Augustus to Justinian, Cambridge University Press Cambridge 1908.

Bürge, Alfons. Cum in familia nubas. Zur wirtschaftlichen und sozialen Bedeutung der familia libertorum, ZRG RA – Zeitschrift der Savigny-Stiftung für Rechtsgeschichte, romanistische Abteilung, Band 105 (1988) 312–333.

Calza, Guido. Epigrafe sepolcrale contenente disposizioni testamentarie, Epigraphica – Rivista Italiana di Epigrafia, Band 1 (1939) 160–162.

Champlin, Edward. Final Judgments. Duty and Emotion in Roman Wills 200 B.C. –A.D. 250, University of California Press Berkeley/Los Angeles 1991.

Chioffi, Laura. Death and Burial, in: Bruun, Christer/Edmondson, Jonathan (Hg.), The Oxford Handbook of Roman Epigraphy, Oxford University Press New York 2014, 627–648.

Corbo, Chiara. Incertae personae e capacità successoria. Profili di una società e il suo diritto, M. D'Auria Napoli 2012.

Desanti, Lucetta. Restitutionis post mortem onus. I fidecommessi da restituirse dopo la morte dell'onerato, Giuffrè Milano 2003.

Dixon, Suzanne. A woman of substance, Helios – A Journal Devoted to Critical and Methodological Studies of Classical Culture, Literature, and Society, Band 19 (1993) 162–174.

Dolansky, Fanny. Honouring the Family Dead on the Parentalia. Ceremony, Spectacle, and Memory, Phoenix, Band 65 (2011) 125–157.

Ebert, Friedrich. s.v. maceria (maceries), RE XVI.1 (1928) 135.

Erman, Henri. Servus vicarius. L'esclave de l'esclave romain, Rouge Lausanne 1896.

Ferretti, Paolo. In rerum natura esse, in rebus humanis nondum esse. Identità del concepito nel pensiero giurisprudenziale classico, Giuffrè Milano 2008.

Finkenauer, Thomas. Vererblichkeit und Drittwirkung der Stipulation im klassischen römischen Recht, Mohr Siebeck Tübingen 2010.

Flach, Dieter. Römische Agrargeschichte, C.H. Beck München 1990.

Gaudemet, Jean. Étude sur le régime juridique de l'indivision en droit romain, Sirey Paris 1934.

González Roldán, Yuri. Il legato d'usufrutto nel pensiero di Nerazio, in: Piro, Isabella (Hg.), Scritti per Alessandro Corbino, Band 3, Libellula Tricase 2016, 449–481.

Herrmann-Otto, Elisabeth. Ex ancilla natus. Untersuchungen zu den „hausgeborenen" Sklaven und Sklavinnen im Westen des römischen Kaiserreiches, Steiner Stuttgart 1994.

Herzig, Heinz E. Frauen in Ostia. Ein Beitrag zur Sozialgeschichte der Hafenstadt Roms, Historia – Zeitschrift für Alte Geschichte, Band 32 (1983) 77–92.

Johnston, David. Munificence and Municipia. Bequests to Towns in Classical Roman Law, JRS – The Journal of Roman Studies, Band 75 (1985) 105–125.

Johnston, David. Prohibitions and perpetuities. Family settlements in Roman law, ZRG RA – Zeitschrift der Savigny-Stiftung für Rechtsgeschichte, romanistische Abteilung, Band 102 (1985) 220–290.

Johnston, David. Trusts and Tombs, ZPE – Zeitschrift für Papyrologie und Epigraphik, Band 72 (1988) 81–87.

Kaser, Max. Das römische Privatrecht. Erster Abschnitt. Das altrömische, das vorklassische und das klassische Recht, 2. Aufl., C.H. Beck München 1971.

Kaser, Max. Zum römischen Grabrecht, ZRG RA – Zeitschrift der Savigny-Stiftung für Rechtsgeschichte, romanistische Abteilung, Band 95 (1978) 15–91.

Kremer, David. Un conflit de propriété à Ostie au milieu du IIe siècle de n.è. Nouvelles considérations sur la supposée fondation funéraire de Iunia Libertas, IVRA – Rivista internazionale di diritto romano e antico, Band 61 (2013) 25–45.

Lamberti, Francesca. Fideicommissa libertas ancillae data, in: Reduzzi Merola, Francesca/Storchi Marino, Alfredina (Hg.), Femmes-esclaves. Modèles d'interprétation anthropologique, économique, juridique. Atti del XXI colloquio internazionale girea, Lacco Ameno-Ischia, 27–29 ottobre 1994, Jovene Napoli 1999, 369–390.

Leumann, Manu/Hofmann, Johann Baptist/Szantyr, Anton. Lateinische Syntax und Stilistik, C.H. Beck München 1972 (2. Nachdruck 1997).

Lohsse, Sebastian. Ius adcrescendi. Die Anwachsung im römischen Vermächtnisrecht, Böhlau Köln/Weimar/Wien 2008.

Meiggs, Russell. Roman Ostia, 2. Aufl., Clarendon Press Oxford 1973.

Misera, Karlheinz. Akzession und Surrogation zufolge einer adiudicatio. Adiudicatio und voraufgehendes Rechtsgeschäft bezüglich einer pars, ZRG RA – Zeitschrift der Savigny-Stiftung für Rechtsgeschichte, romanistische Abteilung, Band 103 (1986) 383–408.

Mouritsen, Henrik. The Freedman in the Roman World, Cambridge University Press Cambridge 2011.

Di Nisio, Valeria. Libertis dari volo, Index – Quarderni camerti di studi romanistici, Band 42 (2014) 232–260.

Di Salvo, Settimio. Il legato modale in diritto romano. Elaborazioni dommatiche e realtà sociali, Jovene Napoli 1973.

Sanfilippo, Cesare. Il valore giuridico della iscrizione di Ostia relativa al lascito di Iunia Libertas, Annali Catania – Annali del Seminario Giuridico. Università di Catania, Band 4 (1949/50) 150–160.

Sanna, Maria Virginia. Partus ancillae, fetus pecudis e il principio del commodum, TSDP – Teoría e storia del diritto privato, Band 5 (2012) 1–37.

Sirks, Adriaan Johan Boudewijn. Das Dotalprivileg in den deutschen Gebieten im 19. Jahrhundert, ZRG RA – Zeitschrift der Savigny-Stiftung für Rechtsgeschichte, romanistische Abteilung, Band 129 (2012) 522–548.

Talamanca, Mario. Revoca testamentaria e translatio legati, Giuffrè Milano 1961 (Estratto da Studi in onore di Emilio Betti, Band 4, Giuffrè Milano 1962, 181–348).

Tamayo Errazquin, José Angel. Libertis libertabusque. El fideicomiso de alimentos en beneficio de libertos en Digesta y Responsa de Q. Cervidius Scaevola, Universidad del País Vasco Vitoria-Gasteiz 2007.

Thomas, Yan. L'enfant à naître et l'héritier sien. Sujet de pouvoir et sujet de vie en droit romain, Annales. Histoire, Sciences Sociales, Band 62 (2007) 29–68.

De Visscher, Fernand. Le droit des tombeaux romains, Giuffrè Milano 1963.

Voci, Pasquale. Teoria dell'acquisto del legato secondo il diritto romano, Giuffrè Milano 1936.

Wieling, Hans. Subjektive Reichweite der materiellen Rechtskraft, ZRG RA – Zeitschrift der Savigny-Stiftung für Rechtsgeschichte, romanistische Abteilung, Band 102 (1985) 291–326.

Wesener, Gunter. s.v. usus fructus, RE XI A.1 (Stuttgart 1961) 1146–1176.

Christian Baldus*

Vermächtnisaussetzung, Bestattungsprivileg und *actio utilis*. Bemerkungen zu Scaev. 2 quaest. D. 11.7.46

Inhalt:

I. Einleitung

1. Text

Diese Tagung konzentriert sich auf Testamentsklauseln. Eine praktisch häufige Klausel war offenbar die, jemand solle Kleider, *vestimenta*, als Vermächtnis bekommen[1]. Nun konnte es geschehen, dass Kleider der oder des Verstorbenen bei der Bestattung verwandt wurden und danach nicht mehr zugriffsfähig waren, wegen physischer Zerstörung oder jedenfalls als *res extra commercium*. Diesen Fall bespricht Scaevola in folgendem Text seiner *quaestiones*:

> Scaev. 2 quaest. D. 11.7.46.2
>
> *Ei, cui vestimenta legantur, si in funus erogata sint, utilem actionem in heredem dandam placuit et privilegium funerarium.*

2. Sachverhalt

In funus erogare kann in einem allgemeinen Sinne heißen „für die Bestattung aufwenden"[2]. Das hatte der Erbe (als primär Bestattungspflichtiger) getan.

---

* Ruprecht-Karls-Universität Heidelberg, Friedrich-Ebert-Platz 2, D-69117 Heidelberg; baldus@igr.uni-heidelberg.de. Ich danke den Akademischen Mitarbeitern Ref. iur. Simon Loheide und Ass.iur. Robin Repnow für längere Diskussionen und Recherchen.

1 Vgl. nur die begrifflichen Erwägungen bei Ulp. 22 Sab. D. 34.2.22, Ulp. 44 Sab. D. 34.2.23.

2 Vgl. Mac. 1 l. vic. her. D. 11.7.37 pr.

Nahe liegt in Scaev. 2 quaest. D. 11.7.46.2, dass der Verstorbene in die Kleider gehüllt wurde, um die gestritten wird[3]. Nahe liegt es auch, dass das Testament erst nach der Bestattung eröffnet wurde (wenn es sich denn um einen realen Fall und nicht um einen Kollegtext handeln sollte). Der Legatar sah sich also auf ewig um die vermachten Kleider gebracht. *Quae sit actio*? *Utilis*; aber in Anlehnung an welche – demnach nicht direkt zu gebende – Klage?

3. *utilis actio*

Das ist bis in die neueste Literatur umstritten[4]: Die kurzen Stellungnahmen, die man findet, treten entweder für eine *vindicatio utilis*[5] oder für eine *actio funeraria utilis*[6] ein; eine *actio ex testamento* (*utilis*) kraft Damnationslegats wird in neuerer Zeit nicht ventiliert[7]; selten wird ausdrücklich

---

3 Die abstrakt denkbare Variante, dass – wertvolle – Kleider veräußert wurden, um die Bestattung zu finanzieren, mag im Folgenden beiseite bleiben, da sie möglicherweise nicht zu wesentlich anderen Problemen führt. Unterstellt wird also, dass die Kleider nicht etwa noch vorhanden waren, aber im Eigentum eines Dritten standen.

4 Dazu mag beitragen, dass die Palingenesie keine eindeutigen Hinweise liefert: *Lenel*, Pal. 2 (1889) 272–274, Scaev. 136–142, vermutet eine ungefähre Orientierung am Edikt bis in Buch 14, aber mit großen Lücken. Vgl. aus neuerer Zeit ähnlich *Masiello*, Quaestiones (2000) 89 f.: Digestensystem; 171: Probleme der prozessualen *actio* in den ersten drei Büchern der *libri quaestionum*. Zu den verschiedenen Aufbaumodellen allgemein jetzt *Repnow/Stumpf*, Themen in ‚ad Vitellium', in: Prolegomena (2020) 317–330. Das Wenige, das über Scaevolas *libri quaestionum* und ihren durchaus unübersichtlichen Duktus belastbar gesagt werden kann, resümieren *Liebs*, Jurisprudenz, in: HLL 4 (1997) 125 f. (§ 417.3: Claudius Tryphoninus) und *Stepan*, Scaevola noster (2018) 13 f.

In dieser Rekonstruktion Lenels erscheinen einerseits (mit Fragezeichen) E. 59 *de Publiciana in rem actione* (Scaev. 137, komponiert zumeist aus D. 41.1) und E. 74 *de modo agri* (Scaev. 138, Scaev. 2 quaest. D. 21.2.69, mit Zweifeln in Fn. 5), andererseits Materien ohne erkennbaren Vindikationsbezug.

5 Kurz *Plisecka*, Tabula picta (2011) 118. Weitere Lit. unten bei II.2.

6 *Harke*, Actio utilis (2016) 227.

7 Nur *Solazzi*, Concorso (1940) 162–165 meint, es könne sich nicht um ein Vindikationslegat handeln, denn das *privilegium* sei nur auf *actiones in personam* anwendbar. *Salkowski*, Pandekten 49 (1889) § 1526e/S. 326 (zu Call. 4 ed. mon. D. 31.63) beschreibt bereits für seine Zeit, dass allgemein unkommentiert ein Vindikationslegat angenommen werde, obwohl hierfür kein zwingender Grund ersichtlich sei. Mit dieser (ihrerseits unklaren) Öffnung für abweichende Deutungen stellt er sich ausdrücklich gegen *Glück*, Pandekten 11 (1809), S. 428 (zu Scaev. 2 quaest. D. 11.7.46). Liest man bei Glück nach, so stößt man auf eine Divergenz in der Sachverhaltsdeutung, die jedenfalls bis auf die Glosse (vgl. gl. *erogata sunt* zu Scaev. 2 quaest. D. 11.7.46) zurückführt und in Auseinandersetzung mit der

eingeräumt, dass das hier relevante Modell der *actio utilis* nicht leicht zu finden ist[8].

Die These, es gehe um eine Erweiterung der *actio funeraria*[9], stützt sich auf die Erwähnung des *privilegium funerarium*. Dieses Privileg erscheint in den Digesten noch einmal, nämlich in insolvenzrechtlichem Zusammenhang bei Ulp. 63 ed. D. 42.5.17 pr.; es besagt, dass bestattungsbezogene Forderungen insolvenzrechtlich privilegiert werden[10]; Ulpian betont recht auffällig, dass es für die Anwendung des Privilegs nicht darauf ankomme, welche Klage einschlägig sei[11]. Was das Privileg im Einzelnen bedeutet, ist zwar nicht aus den weiteren möglicherweise einschlägigen Digestenstellen eindeutig zu belegen und wird in der Literatur entsprechend heterogen behandelt[12]. Klar ist: Die

---

eleganten Jurisprudenz entwickelt wird: Glück sieht eine Aufwendung durch den Legatar selbst.

Die Rezeptionsgeschichte des Textes kann hier nicht weiter entfaltet werden.

8 *Masiello*, Quaestiones (2000) 188 f., 189 mit der Andeutung, es lägen Kürzungen vor: „La ricchezza del quadro originario di riferimento normativo si è perduta e rimane una scarna successione di regole (…)". Zu einzelnen sprachlichen Figuren in Scaev. 2 quaest. D. 11.7.46 vgl. ebenfalls *Masiello*, Quaestiones (2000) nach Reg.

Man könnte sich auch fragen, ob es vielleicht gar keine Anlehnung gibt, die von Scaevola (oder den Kompilatoren?) so genannte *actio utilis* also das ist, was man auch eine *actio in factum concepta* nennen könnte (frdl. Hinweis von Lisa Isola, Wien). In der Sache würde das möglicherweise zu keiner anderen Wertung und Deutung führen als der unten vorgeschlagenen. Doch geriete man in das bis heute ungeklärte Feld der Frage, ob zwischen diesen beiden Kategorien überhaupt ein systematisches Verhältnis gebildet werden kann (vgl. die unten Fn. 15 f. angegebene Lit.), und diese Frage ist ihrerseits textkritisch belastet. Wenn wir Echtheit des Wortes *utilem* unterstellen wollen, dann spricht möglicherweise Occams Rasiermesser dafür, vom engeren Sinn auszugehen, also der Anlehnung an ein existierendes, aber nicht unbedenklich praktizierbares Klageschema.

9 Zu dieser *Paricio*, Acción funeraria, in: Homenaje Murga Gener (1994) 687–694, hier zit. nach: *ders.*, Escritos (2002) 505–518. Demnächst m.w.N. zur neueren Lit. *Meissel*, Totenfürsorge, ZRG RA 138 (2021).

10 Zu Vollstreckungsdetails monographisch *von der Fecht*, Forderungspfändung (1999) 157–164 m. Hinw. auf Gai. 19 ed. prov. D. 11.7.13, Ulp. 25 ed. D. 11.7.12.6 und Ulp. 25 ed. D. 21.2.50.

11 *(…) privilegio locus sit parvique referre dicamus, qua actione hic sumptus repetatur, funeraria an familiae erciscundae an qua alia, dummodo sumptus funeris causa factus sit. (…).*

12 Näher *Donatuti*, Actio funeraria, in: SDHI 8 (1942) 76–78; *Wieling*, Privilegium exigendi, TR 56 (1988) 296 f. Beide Autoren beziehen weitere Quellen in ihre Erwägungen ein: Maec. 8 fideic. D. 11.7.45; Ulp. 25 ed. D. 11.7.14.1; PS. 1.21.15; Diocl./Maxim. AA. et CC. Asclepiodoto C. 8.17.9 (a. 294). Vgl. noch *Kroppenberg*, Die Insolvenz (2001) 179 Fn. 39 (zu Ulp. 25 ed. D. 11.7.14.15). Die jüngste

Bestattung ist sittlich-sakrale Pflicht[13] und praktische Notwendigkeit; es kann daher in verschiedenen Zusammenhängen privilegierend wirken, wenn eine Aufwendung gerade zum Zwecke der Bestattung erfolgte. Wir müssen also prüfen, ob eine solche Privilegierungswirkung vorliegend auch vindikationsrechtlich verstanden werden kann oder gerade nicht.

Ob das *placuit* erledigte ältere Diskussionen verschlüsselt, lässt sich hingegen nicht mehr belastbar aufklären. Wir müssen die Stelle so nehmen, wie die Kompilatoren mehr als einen Text aus Scaevolas Quästionen (der Papiniansmasse zugerechnet)[14] verarbeitet haben: als Ausdruck eines Problems, das nicht durch Einordnung in eine Vielzahl anderer Quellenzeugnisse bewältigt werden kann, weil wenig Kontext erhalten ist. Die erste Arbeitshypothese ist also die, dass es die *rei vindicatio* gewesen sein könnte, die hier der *actio utilis* als Modell diente.

II. Sachvindikation oder *actio funeraria* als Modell?

1. Wenn ein Jurist eine Klage ausdrücklich als *utilis* gewährt, drängt sich die Frage auf, was zur direkten Einschlägigkeit fehlte. Versuche, die *actiones utiles* insgesamt und einheitlich zu erklären[15], sind kontrovers geblieben[16], zumal die Konjunkturen der Textkritik eine Rolle spielen und jedenfalls

---

Monographie zur Bestattungsklage erwähnt den Text immerhin kurz: *Unger*, Actio Funeraria (2018) 163 Fn. 756.

13 Vgl. für w.N. *Baldus*, Labeo, in: FS Kronke (2020) 1673–1681. Näher zum römischen Grabrecht zuletzt *Domisch*, Zum Status von Gräbern, in: Wiener Schriften (2018) 111–133.

14 Die Zuordnung zur Masse (vgl. *Mantovani*, Digesto (1987) 98) ist unproblematisch, der Text allerdings nach Krüger in der Masse versetzt (vgl. Fn. 11 zu D. 11.7 in der ed. minor). Gerade mit seinen Auffälligkeiten steht er am Ende des Titels sinnvoll, und in dieser Positionierung mag eine Einschätzung bereits der Kompilatoren zum Ausdruck kommen. Was die genaue Abfolge angeht, spricht bei näherer Betrachtung einiges dafür, nicht fr. 46, sondern fr. 45 als versetzt anzusehen (frdl. Hinweis von Robin Repnow, Heidelberg); das kann hier nicht näher ausgeführt werden.

15 Vgl. *Valiño*, Actiones utiles (1974); *Sotty*, Recherche (1976); *Harke*, Actio utilis (2016) mit Betonung der vielen *actiones utiles* innewohnenden Orientierung am Bereicherungsverbot; aus der Aufsatzliteratur *Selb*, Formulare Analogien, in: Studi Biscardi 3 (1982) 315–350.

16 Neuerer Diskussionsstand für einen Teilbereich: *Gröschler*, Actiones, in: Problemi e prospettive (2011) 29–49. Vgl. *Gröschler*, Actiones in factum (2002) 37 mit Fn. 46, zu dem weiter unten noch zu erwähnenden terminologischen Unterschied zwischen *actio utilis* bei Scaev. 2 quaest. D. 11.7.46 und *actio in factum* bei Call. 4 ed. mon. D. 31.63.

mit der Ausbreitung des Kognitionsverfahrens die Unterscheidung zwischen *actiones in factum* und *actiones utiles* an Bedeutung verlor. Speziell bei den *vindicationes utiles* lässt sich kaum mehr Übergreifendes sagen, als dass es jeweils an einem Formelelement zu fehlen pflegt, aber nicht erkennbar ist, ob die Quellen eine *vindicatio utilis* nach einem einheitlichen Kriterium (und ggf. welchem) diskutieren und geben[17]. Daher empfiehlt es sich auch nicht, von ‚analogen' Klagen zu sprechen, soweit damit die moderne systemgesteuerte Analogie evoziert werden könnte[18]. Jedenfalls gibt es bei der *rei vindicatio* keine Hinweise darauf, dass Sachuntergang im Regelfall zu einer *vindicatio utilis* geführt hätte – wozu auch, war doch wegen der Geldvollstreckung eine Verurteilung im klassischen Recht durchaus möglich. Die modernem Rechtsdenken naheliegende Vorstellung, das Problem liege in der Unmöglichkeit der Herausgabe, muss also nicht weiterführen. Vielmehr ist gesondert zu fragen, ob das (Vindikations- oder Damnations-)Legat von dem Sachuntergang rechtlich berührt wurde, sodann, inwieweit eine *actio utilis* gegeben wurde.

2. *Dies veniens* für Legate ist (schulkontrovers) im Regelfall der Erbschaftsantritt oder erst die Äußerung des Erwerbswillens, *dies cedens* bereits der Erbfall[19]. Auf Kontroverse und Fallvarianten kommt es nicht an, denn die Konstruktion des *dies cedens* dient gerade dazu, den Vermächtnisnehmer und ggf. dessen eigene Erben von Unwägbarkeiten und Störungen nach dem Erbfall zu schützen. Dass der Legatar sich auf das Legat berufen kann, ist also weiter nichts Besonderes. Für dinglich wirksame Legate ist aber zu fragen, ob die Vindikation, die ja den regulären Durchsetzungsweg für solche Vermächtnisse darstellte, hier passte, wo das Objekt außer Zugriff geraten war. Dem Bestattungsfall stehen sachverhaltlich einige Verarbeitungsfälle nahe – wenngleich mindestens ein Punkt strukturell anders liegt: Bei der Bestattung werden keine neuen materiellen Werte geschaffen. Und auch abgesehen davon fragt sich, ob es nicht gerade die Inkonsistenz der römischen Verarbeitungsdogmatik war, welche die Juristen zu (lediglich) punktuellen Lösungen über Erweiterungen der Sachvindikation motivierte[20].

---

17 *Baldus*, § 59: Herausgabeklage, in: HRPR (im Druck) Rn. 346–359 m.w.N.

18 Das ist erkennbar nicht das Ziel von *Behrends/Knütel/Kupisch/Seiler* (Hg.), Corpus Iuris Civilis 3 (1999) a.h.l.

19 Vgl. für Vindikationslegate *Wimmer*, § 60: Dinglich wirkendes Vermächtnis, in: HRPR (im Druck) Rn. 3, zum *dies cedens* bei Call. 4 ed. mon. D. 31.63 sowie Paul. 64 ed. D. 11.7.34 und Paul. 15 Sab. D. 41.2.30.1; für Damnationslegate *Lohsse*, § 97: Klage aus Testament, in: HRPR (im Druck) Rn. 49–53 (Rn. 50 zu Quellen- und Literaturterminologie).

20 *Baldus*, § 59: Herausgabeklage, in: HRPR (im Druck) Rn. 349.

Das führt zu der Frage zurück, warum – wenn denn ein Vindikationslegat vorlag – die Klage nur als *utilis* gegeben wurde. Über die Konsequenzen eines Sachunterganges nach der *litis contestatio* bestand bekanntlich ein kaum noch entwirrbarer Schulenstreit[21]. Für die Zeit vor Streitbefestigung hingegen lässt sich einigermaßen zuverlässig annehmen, dass der Beklagte allenfalls[22] dann vindikatorisch haftete (eine andere Frage war es, ob die *actio legis Aquiliae* eingriff), wenn er bösgläubig war[23]. Eben dies war in Bestattungsfällen im Zweifel aber problematisch, jedenfalls auf beweisrechtlicher Ebene: Die Bestattung war eiliger als die Testamentseröffnung. *Mala fides* aus anderweitig erlangter Kenntnis vom Testamentsinhalt wird selten nachweisbar gewesen sein. Ein *dolo desinere possidere*, soweit zu Scaevolas Zeiten überhaupt erheblich, konnte also nicht erfolgreich vorgebracht werden[24]. Selbst wenn aber der Erbe wusste, dass bestimmte Kleider vermacht waren, könnte die Sondersituation zu seinen Gunsten gespielt haben. Schlüsse aus anderen Fällen mit Sachuntergang auf die Passivlegitimation sind also schwierig. Hebt man auf die Möglichkeit ab, dass die Kleider zu *res religiosae* geworden sein könnten, wird bereits die Aktivlegitimation zweifelhaft, soweit wir das aus Stellen zu anderen Objekten[25] schließen können.

---

21 Vgl. *Liebs*, Rechtsschulen (2017), 77, Kontroversen Nr. 61 I und Nr. 61 II.

22 Sachstand und Plädoyer für eine erst spätklassische Relevanz des vorprozessualen *dolo desinere possidere*: *Wimmer*, Besitz und Haftung (1995) 39–48; vgl. noch *González Roldán*, Dolo desinere possidere (2010) 247–250.

23 Vgl. zu Iul. 48 dig. D. 9.2.42 *Baldus*, § 59: Herausgabeklage, in: HRPR (im Druck) Rn. 332.

24 Dafür lässt sich mit der gebotenen Vorsicht auch die sachverhaltlich ähnliche Stelle Call. 4 ed. mon. D. 31.63 (zu dieser *Harke*, Actio utilis [2016]) 211, und *Wimmer*, § 60: Dinglich wirkendes Vermächtnis, in: HRPR [im Druck]) heranziehen: Callistrat gibt die *actio in factum* in Abgrenzung zur *actio ad exhibendum*, und letztere (bekanntlich oft funktional der Vindikation vorgeschaltet) gibt er nicht *quia nec possidet nec dolo malo fecit quo minus possideret*. Das ist die vindikationsübliche Formel. Vgl. *Baldus*, § 65: Vorlegungsklage, in: HRPR (im Druck) Rn. 114. Umstritten ist, ob man Call. 4 ed. mon. D. 31.63 ebenso kategorisieren muss wie Scaev. 2 quaest. D. 11.7.46.2; dagegen etwa *Valiño*, Actiones utiles (1974) 231–233 (Scaev. 2 quaest. D. 11.7.46.2 als *actio funeraria utilis*, Call. 4 ed. mon. D. 31.63 dagegen *vindicatio utilis*), dafür (jeweils *vindicatio utilis*) in Auseinandersetzung mit Valiño *Gamauf*, Vindicatio nummorum (2001) 312–315. Gamaufs Argumentation betont jedoch die Vorbereitungsfunktion der *actio ad exhibendum* für die Sachvindikation sehr stark; skeptisch insoweit *Baldus*, § 65: Vorlegungsklage, in: HRPR (im Druck) Rn. 68.

25 Vgl. nochmals *Baldus*, § 59: Herausgabeklage, in: HRPR (im Druck) Rn. 109–111.

Nach alldem war die (direkte) Sachvindikation kein sicherer Weg für den Legatar, seine Interessen durchzusetzen. Gerade weil eine Sondersituation vorlag, bot sich für die Juristen der Weg über eine *actio utilis* an.

3. Diese Rekonstruktion des § 2 passt auch zum *principium*[26]: Der Erbe kann auswählen, welches von mehreren vermächtnisweise mit einem Nießbrauch belasteten Grundstücken er für die Bestattung nutzt; der Nießbraucher aber bekommt die daraus resultierende Wertminderung im Wege einer *actio utilis*, und Scaevola präzisiert *ad id recipiendum, quod propter eam electionem minutus est usus fructus*: Ausgeglichen werden also die Folgen der Wahlfreiheit des Erben[27].
4. Das bedeutet: Wenn man die von Scaevola erwähnte *actio* als *vindicatio utilis* versteht, dann bekommt der Legatar wegen der bestattungsrechtlichen Sondersituation eine Klage, die er sonst nicht bekäme, und zwar nach allgemeinen Regeln der Vindikationsklage nicht. Für wen aber läge darin eine Privilegierung?

Näher läge es doch, wenn die Bestattung privilegiert werden sollte, den bestattungspflichtigen Erben zu privilegieren, indem die Kleider (d.h. ihr Wert) der Rechtsverfolgung seitens des Legatars entzogen würden. Die Stelle ist sprachlich aber eindeutig konstruiert: Es heißt *ei* [...] *utilem actionem in heredem dandam placuit et privilegium funerarium*, d.h. der Legatar bekommt, wenn man dem Text denn Glauben schenken will, die Klage und das Privileg. War möglicherweise der Legatar und nicht der Erbe bestattungspflichtig? Eine solche ungewöhnliche Konstellation, die einige Koordinaten ändern würde, müsste in der Quelle zumindest angedeutet sein, was aber nicht der Fall ist. Damit bleibt es dabei, dass die Gewährung der *rei vindicatio* – wenngleich nur als *utilis* – den Legatar und nicht den Erben privilegierte. Kann das ein Bestattungsprivileg sein?

5. Betrachten wir nun die Gegenposition, die eine *actio funeraria utilis* annimmt. Die *actio funeraria* ist bekanntlich eine besondere prätorische Bereicherungsklage auf Ersatz der Bestattungskosten, durch die eine an sich nicht bestattungspflichtige Person günstiger gestellt wird als nach der *actio negotiorum gestorum contraria*[28]; die Person kann verlangen, was sie für die Bestattung aufgewandt hat, und zwar in der Absicht, später

26 Vgl. *Harke*, Actio utilis (2016) 77.

27 Die Probleme der Quelle sind damit keineswegs gelöst. Namentlich für die Frage, welche Klage hier das Modell der *actio utilis* bildet, kommt man auch für § 2 nicht leicht ohne Sachverhaltsunterstellungen aus.

28 Überblick und Zusammenhang: *Kaser/Knütel/Lohsse*, Privatrecht [22](2020) § 48.28; *Unger*, Actio Funeraria (2018) 157–168.

Ersatz zu verlangen[29]. D. 11.7 gibt einen wörtlichen Ediktsauszug mit Zweckangabe[30] sowie zahlreiche Einzelfälle, darunter einige mit Gewährung der Klage als *utilis*[31]. Im Fall der verwendeten Kleider fragte sich, ob eine Aufwendung (*sumptus*) im Sinne des Ediktswortlauts[32] getätigt worden war. Wir können hier die Frage übergehen, wie viel Einheitlichkeit man im römischen Recht der *impensae* finden mag[33], jedenfalls war nicht aufgewandt oder verwandt, was der Legatar vermutlich ohne sein Wissen, jedenfalls ohne sein Wollen durch das Handeln des bestattenden Erben verloren hatte. So lag es hier nicht, es sei denn, der Legatar hatte doch selbst bestattet oder der Verwendung der Kleider zugestimmt, was, wie soeben erwogen, zumindest fernliegt. Zweck der *actio funeraria* jedenfalls in direkter Anwendung ist aber der, freiwillig und bewusst vorgenommene Aufwendungen zu ersetzen.

6. Für die näherliegende Sachverhaltsdeutung, dass der Legatar nichts gewusst hatte, hingegen gilt: Der Erbe hatte zumindest in die Erwerbsmöglichkeit des Legatars eingegriffen, sodass eine Belastung des Nachlasses untergegangen war,[34] und zwar im Zuge der prinzipiell privilegierten Bestattung. Im Gegenzug musste dem Legatar ein Vermögensausgleich[35] geschaffen werden. Der, wie skizziert, immerhin denkbare Weg über eine *vindicatio utilis* wäre zumindest einigermaßen kompliziert gewesen, und wir wissen nicht, wie im gegebenen Fall der Sachwert zu berechnen gewesen wäre. Da die Kleider bei Prozessbeginn schon dem Zugriff aller Beteiligten entzogen waren, hätte das Vindikationsverfahren, auch in der

29 Vgl. *Paricio*, Acción funeraria, in: Homenaje Murga Gener (1994) 510.

30 Ulp. 25 ed. D. 11.7.12.2,3:

Praetor ait: ‚Quod funeris causa sumptus factus erit, eius reciperandi nomine in eum, ad quem ea res pertinet, iudicium dabo.'

Hoc edictum iusta ex causa propositum est, ut qui funeravit persequatur id quod impendit: sic enim fieri, ne insepulta corpora iacerent neve quis de alieno funeretur.

31 Jünger als der hier diskutierte Text: Paul. 27 ed. D. 11.7.32 pr. (Erbschaftsbesitzer); Ulp. 25 ed. D. 11.7.14.15 (Mandatierung durch Mündel ohne *auctoritas tutoris*). Interdikt: Pap. 8 quaest. D. 11.7.43 (dazu *Babusiaux*, Papinians Quaestiones [2011] 212 f.).

32 Vgl. nochmals oben Fn. 30. Die offenen Fragen zur Rekonstruktion der Klage spielen für diesen Punkt keine Rolle; zu ihnen *Paricio*, Acción funeraria, in: Homenaje Murga Gener (1994) 508–510.

33 Vgl. zuletzt *Raff*, Erhaltungskosten (2017) 240–292 (mit Lit. nach Reg. s.v. *impensae*) v.a. unter dem Aspekt, ob ein Verrechnungsprinzip identifiziert werden kann.

34 So auch *Harke*, Actio utilis (2016) 210 f.

35 In Call. 4 ed. mon. D. 31.63 (s. nochmals oben Fn. 24) spricht Callistrat von einer *indemnitas*, die der Legatar im Wege einer *actio in factum* bekomme.

utilis-Variante, jedenfalls seine größte praktische Stärke nicht ausspielen können: die Möglichkeit einer Prozess beendenden Rückgabe nach Ermessen des Richters, also auf das *iussum de restituendo*.

Was den Legatar interessieren konnte, war der Wert der Kleider; er mochte mit den Kleidern auch Immaterielles verbunden haben, doch konnte auf der anderen Seite dem Erben ebenfalls aus immateriellen Gründen die Verwendung der Kleider zur Bestattung nicht untersagt werden, auch nicht mit Blick auf ein drohendes Verfahren, jedenfalls nicht um den Preis einer Verzögerung der Bestattung. Sachgerecht war also nur ein pekuniärer Ausgleich, und diesen leistete die *actio funeraria* – hier als *utilis*, weil von einer freiwilligen Aufwendung keine Rede sein konnte. Die Bestattungsaufgabe des Erben ersetzt die Freiwilligkeit des Aufwendens, und hierin liegt der Grund für die Eröffnung der Klage als *utilis*. Zugleich muss Scaevola, wenn er so entscheidet, keine Unterscheidung nach Legatstypen vornehmen, denn auf diese kommt es dann nicht an. System wird gebildet, wo es die Falllösung fördert, nicht um seiner selbst willen[36]; auch deswegen ist die *actio utilis* nicht mit der modernen systemgesteuerten Analogie zu verwechseln[37].

7. In dieser Perspektive spielt das *privilegium funerarium* zugunsten des Legatars: Er wird so gestellt, wie er bei anderen Gründen des Sachuntergangs nicht oder nicht ohne Weiteres stünde, indem er die *actio funeraria* (*utilis*) bekommt. Im Reflex wird gleichwohl die zügige und standesgemäße[38] Bestattung gefördert: Der Erbe muss sich nicht fragen, ob Kleidungsstücke möglicherweise Vermächtnisgegenstände sind; wenn er sie verwendet, dann muss er ihren Wert ersetzen, aber hätte er sie nicht verwendet, hätte er andere verwenden müssen[39].
8. So kann man den Text jedenfalls lesen, wenn man den Schluss *et privilegium funerarium* inhaltlich mit dem Vorstehenden verbunden sehen will. Aber besteht eine solche Verbindung? Oder geht es um eine Insolvenzsituation[40], von der die Quelle nur nichts sagt? Der Schluss ist sprachlich

---

36 Vgl. für eine Betrachtung kleiner Schritte zur Dogmatik zwischen Scaevola und Tryphonin *Stepan*, Scaevola noster (2018) passim.

37 S. bereits o. bei Fn. 18. Zu diesem Problemfeld vgl. *Baldus*, § 3: Gesetzesbindung, Auslegung, Analogie, in: Europäische Methodenlehre [3](2015) 22–52 (4. Aufl. im Druck).

38 Dieser noch in der ursprünglichen Fassung des § 1968 BGB erscheinende Gedanke geht auf den römischen Maßstab der *dignitas* des zu Bestattenden zurück, vgl. Ulp. 25 ed. D. 11.7.14.6.

39 Ein verwandter Gedanke erscheint in der sogleich anzusprechenden Stelle Paul. 4 quaest. D. 15.3.19: *atquin si filio pater togam emere debuit.*

40 S. nochmals o. Fn. 10–12.

auffällig, er könnte sowohl komplett interpoliert als auch das Resultat verkürzender Bearbeitungsprozesse sein; sicher ist das freilich nicht. Jedenfalls lässt sich nicht ausschließen, dass schon Scaevola mit dem Wort *privilegium* auf eine nicht (mehr) ausdrücklich erkennbare Insolvenzkonstellation Bezug nahm. Möglicherweise in diesem Sinne verweist die neue deutsche Digestenübersetzung[41] auf Paul. 4 quaest. D. 15.3.19.

Dort[42] geht es um eine *actio de in rem verso*: Die Toga des verstorbenen Haussohnes war vom Vater in der Meinung zur Bestattung verwandt worden, sie gehöre ihm (dem Vater) selbst, wozu Paulus (im Anschluss an Neraz) diskutiert, ob es sich um eine Pekuliarsache und jedenfalls um einen Fall der Haftung des Vaters auf den Gegenwert der Toga handele.

Ob hier eine innere Verbindung besteht, darf bezweifelt werden. Es liegt zwar keineswegs fern, die Quästionenwerke von Scaevola und seinem Schüler[43] Paulus zusammen zu lesen, zumal[44] sie auch in den Digesten oft miteinander verflochten sind[45]: Die Kompilatoren sahen möglicherweise eine gewisse Nähe. Die Fallkonstellationen sind aber ganz unterschiedlich. Die Scaevolastelle weiß nichts von *actiones adiecticiae qualitatis* und vom Versterben eines Sohnes vor dem Vater, die Paulusstelle nichts von einem Legat. Warum Scaevola – oder ein Kompilator – den Hinweis auf das insolvenzrechtliche Bestattungsprivileg ohne weitere Erläuterung angeschlossen haben sollte, erschließt sich nicht. Vielmehr gibt der Gedanke dieses Privilegs die *ratio* für die ‚analoge' Anwendung der *actio funeraria* an.

9. Daher wird man einen denkbaren insolvenzrechtlichen Bezug wie folgt lesen können: Wenn es in der Konstellation von Scaev. 2 quaest. D. 11.7.46.2 zum Mangelfall kommen sollte, dann wäre die Forderung des Legatars aus der *actio funeraria utilis* privilegiert. Damit würde sein anfänglicher Totalverlust (hinsichtlich der Kleider, also am nach dem

41 S. oben Fn. 18.

42 Eine Exegese (aber ohne Zusammenhang zu Scaev. 2 quaest. D. 11.7.46) bietet in der neueren Lit. *Schmidt-Ott*, Pauli quaestiones (1993) 45–49. Keine verwertbaren Hinweise auch bei *MacCormack*, Later history, SDHI 48 (1982) 321–324. Ausführungen zu *negotia gesta* und zu Ulp. 25 ed. D. 11.7.14.7/11/16 finden sich bei *Chiusi*, Actio de in rem verso (2001) 85–90.

43 Wie auch immer die Lehrer-Schüler-Beziehung zu ermitteln, zu belegen und zu verstehen sei; ausführlich zur Problematik für Scaevola und Tryphonin *Stepan*, Scaevola noster (2018) *passim*.

44 Ob aus der kompilatorischen Zusammenbearbeitung (s. sogleich Fn. 45) etwas für das klassische Recht folgt, mag hier offenbleiben.

45 Vgl. *Mantovani*, Digesto (1987) 98: Die Nummern 183 und 184 werden traditionell durch Klammer verbunden, da eine klar dominierende Reihenfolge nicht feststellbar ist.

Erblasserwillen zugewandten Eigentum) sich in eine volle Befriedigung hinsichtlich des Wertes verwandeln. Dieses Ergebnis wäre gerechtfertigt durch Besonderheiten des Bestattungsrechts. Damit wäre auch erklärt, warum der Fall in seiner Atypizität am Ende des Titels richtig steht[46].

III. Fazit

Was bleibt für die Testamentsklausel, jemand solle *vestimenta* bekommen? Der Wunsch des Erblassers wurde missachtet. Daran lässt sich nichts mehr ändern. Möglicherweise hatte der bestattende Erbe subjektiv nichts falsch gemacht, weil er vom Legat nichts wusste. Bestattungsanweisungen und testamentarische Verfügungen sollte man trennen, wenn man sich der rechtzeitigen Testamentseröffnung nicht sicher sein kann – ein bis heute fortbestehendes Problem[47]. Die beste Form eines nachträglichen Interessenausgleichs ist in der gegebenen Situation die Aufwertung der vom Legatar erlittenen Vermögenseinbuße durch Nichterwerb zur Aufwendung im Sinne der *actio funeraria*. Damit geht keine spezifische Auf- oder Verwendungsdogmatik für Bestattungsfälle[48] einher, sondern nur eine punktuelle Korrektur für eine – gleichwohl rechtlich standardisierbare – Sondersituation. Das ist ein typischer Fall der *actio utilis*, aber diese *actio* ist vorliegend keine Vindikation.

Wenn man will, mag man in dieser konkreten Entscheidung auch die Fähigkeit des römischen Rechts sehen, der konkreten Klage jeweils das in der Entscheidungssituation prozessual Sinnvolle abzugewinnen: Eine Vindikation, sei sie nun *directa* oder *utilis*[49], ist praktisch zumeist auf Herausgabe nach entsprechendem *iussum* gerichtet. Darin liegt ein Grund dafür, dass moderne, am materiellen Anspruch ansetzende Rechte große Teile der römischen Vindikationsdogmatik nutzen können, obwohl diese selbst die Spannung zwischen Herausgabeziel und Prinzip der Geldkondemnation nicht bewältigt hat[50]. Wo Herausgabe von vornherein ausscheidet, sucht auch der römische Jurist im Zweifel andernorts nach einer Lösung.

---

46 Zu erklären bliebe eine gewisse Spannung mit Ulp. 25 ed. D. 11.7.14.1 (vgl. die oben in Fn. 11 genannte Lit.): Dort kommt die bestattungsrechtliche Sondersituation dem Legatar nicht zugute. Denkbare Unterschiede in Sachverhalt oder Wertung können hier nicht besprochen werden.

47 Vgl. zuletzt *Mayer*, Bestattung, BWNotZ 86 (2020) 234.

48 Der es überdies bereits an einem allgemeinen Modell für ‚Normalfälle' gefehlt hätte, vgl. nochmals *Raff*, Erhaltungskosten (2017) 240–292.

49 Im klassischen, nicht im justinianischen Sinne, vgl. *Baldus*, § 59: Herausgabeklage, in: HRPR (im Druck), Rn. 50.

50 Die Spannung zeigt sich an den Unklarheiten zur Passivlegitimation rund um Ulp. 16 ed. D. 6.1.9 und Ulp. 51 ed. D. 6.1.68 (vgl. *Baldus*, § 59: Herausgabeklage,

Bibliographie:

Babusiaux, Ulrike. Papinians Quaestiones. Zur rhetorischen Methode eines spätklassischen Juristen, Beck München 2011.

Baldus, Christian. § 3: Gesetzesbindung, Auslegung und Analogie: Grundlagen und Bedeutung des 19. Jahrhunderts, in: Riesenhuber, Karl (Hg.), Europäische Methodenlehre. Handbuch für Ausbildung und Praxis, 3. Aufl., De Gruyter Berlin 2015, 22–52.

Baldus, Christian. Labeo oder Das Geld, die Macht und der Tod, in: Benicke, Christoph/Huber, Stefan (Hg.), National, international, transnational: Harmonischer Dreiklang im Recht. Festschrift für Herbert Kronke zum 70. Geburtstag, Bielefeld 2020, 1673–1681.

Baldus, Christian. § 59. Herausgabeklage des Eigentümers (rei vindicatio), in: Babusiaux, Ulrike/Baldus, Christian/Ernst, Wolfgang/Meissel, Franz-Stefan/Platschek, Johannes, Rüfner, Thomas (Hg.), Handbuch des Römischen Privatrechts, Mohr Siebeck Tübingen, im Druck.

Baldus, Christian. § 65. Vorlegungsklage (actio ad exhibendum) und Verwandtes, in: Babusiaux, Ulrike/Baldus, Christian/Ernst, Wolfgang/Meissel, Franz-Stefan/Platschek, Johannes, Rüfner, Thomas (Hg.), Handbuch des Römischen Privatrechts, Mohr Siebeck Tübingen, im Druck.

Behrends, Okko/Knütel, Rolf/Kupisch, Berthold/Seiler, Hans Hermann (Hg.). Corpus Iuris Civilis, Text und Übersetzung; auf der Grundlage der von Theodor Mommsen und Paul Krüger besorgten Textausgaben, Band 3: Digesten 11–20, Müller Heidelberg 1999.

Chiusi, Tiziana. Die actio de in rem verso im römischen Recht, Beck München 2001.

Domisch, Jörg. Zum Status von Gräbern und Grabmälern im römischen Recht, in: Ayasch, Esther/Bemmer, Jaqueline/Tritremmel, David (Hg.), Wiener Schriften. Neue Perspektiven aus der jungen Romanistik. Manz'sche Verlags- und Universitätsbuchhandlung Wien 2018, 111–133.

Donatuti, Guido. Actio funeraria, in: SDHI – Studia et documenta historiae et iuris, Band 8 (1942) 48–81.

von der Fecht, Wolf-Rüdiger. Die Forderungspfändung im römischen Recht, Böhlau Köln/Weimar/Wien 1999.

---

in: HRPR (im Druck) Rn. 67, 171–175, 208), aber auch an den Streitfragen zu dem, was man heute Eigentümer-Besitzer-Verhältnis nennt: Das BGB denkt die Trennung von Vindikation und schuldrechtlichem Vindikationsfolgenausgleich zu Ende, indem es diese beiden Funktionen nicht mehr in einem einheitlich pekuniären Anspruchsziel abbildet.

Gamauf, Richard. Vindicatio nummorum. Eine Untersuchung zur Reichweite und praktischen Durchführung des Eigentumsschutzes an Geld im klassischen römischen Recht, Habil. Wien 2001.

Glück, Christian Friedrich. Ausführliche Erläuterung der Pandecten nach Hellfeld, Band 11, Johann Jacob Palm Erlangen 1809.

González Roldán, Yuri. Dolo desinere possidere fra editto del pretore e scienza giuridica, Cacucci Bari 2010.

Gröschler, Peter. Actiones in factum. Eine Untersuchung zur Klage-Neuschöpfung im nichtvertraglichen Bereich, Duncker & Humblot Berlin 2002.

Gröschler, Peter. Actiones in factum e actiones utiles intorno alla lex Aquilia – Tra metodo interpolazionistico e anti-interpolazionismo, in: Miglietta, Massimo/Santucci, Gianni (Hg.), Problemi e prospettive della critica testuale, Atti del seminario internazionale (Trento, 14 e 15 dicembre 2007), Università degli studi di Trento Trento 2011, 29–49.

Harke, Jan Dirk. Actio utilis. Anspruchsanalogie im römischen Recht, Duncker & Humblot Berlin 2016.

Kaser, Max/Knütel, Rolf/Lohsse, Sebastian. Römisches Privatrecht, 22. Aufl., Beck München 2020.

Kroppenberg, Inge. Die Insolvenz im klassischen römischen Recht. Tatbestände und Wirkungen außerhalb des Konkursverfahrens, Böhlau Köln/Weimar/Wien 2001.

Lenel, Otto. Palingenesia iuris civilis, Band 2, Tauchnitz Leipzig 1889.

Liebs, Detlef. Jurisprudenz, in: Sallmann, Klaus (Hg.), HLL – Handbuch der lateinischen Literatur der Antike. Vierter Band: Die Literatur des Umbruchs. Von der römischen zur christlichen Literatur, 117 bis 284 n. Chr. (München 1997) 83–217.

Liebs, Detlef. Rechtsschulen und Rechtsunterricht im Prinzipat, Freiburg 2017, DOI: 10.6094/UNIFR/12125 (ursprüngliche Fassung in: Temporini, Hildegard (Hg.), ANRW II 15 (1976) 197–286).

Lohsse, Sebastian. § 97. Klage aus Testament (actio ex testamento), in: Babusiaux, Ulrike/Baldus, Christian/Ernst, Wolfgang/Meissel, Franz-Stefan/Platschek, Johannes, Rüfner, Thomas (Hg.), Handbuch des Römischen Privatrechts, Mohr Siebeck Tübingen, im Druck.

MacCormack, Geoffrey. The later history of the actio de in rem verso (Proculus – Ulpian), in: SDHI – Studia et documenta historiae et iuris, Band 48 (1982) 318–367.

Mantovani, Dario. Digesto e masse bluhmiane, Giuffrè Mailand 1987.

Masiello, Tommaso. Le Quaestiones di Cervidio Scevola, Cacucci Bari 2000.

Mayer, Wendelin. Die Bestattung und ihre Kosten aus notarieller Sicht, in: BWNotZ – Zeitschrift für das Notariat in Baden-Württemberg, Band 86 (2020) 233–241.

Meissel, Franz-Stefan. Totenfürsorge als Geschäftsführung ohne Auftrag? Actio funeraria und postmortaler Persönlichkeitsschutz, in: ZRG RA – Zeitschrift der Savigny-Stiftung für Rechtsgeschichte, romanistische Abteilung, Band 138 (2021) im Druck.

Paricio, Javier. Acción funeraria, in: Biscardi, Arnaldo/Paricio, Javier (Hg.), Derecho romano de obligaciones. Homenaje al Profesor José Luis Murga Gener, Ed. Centro de Estudios Ramón Areces Madrid 1994, 687–694.

Paricio, Javier. De la justicia y el derecho. Escritos misceláneos romanísticos, Editorial El Faro en colaboración con el Instituto de Metodología e Historia de Ciencia Jurídica Madrid 2002.

Plisecka, Anna. Tabula picta. Aspetti giuridici del lavoro pittorico in Roma antica, Cedam Padova 2011.

Raff, Thomas. Die gewöhnlichen Erhaltungskosten. Verwendungsersatz und Nutzungszuordnung im Eigentümer-Besitzer-Verhältnis, Mohr Siebeck Tübingen 2017.

Repnow, Robin/Stumpf, Aaron. Themen in ad Vitellium und die äußeren Systeme der klassischen Jurisprudenz, in: Baldus, Christian/Luchetti, Giovanni/Miglietta, Massimo (Hg.), Prolegomena per una palingenesi dei libri ‚ad Vitellium' di Paolo. Atti dell'incontro di studi italo-tedesco (Bologna – Ponte Ronca 26–29 maggio 2016), Edizioni dell'Orso Alessandria 2020, 307–352.

Salkowski, Karl. Ausführliche Erläuterung der Pandecten nach Hellfeld, Band 49, 30.–32. Buch, Johann Jacob Palm Erlangen 1889.

Schmidt-Ott, Justus. Pauli quaestiones. Eigenart und Textgeschichte einer spätklassischen Juristenschrift, Duncker & Humblot Berlin 1993.

Selb, Walter. Formulare Analogien in actiones utiles und actiones in factum am Beispiel Julians, in: Studi in onore di Arnaldo Biscardi, Band 3, Istituto Editoriale Cisalpino – La Goliardica Milano 1982, 315–350.

Solazzi, Siro. Il concorso dei creditori nel diritto romano, Band 3, Jovene Napoli 1940.

Sotty, Richard. Recherche sur les utiles actiones. La notion d'action utile en droit romain classique, Diss. Univ. de Clermont I Grenoble 1977.

Stepan, Sebastian. Scaevola noster. Schulgut in den libri disputationum des Claudius Tryphoninus, Mohr Siebeck Tübingen 2018.

Unger, Oliver. Actio Funeraria. Prinzip und Fall der verbotswidrigen Geschäftsführung ohne Auftrag, Mohr Siebeck Tübingen 2018.

Valiño, Emilio. Actiones utiles, Universidad de Navarra Pamplona 1974.

Wieling, Hans Josef. Privilegium exigendi, in: TR – Tijdschrift voor Rechtsgeschiedenis, Band 56 (1988) 279–298.

Wimmer, Markus. Besitz und Haftung des Vindikationsbeklagten, Böhlau Köln/Weimar/Wien 1995.

Wimmer, Markus. § 60. Dinglich wirkendes Vermächtnis (legatum per vindicationem), in: Babusiaux, Ulrike/Baldus, Christian/Ernst, Wolfgang/Meissel, Franz-Stefan/Platschek, Johannes, Rüfner, Thomas (Hg.), Handbuch des Römischen Privatrechts, Mohr Siebeck Tübingen, im Druck.

Éva Jakab*

Kaiserliche Rechtspflege und provinziale Praxis. Überlegungen zu C. 3.42.8 pr.–1

Inhalt:

I. Einleitung

Erbrechtliche Verfügungen können in Testamenten, Kodizillen, aber auch ohne Testamentsform getroffen werden. Es sind relativ wenige Rechtsurkunden mit sogenannten ‚römischen' Testamenten erhalten[1]; sie wurden überwiegend in einer der Provinzen des Imperium Romanum (die Mehrzahl in Ägypten) gefunden. Zahlreicher sind die Urkunden mit ‚lokalen' Testamenten, die von provinzialer Notariatspraxis mit örtlichen (überwiegend griechischen) Rechtsvorstellungen geprägt sind[2]. Erbrechtliche Verfügungen wurden aber auch, ohne die Testamentsform zu benutzen, in Rechtsgeschäften unter Lebenden getroffen; diese waren insbesondere in den östlichen Provinzen mit griechischer Tradition verbreitet[3].

---

* Károli Gáspár Universität Budapest, Viola utca 2–4, 1042 Budapest; jakab.eva@kre.hu.

1 Vgl. dazu *Jakab*, Inheritance, in: Oxford Handbook of Roman Law and Society (2016) 498–499; *Nowak*, Wills (2015) 342–448; *Strobel*, Testamentsurkunden (2014) 65–288; aber auch *Amelotti*, Testamento 1 (1966) 253–285. Zu den neu entdeckten nordafrikanischen Testamenten s. *Rothenhöfer/Blänsdorf*, Testamentum feci, Gephyra 13 (2016) 153–163.

2 S. etwa *Nowak*, Wills (2015) 209–342; *Migliardi Zingale*, Testamento ellenistico, in: Symposion 1995 (1997) 305–307.

3 *Kreller*, Untersuchungen (1919) 204–245; *Yiftach-Firanko*, Deeds, BASP 39 (2002) 149–164.

Es ist herrschende Lehre, dass in der Antike die ‚Rechtswahl' der Protagonisten vom Personalitätsprinzip determiniert war[4]. Die Bevölkerungsgruppen des Imperiums waren nach ihrem Status scharf getrennt: Status- und Erbrecht waren vom *ius cogens* beherrscht. Erbrechtliche Verfügungen, welche die zwingenden Normen missachteten, blieben unwirksam. Der vorliegende Beitrag geht der Frage nach, ob diese strengen Regeln im Alltag wirklich restlos eingehalten wurden.

In wirtschaftsbezogenen privatrechtlichen Urkunden, Petitionen und Gerichtsprotokollen kann beobachtet werden, dass die provinziale Bevölkerung – Römer und Peregrine – in ihren Rechtsgeschäften und Prozessargumenten sowohl vom römischen als auch vom ‚lokalen' Recht Gebrauch machten[5]. Es gab keine scharfe Trennung der Rechtsmassen, wie es früher allgemein vermutet war.

Im Erbrecht ist solch ein liberales Vorgehen nicht zu erwarten. Es können jedoch Fälle gefunden werden, in denen römische Bürger ihre erbrechtlichen Verfügungen nach lokalem Brauch, nach griechischen Rechtsvorstellungen trafen; und das vor und nach der *Constitutio Antoniniana*[6]. Entscheidungen in den Schriften der römischen Juristen und auch manche Kaiserkonstitutionen bezeugen, dass die ‚hellenische Praxis' auch in erbrechtlichen Verfügungen anzutreffen ist. Die unten angeführten Überlegungen zu C. 3.42.8 pr.–1 liefern dafür ein interessantes Beispiel.

II. Ein problematischer Fall aus Diokletians Kanzlei *a libellis*

Unter dem Titel *Ad exhibendum* (C. 3.42) ist eine vieldiskutierte Entscheidung der Kaiser Diokletian und Maximian aus dem Jahre 293 überliefert. Die thematische Eingliederung des Textes zu den dinglichen Rechten überrascht, weil nur ein Teil des Sachverhalts von dinglichen Ansprüchen handelt:

Diocl./Maxim. AA. et CC. Photino C. 3.42.8 pr.–1 (a. 293)

Si res tuas commodavit aut deposuit is, cuius precibus meministi, adversus tenentem ad exhibendum vel vindicatione uti potes.

1. *Quod si pactus sit, ut tibi restituantur, si quidem ei qui deposuit successisti, iure hereditario depositi actione uti non prohiberis: si vero nec civili nec honorario iure ad te hereditas eius pertinet, intellegis nullam te ex eius pacto contra quem supplicas actionem stricto iure habere: utilis autem tibi propter aequitatis rationem dabitur depositi actio.*

---

4 *Mitteis*, Reichsrecht (1891) 151–154; *Wolff*, Konkurrenz (1979) 47; *Mélèze Modrzejewski*, Loi et coutume (2014) 241–245; *Rupprecht*, Griechen und Ägypter, in: Antike Rechtsgeschichte (2005) 18–20.

5 *Jakab*, Prozess, ZRG RA 135 (2018) 493–505.

6 Vgl. dazu *Jakab*, Parakatatheke, ZRG RA 138 (2021) 340–344.

Die Kaiser Diokletian und Maximian an Photinus. Wenn derjenige, den du in deiner Eingabe erwähnt hast, deine Sachen verliehen oder in Verwahrung gegeben hat, kannst du gegen den, der sie bei sich hat, die *actio ad exhibendum* oder die Vindikation anstrengen.

1. Wenn er aber vereinbart hat, dass sie dir zurückgegeben werden sollen, wirst du, wenn du nach Erbrecht Nachfolger des Hinterlegers geworden bist, nicht gehindert, die Hinterlegungsklage zu gebrauchen. Wenn dir aber seine Erbschaft weder nach Zivil- noch Honorarrecht zusteht, siehst du ein, dass du nach strengem Recht aus dem *pactum* desjenigen, gegen den deine Eingabe gerichtet ist, keine Klage hast. Es wird dir aber aus Rücksicht auf die Billigkeit eine *actio depositi utilis* gewährt werden[7].

Das *principium* setzt mit einem Sachverhalt an, worin dem Anfragenden zur Geltendmachung seines Anspruchs die *actio ad exhibendum* und die *rei vindicatio* nahegelegt werden. Aber die nachfolgenden Ausführungen wechseln bereits zum Verwahrungsvertrag und erwägen schuldrechtliche Klagen. Nach dem Reskript, das auf die Eingabe eines gewissen Photinus erging, hat eine von ihm genannte (aber nicht überlieferte) Person jemandem Sachen zur Verwahrung (oder zum unentgeltlichen Gebrauch[8]) übergeben, die ihm (dem Photinus) gehörten. Der Text erwähnt kein vorangehendes Rechtsverhältnis (etwa ein Mandat) zwischen dem Hinterleger und dem Photinus[9]; der Hinterleger scheint also aus eigener Initiative gehandelt zu haben. Der Rechtsstreit läuft zwischen Photinus und dem Verwahrer, der die ihm anvertrauten Sachen offenbar nicht herausgeben will.

Anschließend, in § 1, folgen weitere Varianten[10], aber es ist nicht klar, ob Photinus auch hier als Eigentümer der hinterlegten Sachen zu betrachten sei. Die Hinterlegung erfolgte jedenfalls mit der Abrede, dass die Sachen an Photinus (und nicht an den Hinterleger) zurückzugeben seien[11].

---

7 Übersetzung nach *Finkenauer*, Pacta, ZRG RA 135 (2018) 248.

8 Nach der h.L. ist das *commodatum* fehl am Platz, das Wort scheint eine justinianische Interpolation zu sein; vgl. *Walter*, Actio depositi (2012) 429 Fn. 100.

9 *Finkenauer*, Pacta, ZRG RA 135 (2018) 249 verweist zutreffend darauf, dass er die *actio depositi* nur dann hätte verwenden können, wenn er den Fremden mit der Hinterlegung ausdrücklich beauftragt hätte. Vgl. dazu auch *Walter*, Actio depositi (2012) 430–434.

10 *Finkenauer*, Pacta, ZRG RA 135 (2018) 248–249 fasst den Sachverhalt abweichend auf. Für das ältere Schrifttum ist die Interpretation von *Litewski*, Personen, RIDA 47 (2000) 340–342 charakteristisch, die m.E. überholt ist. Von einer „Abwandlung des Sachverhalts" im § 1 spricht *Walter*, Actio depositi (2012) 430 — schließt aber das Eigentum des Photinus an den hinterlegten Sachen nicht aus.

11 Ich möchte betonen, dass diese Abrede nur in der zweiten Variante unterstellt werden kann.

Nimmt man an, dass der Jurist den im *principium* angeschnittenen Fall weiter ausbaut, dann ist § 1 als Erwägung der Möglichkeit einer (parallelen) schuldrechtlichen Klage – als Alternative zu der im *principium* behandelten dinglichen Klage – zu verstehen[12]. Dies hätte den Vorteil, dass Photinus ein wesentlich leichteres Beweisprogramm zu bewältigen hätte. Es spricht jedoch einiges dafür, dass § 1 den Ausgangsfall leicht modifiziert und eine Variante bildet, in der Photinus nicht der Eigentümer der hinterlegten Sachen war[13]; er wurde einfach in einer an die Hinterlegung anknüpfenden Abrede als empfangsberechtigter Dritte genannt. In diesem Fall könnte Photinus sich allein auf die schuldrechtliche Klage stützen, um an die Sachen zu kommen.

Es werden im § 1 zwei Lösungsvorschläge erwogen: Photinus ist zwar nicht Eigentümer zur Zeit der Hinterlegung, aber er beerbt später den Hinterleger – und dadurch erwirbt er als Rechtsnachfolger auch die *actio depositi*. Oder Photinus ist weder Eigentümer noch Erbe, bloß der Begünstigte; in diesem Fall steht ihm keine Klage aus dem *depositum* zu. Die kaiserliche Kanzlei beharrt auf dogmatischer Klarheit und verweigert die Drittwirkung bei einer Hinterlegung[14]. Schließlich scheint aber der Fall doch zugunsten des Photinus entschieden worden zu sein: Aus Billigkeit wird ihm eine *actio depositi utilis propter aequitatis rationem* in Aussicht gestellt.

Was die ‚Echtheit' der Stelle angeht, werden *principium* und § 1 im Schrifttum oft separat behandelt[15]: Die Entscheidungen scheinen dann auf unterschiedliche Sachverhalte und unterschiedliche Rechtsprobleme abgestellt. Der lateinische Text des *principium* wird unproblematisch als ‚echt' angesehen; allein die Erwähnung des *commodatum* wird von manchen Autoren als späterer Eingriff beanstandet[16]. Die Auslegung von § 1 wirft hingegen zahlreiche Probleme auf, die oft zu Interpolationen-Verdächtigungen geführt haben[17]. Manche Romanisten versuchen aus dem Text heraus zu argumentieren, ohne spätere Eingriffe zu unterstellen. Etwa Cornil stellt darauf ab,

12 So etwa *Harke*, Actio utilis (2016) 294–297; *Finkenauer*, Pacta, ZRG RA 135 (2018) 248–254.

13 S. dazu unten im Abschnitt VII und VIII.

14 S. dazu ausführlicher *Finkenauer*, Pacta, ZRG RA 135 (2018) 248–254 mit umfassender Literaturübersicht; weiterhin *Walter*, Actio depositi (2012) 429–450, obwohl aus einem anderen Aspekt.

15 S. etwa *Litewski*, Personen, RIDA 47 (2000) 322–323 und 340–344; er sieht im *principium* kein besonderes juristisches Problem.

16 S. etwa *Litewski*, Personen, RIDA 47 (2000) 323; *Albertario*, Contratti, in: FS Koschaker 2 (1939) 29 mit Argumenten aus B. 15.4.28 (Heimbach); *Wesenberg*, Verträge (1949) 25.

17 S. dazu *Walter*, Actio depositi (2012) 310 und 338–339 mit weiterer Literatur. Gegen Itp. insbesondere *Harke*, Actio utilis (2016) 294 und *Finkenauer*, Pacta, ZRG RA 135 (2018) 248–249.

dass der Hinterleger ein Stellvertreter des Eigentümers gewesen sei, deshalb komme die Regel *alteri nemo stipulari potest* nicht zur Anwendung[18].

In der jüngeren Literatur haben sich insbesondere Walter[19], Harke[20] und Finkenauer[21] mit der Stelle auseinandergesetzt; im Folgenden werden ihre Ergebnisse berücksichtigt. Walter geht vertieft auf die Interpolationen-Diskussion ein. Er kommt zu dem Schluss, dass die drittwirkende Vereinbarung zwar echt sei und sich die „*actio depositi utilis* des Dritten gegen den Verwahrer zumindest als eine Ausnahmeentscheidung gut in das Recht der Zeit Diokletians einfügen würde“[22] – aber die Basiliken-Überlieferung mit dem Index des Thalelaios schließe diese Auslegung aus und spräche für eine justinianische Interpolation.

Harke stellt hingegen fest: „Nicht auf die Kompilatoren geht dagegen die *actio utilis* zurück, die Diokletian einem Eigentümer einer Sache zugesteht, um aus einem von ihrem Besitz abgeschlossenen Verwahrungsvertrag vorzugehen“[23]. Er geht davon aus, dass Photinus sowohl im *principium* als auch in § 1 Eigentümer der hinterlegten Sache war und es eigentlich gar nicht um eine drittwirkende Vereinbarung gehe[24]. Er stützt sich auf die Parallele zu PS. 2.12.8 und schlägt eine „Unterverwahrung“ vor: Der Hinterleger habe seine Sachen einem Verwahrer übergegeben, und dieser habe sie dann einem Zweiten, einem Unterverwahrer, weitergegeben[25]. Diese Konstruktion würde die *actio utilis* der kaiserlichen Entscheidung vernünftig erklären: Es ginge um die „Übertragung des Rückgewähranspruches durch den Besitzer auf den Eigentümer“[26].

Finkenauer verweist jedoch kritisch darauf, dass diese Erwägung rein hypothetisch ist, weil „davon in der Konstitution nichts stehe“[27]. Er stellt darauf ab, dass der Text grundsätzlich echt sei, von den Kompilatoren wurden höchstens Kürzungen vorgenommen: „Statt, wie bisher vorherrschend, mit einer Interpolation zu rechnen, [...] sollte man [...] von einem längeren

18 *Cornil*, Explication historique, in: Scritti Riccobono 4 (1936) 254. Zum Prinzip des *nemo alteri* vgl. *Finkenauer*, Stipulation (2010) 13–19; vgl. auch *Albertario*, Contratti, in: FS Koschaker 2 (1939) 17–18 mit einer Übersicht.

19 *Walter*, Actio depositi (2012) 429–450.

20 *Harke*, Actio utilis (2016) 287–297.

21 *Finkenauer*, Pacta, ZRG RA 135 (2018) 248–254.

22 *Walter*, Actio depositi (2012) 450.

23 *Harke*, Actio utilis (2016) 294.

24 *Harke*, Actio utilis (2016) 294–297.

25 *Harke*, Actio utilis (2016) 295.

26 *Harke*, Actio utilis (2016) 295; Abtretung der Klagen zwischen dem ersten Verwahrer und dem Hinterleger, etwa nach dem Muster von African in Afr. 7 quaest. D. 16.3.16; ähnlich bereits *Albertario*, Contratti, in: FS Koschaker 2 (1939) 29–30.

27 *Finkenauer*, Pacta, ZRG RA 135 (2018) 253.

Reskript ausgehen, das auf eine sehr unbestimmte Anfrage hin ergangen ist"[28]. Finkenauer zieht die Codex-Stelle in seinen Ausführungen über drittwirkende *pacta* heran: „Wenn man die hier vorgeschlagenen Indizien für die Echtheit der Konstruktion akzeptiert, haben wir in ihr einen weiteren Beleg für ein dinglich wirkendes *pactum*, allerdings beschränkt auf eine Wirkung zugunsten des Eigentümers"[29].

Man könnte sich jedoch wundern, warum die kaiserliche Kanzlei eine so eng aufgefasste Ausnahme einer so ausführlich formulierten Entscheidung für würdig erachtet habe: ein *depositum* mit Drittwirkung, aber nur wenn der Dritte (der Begünstigte) zugleich Eigentümer der hinterlegten Sachen sei.

III. Hermogenian im Dienst der kaiserlichen Reformen

Der Anfragende, der sich mit seinem Verwahrungsfall an die kaiserliche Kanzlei wandte, wird Photinus genannt. Es ist ein griechischer Name, der auch die Herkunft des Anfragenden lokalisiert: Photinus hat aus der östlichen Reichshälfte seine Petition eingereicht, sein Rechtsstreit ist im hellenistischen Teil des Imperium Romanum anzusiedeln.

Seit der *Constitutio Antoniniana,* die im Jahre 212 verabschiedet wurde, haben fast alle freien Bürger des Reiches das römische Bürgerrecht erhalten[30]. In den überlieferten Dokumenten des Alltags sind jedoch öfters Protagonisten anzutreffen, die ihre Rechtsgeschäfte, ungeachtet ihrer *de-iure*-Zugehörigkeit zum Römertum, nach griechischen Rechtsvorstellungen abwickeln und ihre Rechtsurkunden nach griechischen Formularen ausstellen oder vom örtlichen Notar ausstellen lassen[31]. Kommt die Anfrage in C. 3.42.8 pr.–1 aus einer Provinz, in der die Bevölkerung ihre griechische Identität bewahrte, könnten bei den geschilderten Rechtsgeschäften auch nicht genuin römische Rechtsvorstellungen mitgespielt haben.

Das Reskript ist mit dem Jahr 293 datiert: Vom 1. Januar 293 bis April 295 hat Hermogenian, der klassisch geschulte, konservative Jurist, das Amt des *magister libellorum* unter Kaiser Diokletian bekleidet: ihm oblag

28 *Finkenauer*, Pacta, ZRG RA 135 (2018) 253; auf S. 251 betont er, dass kein zwingender Grund vorliegt, die *actio utilis* als Interpolation anzusehen.

29 *Finkenauer*, Pacta, ZRG RA 135 (2018) 254.

30 Vgl. *Buraselis*, Theia dorea (2007) 94–119.

31 Rechtsgeschäfte, die nach griechischen Rechtsvorstellungen abgeschlossen wurden, sind in reicher Fülle auch in den Schriften der römischen Juristen anzutreffen. S. dazu vor kurzem *Jakab*, Prozess, ZRG RA 135 (2018) 493–505; *Jakab*, Parakatatheke, ZRG RA 138 (2021) 345.

die Rechtspflege im östlichen Teil des Reiches[32]. Es wird sogar vermutet, dass er bereits Jahre davor in untergeordneten Stellungen in die Tätigkeit der Libellkanzlei eingebunden war[33]. Einige Spuren deuten darauf hin, dass er im Herbst 287 und im Frühjahr 291 auch im Westen, neben Maximian, arbeitete[34].

Hermogenian stammte aus dem Osten: Er hat vermutlich in der Rechtsschule von Beirut seine juristische Ausbildung erhalten[35]. Neben seiner steilen Karriere in der Reichsverwaltung war er wahrscheinlich auch Rechtslehrer in Beirut[36]. Seine zwei Amtsjahre als *magister libellorum* des Ostens standen im Zeichen der umfassenden, groß angelegten juristischen Reformtätigkeit Diokletians.

Diokletians Machtübernahme in den Jahren 284–285[37] führte das Imperium Romanum aus einer tiefen Krise heraus: Während des davor liegenden halben Jahrhunderts wechselten sich etwa 71 Kaiser auf dem Thron ab, Staat und Wirtschaft wurden durch Kriege und Bürgerkriege erschüttert[38]. Ein gewisses Chaos herrschte auch im Bereich der Rechtspflege. Das klassische römische Recht hat seine übergreifende Wirkung eingebüßt; Korruption, Billigkeitsentscheidungen und wahllos genehmigte Ausnahmen beeinträchtigten auch die Rechtsprechung[39]. Die allgemeine Verunsicherung hat (unter anderem) dazu geführt, dass Statthalter und Kaiser mit Petitionen von Privatleuten überschüttet wurden – deren Bearbeitung kaum zu bewältigen war[40].

Nachdem Diokletian die Tetrarchie im Jahre 293 eingerichtet hatte, setzte er auch in der Verwaltung gründliche Reformen durch. Die meisten Provinzen wurden neu definiert, ihr Territorium verkleinert und dadurch ihre Anzahl vermehrt. Der Aufgabenbereich der Statthalter wurde ebenfalls wesentlichen Änderungen unterzogen: Es wurden ihnen die militärischen Aufgaben genommen und ein gewisser Freiraum geschaffen, damit sie ihre

---

32 *Liebs*, Hofjuristen (2010) 85; *Liebs*, Jurisprudenz (1987) 36. *Honoré,* Emperors and Lawyers ^{2}(1994) 163 und 177 bestimmt das Ende seiner Amtszeit eher mit dem 31. Dezember 294.

33 *Honoré*, Emperors and Lawyers ^{2}(1994) 179.

34 *Honoré,* Emperors and Lawyers ^{2}(1994) 177; *Liebs*, Hofjuristen (2010) 85.

35 *Honoré,* Emperors and Lawyers ^{2}(1994) 177; *Liebs*, Jurisprudenz (1987) 36.

36 *Liebs*, Recht und Rechtsliteratur, in: HLL 5 (1989) 62.

37 Diokletian trat die Herrschaft im Jahre 284 im Osten, und im Jahre 285 im Westen an, s. etwa *Liebs*, Hofjuristen (2010) 81.

38 *Honoré*, Emperors and Lawyers ^{2}(1994) 140.

39 *Honoré*, Emperors and Lawyers ^{2}(1994) 140.

40 *Honoré,* Emperors and Lawyers ^{2}(1994) 182: „A major problem was the time it took the Emperor to attend personally to the petitions presented to him.“

Energie „zur erheblichen Intensivierung der Rechtspflege" besser einsetzen können[41].

Die kaiserliche Rechtspolitik baute grundsätzlich auf römische Tradition: Die in den Schriften der klassischen Juristen (insbesondere in denen des Papinian, Paulus und Ulpian) greifbaren Entscheidungen sowie die darin verkörperten Prinzipien wurden konsequent als Grundlage für die Rechtsprechung herangezogen[42]. Die von Diokletian vertretene Tendenz, die Rückkehr zum klassischen Recht, sollte die Rechtseinheit im ganzen Reich erhöhen und dadurch die zentrale Macht stärken. Zunächst beauftragte Kaiser Gregorius seinen damaligen *magister libellorum*[43], eine Sammlung der Kaiserkonstitutionen von Hadrian bis 291 zusammenzustellen; sie ist als *Codex Gregorianus* bekannt[44]. Nach einer kurzen Amtsperiode des Arcadius Charisius wurde dann Hermogenian zum Libellsekretär ernannt. Es wird vermutet, dass die Konstitutionen, die während seiner zwei Amtsperioden erlassen wurden, von Anfang an im Hinblick auf die Abfassung einer weiteren Rechtssammlung entstanden[45]. In der Tat, der *Codex Hermogenianus* erschien im Jahre 295, also unmittelbar nach dem Ende seiner Zeit als *magister libellorum* des Ostens[46]. Es ist bemerkenswert, dass in beide *Codices* ausschließlich Konstitutionen aus Diokletians Kanzlei aufgenommen wurden[47].

Die beiden Sammlungen legten grundsätzlich kein neues Recht fest; sie sind eher als eine Art „Überblick über die kaiserliche Rechtsprechung" aufzufassen; eine Rechtspflege, die sich „überwiegend mit elementaren Fragen" beschäftigen musste[48].

Die *Codices* hatten ein wichtiges Ziel zu erfüllen: Die kulturellen Unterschiede zwischen der östlichen und der westlichen Reichshälfte waren im 3. Jh. keineswegs verblasst. Im Gegenteil, die provinziale Bevölkerung hielt im Osten deutlich an griechischen Rechtsvorstellungen fest. Die *Constitutio*

---

41 *Liebs*, IE (1964) 108; vgl. Diocl./Maxim. AA. et CC. dicunt C. 3.3.2 (a. 294).

42 *Liebs*, IE (1964) 107.

43 *Honoré*, Emperors and Lawyers ²(1994) 148–162; *Liebs*, Recht und Rechtsliteratur, in: HLL 5 (1989) 60–61; *Liebs*, Hofjuristen (2010) 81–83; der *Codex* hat in einer systematischen Ordnung die Kaiserkonstitutionen von 130 bis 291 beinhaltet.

44 *Honoré*, Emperors and Lawyers ²(1994) 182.

45 *Honoré*, Emperors and Lawyers ²(1994) 166.

46 *Liebs*, IE (1964) 23. Der *Codex* wurde von ihm später noch überarbeitet und in zwei Neuausgaben aufgefrischt, vgl. *Liebs*, Recht und Rechtsliteratur, in: HLL 5 (1989) 63.

47 *Liebs*, IE (1964) 23 mit weiterer Literatur.

48 *Liebs*, IE (1964) 23.

Antoniniana brachte in der privatrechtlichen Praxis keinen Durchbruch – es war auch nicht das primäre Ziel, das von Caracalla verfolgt wurde[49].

Das östliche Rechtsleben hellenistischer Art ist in vielen Anfragen greifbar, die an den Kaiser oder an den Statthalter gerichtet waren. Auch Hermogenian wurde oft mit Streitigkeiten konfrontiert, die aus Rechtsgeschäften griechischer Art hervorgingen. Er beschäftigte sich nicht selten – sowohl in den kaiserlichen Reskripten als auch in seinen *Epitomae iuris* – mit „volksrechtlichen Einrichtungen"[50]. Hermogenian ist eine „Unmenge solcher Entscheidungen" zuzuschreiben, „die für den mit dem römischen Recht Vertrauten Selbstverständlichkeiten bargen, so die zahlreichen mit volksrechtlichen Rechtsvorstellungen sich befassenden Bescheide"[51]. Im *Codex Hermogenianus* wurden diese „Selbstverständlichkeiten" als Aktualitäten verkündet. Der Zweck war die Publikation schlechthin, die Wiederholung und Einprägung gewisser Grundsätze des klassischen römischen Rechts: „die Linie, auf der das höchste Gericht gegenwärtig judizierte, das gegenwärtig angewandte römische Recht jedem Aurelius bekannt und zugänglich zu machen"[52].

Honoré hat aus dem Jahr 293 insgesamt 374 Reskripte rekonstruiert; davon sind 366 im *Codex Iustinianus repetitae praelectionis* erhalten. Das darauffolgende Jahr dürfte noch betriebsamer gewesen sein: Insgesamt 490 Konstitutionen sind aus diesem Jahr überliefert[53]. Unsere Stelle, C. 3.42.8 pr.–1, ist im Laufe dieser auffällig intensiven Rechtspflege entstanden. Es liegt nahe, dass auch dieses Reskript den Spalt zwischen Theorie und Praxis, zwischen den Vorschriften des klassischen römischen Rechts und der Alltagspraxis der provinzialen Bevölkerung („the divergence between Roman legal principle and the reality of provincial life"[54]) glätten wollte. Der Libellsekretär dürfte auch in der vorliegenden Entscheidung als „teacher and propagandist" aufgetreten sein. Er hat den Anfragenden angesprochen, über die Rechtslage belehrt und ihm auch konkrete Schritte zur Lösung seines Problems nahegelegt[55]. Bei der Auslegung von C. 3.42.8 pr.–1 soll man sich diesen Kontext vor Augen halten.

---

49 Vgl. dazu etwa *Buraselis*, Theia dorea (2007) 132–143.
50 *Liebs*, IE (1964) 97–101.
51 *Liebs*, IE (1964) 24.
52 *Liebs*, IE (1964) 24–25; über das Ziel von Diokletians Konstitutionen ähnlich *Honoré*, Emperors and Lawyers ²(1994) 176 und 182.
53 *Honoré*, Emperors and Lawyers ²(1994) 164.
54 *Honoré*, Emperors and Lawyers ²(1994) 140.
55 *Honoré*, Emperors and Lawyers ²(1994) 140 und 168–169.

IV. Die Hinterlegung

Sowohl im *principium* als auch in § 1 steht ein Verwahrungsvertrag im Fokus: Im *principium* wurden von einem Dritten Sachen in Obhut gegeben, die dem Anfragenden gehörten (es ist nicht klar, ob dabei ein drittwirkendes *pactum* vereinbart wurde). In § 1 wird ausdrücklich erwähnt, dass die Sachübergabe mit einem drittwirkenden *pactum* geschah: Jemand hat Sachen in Obhut gegeben und vereinbart, dass diese nicht an ihn, sondern an Photinus herausgegeben werden sollen. Die kaiserliche Entscheidung beschäftigt sich mit einem Rechtsgeschäft nach oft belegter provinzialer Praxis (siehe sogleich); die Entscheidung fällt jedoch nach den Kriterien des klassischen römischen Rechts. Das Grundgeschäft wird nach römischem Recht als *depositum* definiert. Die Libellkanzlei bewertet das juristische Problem vom System des klassischen Rechts ausgehend und erwägt, ob dem Photinus, der keine Partei im Vertrag war, eine *actio depositi* zustehen könnte. Die Klage wird verweigert und Photinus wird über die Gründe der Ablehnung belehrt: Er soll einsehen, dass er vor einem römischen Gericht aus einem *pactum* zwischen dem Hinterleger und dem Verwahrer keinen Anspruch auf die Herausgabe der für ihn bestimmten Sachen geltend machen kann.

Der Bescheid erging in der östlichen Reichshälfte, auf die Anfrage eines Bürgers mit griechischem Namen. Hinterlegungen erfolgten im Osten gewöhnlich als *parakatathekai*; solche Vereinbarungen – oft mit Drittwirkung – zählten zu den geläufigen und vielseitig verwendeten Rechtsgeschäften im griechischen Alltag. Es liegt nahe, auch im Hintergrund von C. 3.42.8.1 eine *parakatatheke* nach griechischem Muster zu vermuten.

Die technischen Wörter *parakatatíthesthai, paratíthesthai, parakatatheke, paratheke* (‚Hinstellen') bezeichnen „den Vorgang des Anvertrauens zur Obhut, die treuhänderische Übergabe"[56]. Im griechischen Recht sind die Grenzen zwischen *daneion*, *chresis* und *parakatatheke* fließend[57]. Vertretbare oder unvertretbare Sachen werden überreicht, und die juristische Einstufung erfolgt danach, welches Interesse in dem jeweiligen Rechtsverhältnis überwiegt.

Die begriffliche Differenzierung zwischen den römischen Definitionen von Darlehen (*mutuum*), *depositum* oder offenem *depositum* (*depositum*

56 *Simon*, Quasi-Parakatatheke, ZRG RA 82 (1965) 44. Zur *parakatatheke* s. vor allem *Scheibelreiter*, Der ungetreue Verwahrer (2020) 42–74. Vgl. auch *ders.*, Nomos ton parathekon (2010) 349–352; *ders.*, Verwahrung, Index 43 (2015) 359–364. Zu der älteren Literatur s. *Rupprecht*, Papyruskunde (1994) 121.

57 *Scheibelreiter*, Der ungetreue Verwahrer (2020) 43; *Simon*, Quasi-Parakatatheke, ZRG RA 82 (1965) 41, aber auch bereits *Kübler*, Tatbestände, ZRG RA 29 (1908) 196–199.

irregulare) beruht auf den scharf umrissenen Grenzen zwischen Eigentum und Besitz. Eine ähnliche begriffliche Schärfe blieb dem griechischen Recht immer fremd: „Dem griechischen Rechtsdenken war die Idee des Eigentums als eines materiellrechtlich verstandenen absoluten Rechts fremd, und es kannte nur *kratesis* und *kyrieia* – das Recht zum unmittelbaren, im Wege der Selbsthilfe zu verwirklichenden Zugriff und das Recht, über den Gegenstand zu verfügen – als die konkreten […] Erscheinungsformen einer noch nicht zum juristischen Begriff erhobenen und durch technische Benennungen differenzierten allgemeinen Sachbeherrschung“[58].

Die griechischen *parakatatheke*-Vereinbarungen umfassten einen wesentlich breiteren Anwendungsbereich als der römischrechtliche oder moderne Begriff der Verwahrung. Das Formular konnte für verschiedene Zwecke eingesetzt werden, etwa für Mitgift-Bestellung, Geldverwahrung, aber auch für letztwillige Zuwendungen; das treuhänderische Anvertrauen bildete dabei das wesentliche Element des Rechtsgeschäfts. Die Auslegung solcher Vereinbarungen in den Kategorien eines systematischen Rechtsdenkens ist deshalb problematisch, weil „die Griechen ihre Schuldrechtsbegriffe offenbar überhaupt nicht im Wege der Analyse der jeden Terminus tatbestandsmäßig zugrunde liegenden juristischen Voraussetzungen durchgeformt haben“[59]. Die Griechen sind bei Sachverhaltsbildern, bei lebenstypischen Umrissen des Rechtsgeschäfts stehen geblieben. Die Einordnung wurde „auch dann nach dem Phänotyp vollzogen, wenn Teile seiner Folgeerscheinungen ausgeschlossen wurden“[60].

Es sind bereits aus dem 2. Jh. n.Chr. Entscheidungen überliefert, die bestätigen, dass die griechische *parakatatheke* den Juristen Roms bekannt war[61]. Solche Rechtsverhältnisse standen eigentlich ‚an der Schnittstelle‘ zwischen griechischem und römischem Recht: Die Juristen setzten sich mit der Problematik des fremden Rechts auseinander, indem sie prüften, „ob nach römischem Recht Verträge durchgesetzt werden können, welche einer anderen Rechtskultur entstammen“[62]. Papinian, Paulus und Scaevola respondieren immer wieder auf Anfragen, in deren Hintergrund *parakatatheke*-Verträge liegen. Der Wortlaut dieser Vereinbarungen wird manchmal im Original, auf Griechisch, manchmal ins Lateinische übertragen zitiert. Die Juristen Roms

58 *Wolff*, s.v. proix, RE XXIII.1 (1957) 148; ihm folgt auch *Kränzlein*, Eigentum und Besitz (1963) 31–37 und 89–91 über den Surrogationsgedanken; und *Simon*, Quasi-Parakatatheke, ZRG RA 82 (1965) 47.

59 *Simon*, Quasi-Parakatatheke, ZRG RA 82 (1965) 52–53.

60 *Simon*, Quasi-Parakatatheke, ZRG RA 82 (1965) 64–65.

61 Vgl. etwa Scaev. 29 dig. D. 46.3.89 pr.; Scaev. 1 resp. D. 13.5.26; Scaev. 5 dig. D. 14.3.20.

62 *Scheibelreiter*, Depositum irregulare, Index 45 (2017) 451–452.

sind bei solchen Anfragen stets bemüht, eine passende *actio* aus dem gegliederten System der römischen Rechtsquellen zu finden und für den aktuellen Fall zu adaptieren[63]. In den meisten Fällen wird die *parakatatheke* als *depositum* eingestuft und die *actio depositi* gewährt. Auch wenn ein Jurist bloß vom *depositum* spricht, steckt nicht selten eine griechische *parakatatheke* als Rechtsgeschäft dahinter. Allgemein wurden auch *parakatatheke*-Vereinbarungen, die griechischen Rechtsvorstellungen folgten, von den klassischen Juristen als wirksam anerkannt[64].

Es gibt jedoch zwei wesentliche Charakteristika des griechischen Pendants, deren Eingliederung in das römische Recht auf erhebliche Schwierigkeiten gestoßen ist: die immanente Zinspflicht und die Drittwirkung[65]. Die Zinspflicht kann hier als für das vorliegende Thema irrelevant ausgeklammert bleiben, aber die problematische Drittwirkung spielt auch in C. 3.42.8.1 eine wichtige Rolle.

Wie oben bereits erwähnt, wurde die Hinterlegung in C. 3.42.8 pr.–1 bisher im Schrifttum als ein *depositum* nach klassischem römischen Recht aufgefasst. Als Alternative würde ich vorschlagen, darin eine griechische *parakatatheke* zu sehen. Dafür spricht, dass der Hinterleger offenbar die Drittwirkung als selbstverständliche, unproblematische Bestimmung vereinbart hat. Es wäre falsch, den Parteien grobe Unwissenheit zu unterstellen: Man muss davon ausgehen, dass Rechtsurkunden allgemein von Rechtskundigen angefertigt wurden oder dazu zumindest Rat von Rechtskundigen eingeholt wurde.

V. Die Drittwirkung

Verträge zugunsten Dritter waren nach klassischem römischen Recht grundsätzlich unwirksam[66]. In der griechischen *parakatatheke* war es aber zulässig, sogar üblich, Rückzahlungen an einen Dritten zu vereinbaren. Solche Verfügungen sind bereits in den attischen Gerichtsreden überliefert; sie betreffen Gelddepots bei Bankiers (*trapezitai*)[67]. Etwa in der pseudodemosthenischen

---

63 Ähnlich auch *Scheibelreiter*, Depositum irregulare, Index 45 (2017) 460.

64 *Scheibelreiter*, Der ungetreue Verwahrer (2020) 42–74; *ders.*, Nomos ton parathekon (2010) 349–352; *ders.*, Verwahrung, Index 43 (2015) 359–364; *ders.*, Depositum irregulare, Index 45 (2017) 451–458.

65 S. dazu *Jakab*, Parakatatheke, ZRG RA 138 (2021) 353–364.

66 Zur Problematik vgl. *Finkenauer*, Pacta, ZRG RA 135 (2018) 248–254 mit Literaturübersicht; in der älteren Literatur wird die Drittwirkung konsequent verneint, s. etwa *Pacchioni*, Contratti [3](1933) 49–53; *Wesenberg*, Verträge (1949) 6–8; *Litewski*, Personen, RIDA 47 (2000) 340–349.

67 IPArk. 1 (Mitte 5. Jhd. v. Chr.) überliefert auch ein Gelddepot bei der Tempelbank in Tegea, wo Dritte zum Abheben berechtigt waren; s. dazu *Thür/Taeuber*,

Rede gegen Kallipos[68] verteidigt sich Apollodoros (der Erbe Pasions, des Verwahrers) gegen die Ansprüche der Erben eines Hinterlegers: Lykon aus Herakleia, einer von Pasions Kunden, hat diesem 1.640 Drachmen mit der Bestimmung anvertraut, diese an seinen Geschäftspartner, Kephisiades, auszuzahlen, sobald dieser nach Athen zurückkehren werde[69]. In der Rede wird behauptet, dass Lykon ausdrücklich verfügt habe, den Betrag auch nach seinem Tod an den genannten Abhebungsberechtigten – und nicht an seine Erben – herauszugeben. Die Zahlung erfolgte also im Dreipersonenverhältnis; solche Geldtransaktionen scheinen nach der Darstellung der Rede zum Alltag gehört zu haben[70].

Ähnliche *parakatatheke*-Vereinbarungen sind auch im Urkundenmaterial der griechischen Papyri Ägyptens reichlich überliefert[71]. Betrachtet man solche Verträge aus dem Aspekt der dinglichen Rechte, fällt eine Eigentümlichkeit des griechischen Rechts auf: Der Empfänger wird als *kyrios* der hingegebenen Sache betrachtet. Dies ist einerseits eine notwendige Voraussetzung für die hier nachgewiesene Verfügungsmacht des Empfängers, andererseits gerade die Erklärung dafür, dass diese Verfügungsbefugnis besteht[72]. Obwohl die *kyrieia* als Verfügungs- und Nutzungsbefugnis mit der Hingabe des Geldes in eine *parakatatheke* aus der Hand gegeben wird, behält der Geber/Hinterleger weiterhin die sogenannte *kratesis*, das Zugriffsrecht auf die Sache; der ursprüngliche Inhaber bleibt immer der (besser) Berechtigte[73]. Nennt der Hinterleger einen Dritten als Begünstigten, tritt er damit sein Zugriffsrecht ab; die hinterlegte Sache wird dinglich dem Vermögen des Dritten zugeordnet.

---

in: IPArk. (1994) 1–11. Die Rückzahlung an einen Dritten kommt auch in literarischen Quellen vor, vgl. etwa Hdt. 6.86; s. dazu *Scheibelreiter*, Der ungetreue Verwahrer (2020) 47–49.

68 Dem. or. 52; die Rede entstand um 370 v.Chr.

69 Zum Rechtsgeschäft s. *Scheibelreiter*, Der ungetreue Verwahrer (2020) 65.

70 Mit der Stelle habe ich mich bereits früher beschäftigt, s. *Jakab*, Bankurkunden und Buchführung, in: Symposion 1999 (2003) 507–508.

71 Es würde den Rahmen dieses Aufsatzes sprengen, auf diese Dokumente näher einzugehen; s. dazu *Kübler*, Tatbestände, ZRG RA 29 (1908) 193–194; *Scheibelreiter*, Depositum irregulare, Index 45 (2017) 453–454; *ders.*, Der ungetreue Verwahrer (2020) 100–102.

72 *Simon*, Quasi-Parakatatheke, ZRG RA 82 (1965) 48.

73 *Simon*, Quasi-Parakatatheke, ZRG RA 82 (1965) 49. Auch *Wolff*, Grundlagen, ZRG RA 74 (1957) 44–45 konnte bei der offenen Bank-*parakatatheke* in Dem. or. 52 nachweisen, dass der Hinterleger weiterhin als Eigentümer betrachtet wurde; ähnlich *Kränzlein*, Eigentum und Besitz (1963) 89–90 bei einem Pfandverhältnis. Auch *Pringsheim*, Kauf mit fremdem Geld (1916) 34–38 stellt auf das Eigentum des Hinterlegers in Plautus' Curculio ab.

VI. Zur Textüberlieferung

Ein gewisser Photinus hat sich um 293 mit seinem Rechtsstreit an Kaiser Diokletian gewendet. Die *iurisdictio*, die Sorge um die alltäglichen, privatrechtlichen Streitigkeiten der Bürger, hatte in der kaiserlichen (Rechts)Politik seit Augustus hohen Stellenwert[74]. Jedem stand es offen, ob in Rom oder in den Provinzen, mittels Petition von der höchsten Instanz ein Rechtsgutachten zu erbitten[75]. Kaiser und Statthalter verbrachten viel Zeit damit, die Ansuchenden persönlich anzuhören[76]. Manche der Rechtsfragen konnten sofort beantwortet werden, andere wurden an Fachleute weitergereicht. Hadrian hat bereits ein Amt des *procurator a libellis* eingerichtet und damit die Abfertigung der Petitionen institutionalisiert. Es ging um einen hohen ritterlichen Posten, der mit einem Jahressold von 200.000 Sesterzen ausgestattet wurde[77]. Seit Antoninus Pius hat sich eingebürgert, dass ein ausgebildeter Jurist dem Libellamt vorstand; es hat sich zu einer wichtigen Behörde entwickelt[78].

Im Libellamt wurden die einzelnen Petitionen zunächst in kleinerem Kreis besprochen, danach ein Entwurf ausgearbeitet und dem Kaiser vorgelegt, um von ihm abgesegnet zu werden. Es kam aber auch vor, dass der Kaiser noch Ergänzungen oder Änderungen vorgeschlagen hat[79].

Unsere Stelle, C. 3.42.8 pr.–1, gehört auch in der überlieferten Form zu den relativ ausführlich formulierten Entscheidungen – doch dürfte die Antwort an Photinus ursprünglich noch länger gewesen sein. Die Stelle ist im *Codex Iustinianus* überliefert; es ist unklar, wie weit sich die Kompilatoren dabei an die Originalfassung im *Codex Hermogenianus* gehalten haben (s. dazu unten). Und es bleibt auch unklar, wie weit die Textversion des CH mit dem Originaltext des Reskripts in Einklang stand. Es wird allgemein vermutet, dass bereits Hermogenian bei dem Redigieren seiner Reskripte Kürzungen vorgenommen hat.

Hermogenian hat darauf verzichtet, den Stoff seines *Codex* in *libri* zu unterteilen, aber sachlich-thematisch hat er die Konstitutionen in *tituli* gegliedert[80]; ebenso verzichtete er etwa bei der Zitierweise auf die vollständige Bezeichnung des Erlassungsjahres[81]. Er war auch um eine bewusste, oft

---

74 *Liebs*, Hofjuristen (2010) 165.
75 *Kelly*, Petitions (2011) 41–45.
76 *Kelly*, Petitions (2011) 63–73.
77 Am Anfang sind oft Militärs nach einem aktiven Dienst zum *procurator a libellis* ernannt worden, vgl. *Liebs*, Hofjuristen (2010) 165.
78 *Liebs*, Hofjuristen (2010) 166.
79 *Liebs*, Hofjuristen (2010) 167.
80 *Honoré*, Emperors and Lawyers ²(1994) 142; *Liebs*, Jurisprudenz (1987) 138–139.
81 *Liebs*, Jurisprudenz (1987) 138.

innovative Systembildung bemüht, wobei er sogar neue, vom traditionellen System abweichende Titel gebildet hat[82]. Als ein weiteres Charakteristikum seines Konzepts ist darauf hinzuweisen, dass er die einzelnen Konstitutionen überwiegend intakt, in ihrer Originalfassung bewahrte und „von der Möglichkeit, sie zu zerschneiden und auf mehrere Titel zu verteilen, weniger Gebrauch gemacht" habe, als es im *Codex Gregorianus* der Fall ist[83]. Dieser Art der Aufbereitung kommt auch bei der Auslegung unserer Stelle (C. 3.42.8 pr.–1) eine gewisse Bedeutung zu.

Obwohl Hermogenian überwiegend darauf verzichtet hat, Konstitutionen zu zerlegen und auf mehrere Titel (thematisch) zu verteilen, griff er wahrscheinlich in den ursprünglichen Text der einzelnen Bescheide öfters ein: „... have cut out the words referring to what the petitioner or provincial governor should or would do"[84]. Die Konstitution dürfte auch noch später, im Laufe des spätklassischen Rechtsunterrichts und dann bei der Redaktion des *Codex vetus* überarbeitet worden sein. Manche Autoren gehen davon aus, dass der *Codex vetus* noch eine ältere, dem *Codex Hermogenianus* entnommene Version enthalten habe, aber in den *Codex Iustinianus repetitae praelectionis* bereits eine überarbeitete (interpolierte) Variante inkorporiert worden sei[85].

Die Abweichungen im Text können aufgrund der Basiliken-Überlieferung festgestellt werden: Thalelaios hat seine Unterrichtsunterlagen nicht ganz präzise nach dem überlieferten Codex-Text (C2) zusammengestellt[86]. In seinen Notizen sind *indices* und *paragraphai* überliefert, die vor 534, also vor dem Erlass des zweiten Codex geschrieben sein dürften – oder auf Textvorlagen verweisen könnten, die von den entsprechenden Stellen im zweiten Codex abweichen[87]. Divergenzen konnten durch einfache Abschreibfehler entstehen[88], aber solche konnten auch passiert sein, als etwa die Redaktoren der Basiliken den Thalelaios-Text überarbeitet haben. Es ging dabei jedoch

82 *Honoré*, Emperors and Lawyers ²(1994) 142; *Liebs*, Jurisprudenz (1987) 140.

83 *Liebs*, Jurisprudenz (1987) 140; s. dazu auch *Rotondi*, Fonti del codice, in: Scritti Giuridici 1 (1922) 111–146.

84 *Honoré*, Emperors and Lawyers ²(1994) 141.

85 *Walter*, Actio depositi (2012) 429–437; gegen eine Interpolation hingegen *Finkenauer*, Pacta, ZRG RA 135 (2018) 253.

86 Zu den Divergenzen zwischen dem Thalelaios-Kommentar und der Codex-Überlieferung s. *Simon*, Codexunterricht, RIDA 47 (1970) 279–283. *Finkenauer*, Pacta, ZRG RA 135 (2018) 251 hebt hervor, dass der Basilikentext oft aus dem Unterricht stamme, deshalb Abweichungen vom Codex nicht ungewöhnlich sind.

87 *Simon*, Codexunterricht, RIDA 47 (1970) 309.

88 *Simon*, Codexunterricht, RIDA 47 (1970) 288.

überwiegend um einfache ‚Exhellenismoi' oder kleine Buchstabenkorrekturen[89]. Die ‚Exhellenisierungen' führten meistens dazu, dass Textteile gestrichen wurden[90]. Es kam aber auch vor, dass der Index von der Textfassung des zweiten Codex in wesentlichen Punkten divergierte. In solchen Fällen stellt sich die Frage, ob Thalelaios den Wortlaut des *Codex vetus* berücksichtigte oder eventuell eine frühere Textvorlage (etwa aus den *Codices Theodosianus* oder *Hermogenianus*) benutzte. Im zweiten Teil unserer Stelle, C. 3.42.8.1, ist eine solche Divergenz vorhanden.

Es galt lange als *communis opinio*, dass der Text von C. 3.42.8.1 von den Kompilatoren Justinians stark überarbeitet wurde. Insbesondere die Wendung *stricto iure* und der Schlusssatz wurden als unecht beanstandet. „An der Interpolation der Worte *stricto iure* und *utilis–depositi actio* ist schon prima facie kaum ein Zweifel" – mit dieser Feststellung beginnt Simon seine Stellungnahme zum Text[91]. Als Hauptargument dient ihm dabei, dass die in den Basiliken, in den *Indices* des Thalelaios erhaltene Textvariante diese Textteile nicht enthält. Da zu dem Text keine Paragraphai vorhanden sind[92], bleibt der Index als Anhaltspunkt für etwaige Spekulationen über die Überlieferungsgeschichte[93]. Aufgrund dessen war es lange herrschende Lehre, dass C. 3.42.8 pr.–1 bei der Redaktion des Codex verändert wurde[94]. Die Diskussion beschränkte sich überwiegend auf die Frage, ob der Texteingriff im ersten Codex (529) oder erst im zweiten Codex (534) vollzogen wurde.

Eine Indexvorlesung ist auch über den ersten Codex denkbar: Das frisch erlassene Gesetzbuch könnte unmittelbar für den Unterricht aufbereitet worden sein. Der Thalelaios-Index könnte also die Textüberlieferung des ersten Codex berücksichtigt haben[95]. Einige Autoren, so etwa Riccobono, stellten darauf ab, dass solche *indices* für den Unterricht bereits vor 529, also vor der Zusammenstellung des ersten Codex verwendet worden sein könnten – der Thalelaios-Index könnte also eventuell einen vorjustinianischen Text berücksichtigt haben[96].

---

89 *Van der Wal*, Basilikentext, in: Synteleia Arangio-Ruiz (1964) 1158–1159 und 1161–1162.

90 *Simon*, Codexunterricht, RIDA 47 (1970) 288.

91 *Simon*, Codexunterricht, RIDA 47 (1970) 290.

92 Zu den Interlinearscholien BS. 922.22 und 25 siehe unten bei Fn. 114.

93 *Simon*, Codexunterricht, RIDA 47 (1970) 290.

94 Vgl. *Pacchioni*, Contratti [3](1933) 50 f.; *Albertario*, Contratti, in: FS Koschaker 2 (1939) 28–30; *Wesenberg*, Verträge (1949) 25; *Simon*, Codexunterricht, RIDA 47 (1970) 290; zur Stelle s. auch *Talamanca*, Aequitas, in: Gedenkschrift Silli (2006) 140–149, insb. 144–145 zu der Interpolation; ähnlich *Finazzi*, Contratto, in: Studi Metro 2 (2010) 468; zum Teil auch *Walter*, Actio depositi (2012) 429.

95 Vgl. etwa *Simon*, Codexunterricht, RIDA 47 (1970) 290.

96 *Riccobono*, Valore, in: Mélanges Fitting 2 (1908) 463–497.

Die Diskussion hängt mit der allgemeinen Beurteilung der Interpolationen eng zusammen. Bereits im älteren Schrifttum haben sich einige Autoren aufgrund materiellrechtlicher Überlegungen für die Echtheit der Stelle ausgesprochen[97]. Die inhaltlichen Interpolationen-Verdächtigungen haben die analoge Klage des Dritten, also die Anerkennung des drittwirkenden *pactum*, als interpoliert angefochten. Gerade auf diesem Gebiet gibt es jedoch neuere Untersuchungen, die auch für die Interpretation von C. 3.42.8.1 Bedeutung haben könnten[98]. In der jüngeren Literatur fanden mehrere Autoren die Gewährung der *actio utilis* an den Photinus unproblematisch – freilich auf unterschiedliche Argumente gestützt[99]. Im Folgenden wird auf diese Ergebnisse aufgebaut, es werden aber auch neue Aspekte zur Diskussion gestellt.

Der griechische Text des Thalelaios-Index (B. 15.4.28) weicht in mehreren Punkten von der lateinischen Überlieferung in C. 3.42.8 pr.–1 ab. Bereits zum *principium* wird belehrend erörtert, wann die *actio ad exhibendum* und wann die *rei vindicatio* anzuwenden seien: „Du wirst gegen den, der die dir gehörenden Sachen hat, die Vorlegungsklage haben, oder, wenn die Sachen vorliegen, die Vindikation“[100]. Entweder hat Thalelaios hier eine ältere lateinische Textfassung wörtlich ins Griechische übersetzt, oder er hat in das Original (das mit dem Codextext vielleicht identisch war) erklärende Worte einfließen lassen[101]. Vom juristischen Inhalt her macht es keinen Unterschied – aber die abweichende Formulierung kann ein Hinweis darauf sein, dass der Basilikentext der lateinischen Vorlage nicht immer haargenau Folge leistet[102].

Der Ausdruck *stricto iure* fehlt im Thalelaios-Text; er wirkt auch irritierend, wenn man ihn juristisch-technisch präzise auslegen will. Wie sollte das *ius strictum* beim *depositum*, bei einem *bonae fidei iudicium*, zum Zuge

---

97 *Cornil*, Explication historique, in: Scritti Riccobono 4 (1936) 254; *Ankum*, Nouvelle hypothèse, in: Études Macqueron (1970) 23; eigentlich auch *Knütel*, Pflichtenkonflikt, in: Mélanges Sturm 1 (1999) 255–256; *Behrends*, Überlegungen, in: Studi Sanfilippo 5 (1984) 50–51: „Dieser Lösungsweg der spätklassischen Zeit wird auch durch epiklassische Quellen bestätigt, insbesondere durch ein Reskript der diokletianischen Kanzlei, die wieder in einem Verwahrungsfall gegenüber dem *strictum ius* des klassischen Vertragssystems, das dem Dritten keine Klage gibt, auf die vertragsangelehnte *actio utilis depositi* verweist, die dem Supplikanten *propter aequitatis rationem* gegeben wird.“

98 S. vor allem *Finkenauer*, Stipulation (2010) 7–9 und 314–329.

99 *Harke*, Actio utilis (2016) 294–295; *Finkenauer*, Pacta, ZRG RA 135 (2018) 250–253; etwas zögernd auch *Walter*, Actio depositi (2012) 439.

100 Übersetzung *Walter*, Actio depositi (2012) 432 Fn. 112.

101 Zu dieser Möglichkeit vgl. *Simon*, Kodexunterricht, ZRG RA 82 (1969) 378.

102 Vgl. bereits *Krüger*, Überlieferung vorjustinianischen Wortlauts, ZRG RA 36 (1915) 87 und 90.

kommen? Es würde auch im krassen Widerspruch zum Schlusssatz mit der *aequitas*-Entscheidung stehen. Es ist kaum denkbar, dass gerade Hermogenian, der am klassischen Recht festhielt, in diesem Kontext vom *ius strictum* gesprochen hätte. *Stricto iure* muss jedoch nicht zwingend als hochtechnisch gebrauchte Terminologie verstanden werden. Die Wendung könnte auch bloß als Hinweis auf eine ‚strenge Rechtslogik' oder ‚strenge Rechtsanwendung' aufgefasst werden[103]. Zu Recht weist Finkenauer darauf hin, dass es im Reskript nicht um das Verhältnis von *ius strictum* und *aequitas*, sondern darum geht, dass ein „drittbegünstigendes *pactum* eigentlich unzulässig und daher aus Gründen der *aequitas* Abhilfe durch kaiserliche Rechtssetzung zu schaffen sei"[104].

Ein weiterer Unterschied besteht darin, dass im Basilikentext die Wendung *intellegis nullam actionem habere* fehlt; auch dieser Textteil wurde deshalb oft als justinianische Interpolation angesehen[105]. Dagegen spricht jedoch, dass solche Belehrungen gerade als typische Stilelemente der Konstitutionen der Jahre 293–294, also des Hermogenians, beobachtet wurden: Der Libellsekretär habe als „teacher and propagandist" die Grundregel des klassischen Rechts eingeschärft, den Anfragenden eindringlich erklärt[106]. „The petitioner is addressed in familiar and fortnight terms such as *confides/-itis, perspicis/-itis, contendis/-itis* [...]. No. 20 [Hermogenian] tells petitioners plainly what they should do or understand or should have done or understood. The forms *debes/-etis, debueras*, and *debuisti*, of which he makes great use, sometimes with *intellegere*, do not appear in the texts of nos. 17/18 and 19"[107]. Hermogenian war ein überzeugter Dogmatiker, der an die ordnende Kraft der Rechtsordnung, an das klare und konsequente System des Rechts geglaubt hat: „The objective character of the legal order is marked by the Hermogenianic *iuris disciplina*, which in its systematic implications goes beyond Gregorian *legum disciplina*"[108]. In seinen Entscheidungen vertritt er das Konzept eines Rechtssystems, worin *ius civile* und *ius honorarium* in einer Einheit integriert sind. Der doppelte Bezug auf *ius civile* und *ius*

---

103 So bereits *Walter*, Actio depositi (2012) 435 Fn. 121; ähnlich *Finkenauer*, Pacta, ZRG RA 135 (2018) 250 mit Bezug auf Gai. 3.160; Iav. 6 ex Cass. D. 40.7.28 pr.; Constantin./Licin. AA. ad Dionysium C. 3.1.8 (a. 314).

104 *Finkenauer*, Pacta, ZRG RA 135 (2018) 250.

105 Anders bereits vorsichtig *Walter*, Actio depositi (2012) 433 Fn. 113.

106 *Honoré*, Emperors and Lawyers ^{2}(1994) 140.

107 *Honoré*, Emperors and Lawyers ^{2}(1994) 168–169. Honoré hat als Libellsekretär Nr. 17/18 den Gregorius, als Nr. 19 den Arcadius Charisius identifiziert.

108 *Honoré*, Emperors and Lawyers ^{2}(1994) 169.

honorarium ist auch ein Stilelement seiner Reskripte, das in mehreren Texten beobachtet werden kann[109].

Aufgrund der oben angeführten Überlegungen lässt sich feststellen, dass, obwohl im Basilikentext die Wendungen *stricto iure* und *intellegis nullam actionem habere* fehlen, es kaum wahrscheinlich ist, dass gerade die Kompilatoren diese Wendungen in einen kürzeren Originaltext hineingesetzt hätten. Sie charakterisieren eher eine Art der Formulierung, die allgemein für Hermogenians belehrenden Stil typisch war. Anscheinend hat Thalelaios seine lateinische Vorlage hier gekürzt; in der Literaturgattung der *indices* sind solche Kürzungen durchaus denkbar[110]. Offenbar hielt sich der überlieferte Codex hier mehr an das Original.

Zwei weitere markante Unterschiede fallen durch den Vergleich der Basiliken-Überlieferung mit dem Codex auf: Thalelaios hat den Schlusssatz *utilis–depositi actio* völlig weggelassen; er ging weiterhin davon aus, dass die Entscheidungen im *principium* und im § 1 auf unterschiedliche Sachverhalte zurückzuführen sind.

Fangen wir mit der abweichenden Sachverhaltsvariante an. In den Basiliken wird § 1 folgendermaßen wiedergegeben: „Wenn er aber seine eigenen Sachen hinterlegt und vereinbart, dass sie dir zurückgegeben werden ...“[111]. Nach Thalelaios ist Photinus in § 1 nicht mehr Eigentümer der hinterlegten Sachen (bloß im *principium*). Es steht bei ihm explicit *ho ta idia paratbemenos*; man könnte sogar einen Textausfall in der Codexüberlieferung erwägen, etwa *suas res deponens*. Thalelaios hat also *principium* und § 1 der Konstitution mit abweichenden Sachverhalten verstanden: Eine Person, die Photinus in seiner Petition namentlich genannt hat, habe seine eigenen Sachen in Verwahrung gegeben und verabredet, diese nicht an ihn selbst, sondern an den Photinus zurückzugeben. Thalelaios – mit der Codex-Überlieferung übereinstimmend – legt fest, dass Photinus auf das drittwirkende *pactum* keine Klage stützen kann. Diese Entscheidung passt sowohl zum allgemeinen Konzept des Hermogenian als auch zu dem des Thalelaios.

109 Neben Diocl./Maxim. AA. et CC. Photino C. 3.42.8.1 (a. 293) auch in Diocl./ Maxim. AA. et CC. Ulpianae C. 6.59.3 (a. 294); Diocl./Maxim. AA. et CC. Demophilae C. 3.31.9 (a. 294); Diocl./Maxim. AA. et CC. Flaviae C. 6.30.14 (a. 294); Diocl./Maxim. AA. et CC. Danuvio C. 6.59.10 (a. 294), s. dazu *Honoré*, Emperors and Lawyers ²(1994) 170. In Ps.-Ulp., reg. 24.11a wird *ius civile* dem *SC Neronianum* gegenübergestellt; s. dazu *Isola*, Anwendungsbereich des SC Neronianum, TR 86 (2018) 347–348; *Avenarius*, Liber singularis (2005) 450–451.

110 *Simon*, Kodexunterricht, ZRG RA 82 (1969) 334–335, 338–341.

111 B. 15.1.28. *Heimbach*, Basilicorum libri LX (1840) 178; *Scheltema*, Basilicorum libri LX, B II (1956) 798. Übersetzung nach *Walter*, Actio depositi (2012) 431.

Bereits Hermogenian (der die vermutlich um etwas längere Originalkonstitution formulierte) bestand auf einer klaren, transparenten Rechtsanwendung, worin auch der Kaiser dem bestehenden Rechtssystem unterworfen bleibt: „The emperor is bound by the law, which he cannot disregard by giving contrary rescripts…"[112]. Hält man sich an die Regeln des klassischen römischen Rechts, ist die Drittwirkung im *depositum* ausgeschlossen. Thalelaios scheint diese Meinung, diese Disziplin, zu teilen: In B. 29,5,37, in einem Scholion zu Diocl./Maxim. AA. et CC. Phileto C. 5.14.7 (a. 294), äußert er sich zur Problematik der Drittwirkung in einer Mitgiftabrede: „Diese Bestimmung ist heute [?] eingefügt um einer Neuerung willen, und sie verstößt gegen das allgemeine Prinzip, und man muss diese Bestimmung als Ausnahmefall und fremd bezeichnen"[113].

Man kann mit Sicherheit nicht mehr feststellen, wie lang das originale, an den Photinus verfasste Reskript gewesen sein dürfte. Ebenso wenig lässt sich sagen, welche Kürzungen am Original bereits Hermogenian vorgenommen hat, um die wesentliche Aussage des Bescheids in seinen Codex zu integrieren. Die Basiliken-Scholien liefern jedoch wichtige Information darüber, wie der Sachverhalt zur Zeit des Thalelaios verstanden wurde.

Der stark komprimierte Text enthält sehr wenige Informationen, die als Anhaltspunkte zu einer denkbaren Rekonstruktion des Ausgangsfalles dienen können. Die meisten Autoren, die sich damit beschäftigten, blieben bei den ‚bereinigten' Sachverhaltselementen und haben ihre Lösungen auf einer rein theoretischen Ebene ausgearbeitet. All diese Resultate anerkennend, fällt es jedoch auf, dass dabei gewisse Verständnisprobleme ungelöst blieben. Es fehlt insbesondere eine Erklärung dafür, wie *principium* und § 1 zusammenhängen könnten: Im *principium* wird ein rein dinglicher Anspruch anerkannt, während im § 1 (in zwei Varianten) nur schuldrechtliche Ansprüche erwogen werden; und es wird dabei zweimal ein erbrechtlicher Bezug erwähnt.

VII. Erbrechtlicher Kontext?

Zusammenfassend lässt sich feststellen, dass in der Konstitution C. 3.42.8 pr.–1 ein Rechtsstreit entschieden wurde, der aus einer Hinterlegung mit drittwirkendem *pactum*, aus einer *parakatatheke* nach provinzialer Praxis, entstand. Im *principium* wird erwogen, ob der Dritte (Photinus) mit Hilfe von dinglichen Klagen an seine Sachen kommen kann; der schuldrechtliche Aspekt bleibt hier ausgeklammert. § 1 erörtert hingegen nur die Möglichkeit

---

112 *Honoré*, Emperors and Lawyers ²(1994) 170.

113 *Finkenauer*, Pacta (2018) 241; *Heimbach*, Basilicorum libri LX (1840) 179; *Scheltema*, Basilicorum libri LX, B III (1957) 922.

von schuldrechtlichen Klagen; es wird nicht gesagt, ob Photinus (der Dritte) auch hier Eigentümer ist. Der Textzusammenhang und die Textüberlieferung, insbesondere Thalelaios' Sachverhaltsverständnis sprechen jedoch dafür, dass Photinus hier nicht mehr Eigentümer, bloß der Begünstigte war. Der Sachverhalt ist in der überlieferten Fassung sehr komprimiert; es gibt wenige Anhaltspunkte, die zu einer Rekonstruktion als Grundlage dienen können.

Ein weiteres, bisher nicht berücksichtigtes Indiz sehe ich auch in dem offensichtlichen erbrechtlichen Bezug des Falles. Nach § 1 erfolgte die Hinterlegung mit der Abmachung, dass die in Verwahrung gegebenen Sachen nicht dem Hinterleger, sondern einem Dritten, dem Photinus, herauszugeben seien. Beide Varianten, die dazu überlegt werden, sind in einen erbrechtlichen Kontext eingebunden: *si successisti ... iure hereditario* bzw. *nec ... ad te hereditas eius pertinet*. Die merkwürdige Entwicklung, dass der Begünstigte *iure hereditario* der Rechtsnachfolger des Hinterlegers geworden ist, verweist darauf, dass die Hinterlegung zwar erfolgte, aber der Hinterleger die Zuwendung über seinen Tod hinaus gelten lassen wollte. In der Alltagspraxis wurden nicht selten Zuwendungen von Todes wegen in Form von *parakatathekai* formuliert. In C. 3.42.8 pr.–1 dürfte auch ein derartiges griechisches Formular verwendet worden sein; insbesondere die verabredete Drittwirkung spricht dafür. Anschließend wird der Fall dargelegt, wonach Photinus (als ‚Dritter' im Verwahrungsvertrag) weder nach *ius civile* noch nach *ius honorarium* seinen Anspruch aus einer Verfügung von Todes wegen durchsetzen könne. Darauf wird ihm die Klagemöglichkeit aus dem *pactum* sozusagen *stricto iure* verwehrt – aber der erbrechtliche Kontext wird auch hier eindeutig angesprochen.

Es wurde bereits oben erwähnt, dass im hellenistischen Rechtsleben *parakatatheke*-Vereinbarungen auch im erbrechtlichen Kontext, als Zuwendungen von Todes wegen, eingesetzt wurden. Es liegt deshalb nahe, im Hintergrund der scheinbar rein dinglichen Lösung des *principium* ebenfalls einen erbrechtlichen Bezug zu suchen. Dies soll im Folgenden versucht werden.

Parakatathekai im erbrechtlichen Kontext sind aus den griechischen Provinzen sogar auf Stein überliefert. IG V.1 1208, eine Inschrift aus der florierenden Hafenstadt Gytheion aus dem Jahre 42 n.Chr., verewigte die Stiftung einer reichen Römerin, einer gewissen Phaenia Aromation[114]. Sie war vermutlich Freigelassene der Familie der Phaenii, die wohlhabende Händler mit einem Standort in Italia waren. Sie dürfte mit einem Mitglied der Familie der Ophellii verheiratet gewesen sein, die als reiche *negotiatores* aus Delos

114 Vgl. dazu *Harter-Uibopuu*, Trust fund, Studia Humaniora Tartuensia 5.A.4 (2004) 1–17.

bekannt sind, aber auch in mehreren griechischen Städten Handel getrieben haben. Die Stifterin hat 8.000 Denare für die jährliche Versorgung des örtlichen Gymnasions mit Öl gestiftet; das Kapital sollte von der Stadtverwaltung im öffentlichen Verfahren als Darlehen vergeben und deren Zinsen für die Beschaffung des Öls aufgewendet werden.

Für das vorliegende Thema ist nicht die eigentliche Stiftung, sondern die in den Zeilen 48–58 erhaltene *parakatatheke* von Interesse. Phaenia Aromation hat ihre *threptoi* und *apaleutheroi*, die ihr besonders nahestehenden Freigelassenen[115], der Stadt in Obhut gegeben. Ihre Verfügung wird mit dem Verbum *parakatatithemi* ausgedrückt. Die Polis und die *synedroi* sollen die anvertrauten Personen beschützen, für ihre Unversehrtheit einstehen. Die Verfügung soll mit der Verfassung der Urkunde in Kraft treten; sie soll also bereits unter Lebenden wie auch von Todes wegen wirksam sein.

Die *parakatatheke* ist hier kein Mittel der Freilassung[116]; die Betroffenen scheinen zum Teil bereits früher ihre Freiheit erlangt zu haben, zum Teil dürften sie im Testament der Stifterin freigelassen worden sein. Durch das Anvertrauen an die Polis scheiden diese Freigelassenen aus dem Vermögen der Stifterin bereits zu Lebzeiten aus; sie werden nicht vererbt. Bei Freigelassenen kann dadurch verhindert werden, dass die Erben von ihnen Dienste im Sinne der Patronatsrechte verlangen oder ihren freien Status anfechten.

Die *parakatatheke* hat den rechtlichen Rahmen dafür geschaffen, dass Vermögensteile aus der *hereditas* der Römerin herausgenommen werden. *Parakatathekai* im erbrechtlichen Kontext gehen auf alte Vorlagen zurück. In Dem. or. 28.15 werden sogar die unmündigen Kinder vom sterbenden Vater dem Onkel in *parakatatheke* anvertraut, der für ihr Wohl und für die Verwaltung ihres Vermögens zu sorgen hatte[117].

Das Anvertrauen und Ausscheiden aus dem künftigen Nachlass war das Ziel der *parakatatheke* auch in Scaev. 18 dig. D. 32.37.5. Julius Maximus, ein römischer Bürger mit griechischen Wurzeln, hat einem Vertrauensmann 15.000 Denare in Obhut gegeben mit der Abrede, das Geld an seinen Neffen, Maximus, herauszugeben, wenn der das Alter der Mündigkeit erreicht.

---

115 Für das Bedeutungsfeld vgl. *Harter-Uibopuu*, Trust fund, Studia Humaniora Tartuensia 5.A.4 (2004) 13–14 mit weiterer Literatur.

116 *Parakatatheke* als Freilassungsakt ist etwa in IG IX.1 34 von Stiris in Phokis belegt; vgl. *Harter-Uibopuu*, Trust fund, Studia Humaniora Tartuensia 5.A.4 (2004) 13–15.

117 Vgl. auch IG II^2 1407, l. 42; IG V.2 159; s. dazu *Thür/Taeuber*, in: IPArk. (1994) 1–11 (Nr. 1). Ähnlich im Testament des Epikrates, SEG 30, 1392 (Nakrason, Lydien, 1. Jhd. n.Chr.) 112–114: *παρακαλῶ | τὸν κληρονόμον ἔχειν ἐν παραθήκῃ Μητρᾶν τὸν πρό|γονόν μου καὶ προνοῆσαι αὐτοῦ* — Ich bitte den Erben, meinen Großvater Metras in Obsorge zu haben, sich um ihn zu kümmern.

Das drittwirkende *pactum* wurde hier mit einer Zinsabrede verbunden: Der Verwahrer war gehalten, dem jungen Maximus den doppelten Betrag, also 30.000 Denare zu zahlen. Es liegt nahe, dass der Verwahrer ein Bankier war, der das hinterlegte Geld gewinnbringend anlegen sollte. Das geschuldete Duplum lässt darauf schließen, dass die Zinsen zwischen Hinterleger und Verwahrer pauschal verrechnet wurden. Das Rechtsgeschäft beruhte vollkommen auf Vertrauensbasis; Julius Maximus hat vom Verwahrer keine Rechtsurkunden, bloß einen Treueid verlangt. Gewiss wäre alles gut gelaufen, wäre nicht der frühzeitige Tod des Verwahrers dazwischengekommen. Seine Erben fühlten sich offenbar an das Vertrauensgeschäft nicht gebunden und wollten dem inzwischen mündig gewordenen Maximus die beträchtliche Summe von 30.000 Denaren nicht ausbezahlen.

Vor einem römischen Gericht hätte Maximus aus dem drittwirkenden *pactum* keine Klage gegen die Erben des Verwahrers geltend machen können. Der Verwahrer dürfte es geahnt haben, deswegen hat er in einer letztwilligen Verfügung unter Nennung der *causa* ausdrücklich angeordnet, dass die 30.000 dem Maximus gezahlt werden sollen. Die auf Griechisch abgefasste Urkunde (die von Scaevola *codicilli* genannt wird) wäre ein *fideicommissum* (*a debitore relictum*) nach römischem Recht; sie konnte aber dem jungen Maximus offenbar nicht als Klagegrundlage dienen, weil Scaevola keine Lösung mit einer *actio fideicommissi* erwägt. Vermutlich war der Verwahrer kein römischer Bürger, weshalb die *testamenti factio* zwischen ihm und dem Maximus fehlte.

Scaevola dürfte die zugrunde liegenden griechischen Rechtsvorstellungen gekannt und nicht missbilligt haben. Er sieht aber Probleme, den berechtigten Anspruch nach römischem Recht, vor einem römischen Gericht durchsetzbar zu machen. Schließlich bezieht er sich (etwas verwirrend) auf den Eid des Verwahrers, wodurch der hinterlassenen *scriptura* Wirksamkeit verliehen wird[118].

Sceavolas Sachverhalt ist vielschichtig und kompliziert; er ist von provinzialen Rechtsvorstellungen und Verwicklungen durchflochten. Für unsere Stelle (C. 3.42.8 pr.–1) ist davon freilich nur die erste Ebene von Interesse: Julius Maximus (der so wie Phaenia Aromation zu den reichen Händlerkreisen gehört haben dürfte) hat seinen Neffen mit einem ansehnlichen Betrag bedacht. Die Zuwendung geschah aber nicht durch Testament oder Kodizill, sondern durch eine Hinterlegung zu Lebzeiten. Die Erben des Julius Maximus scheinen dagegen nicht protestiert zu haben: Entweder hatten sie davon keine Kenntnis erlangt oder sie respektierten den Willen des Erblassers. Die 15.000 Denare wurden aus der künftigen *hereditas* ausgeschieden

118 Zur Stelle vgl. *Jakab*, Parakatatheke, ZRG RA 138 (2021) 374–375.

und in *parakatatheke* gegeben mit der Abrede, das Geld (samt Zinsen) an einen Dritten herauszugeben.

Genau diese Struktur tritt uns in C. 3.42.8 pr.–1 entgegen: Gewisse Sachen werden mit einem drittwirkenden *pactum* hinterlegt. Die griechische *parakatatheke* wurde in D. 32.37.5 von Scaevola als *depositum* besprochen; die Auslegung nach römischem Recht führte konsequenterweise zur Ablehnung der Drittwirkung. Die offensichtliche Parallele ist ein starkes Argument dafür, in C. 3.42.8 pr.–1 auch eine griechische *parakatatheke* als Grundgeschäft zu unterstellen (wobei die Drittwirkung auch von Hermogenian abgelehnt wird).

Von Ulpian wird ebenfalls ein *depositum* mit drittwirkendem *pactum* als Zuwendung von Todes wegen besprochen (Ulp. 5 disp. D. 30.77): *Si pecunia fuit deposita apud aliquem eiusque fidei commissum, ut eam pecuniam praestet, fideicommissum ex rescripto divi Pii debebitur* ... Jemand hat Geld hinterlegt und dem Verwahrer ‚auf Treue' aufgetragen, es an einen Dritten auszuzahlen[119]. Es liegt nahe, in dem *debitor* einen professionellen Geldverwahrer, einen Bankier, zu sehen[120]. Das Rechtsverhältnis zwischen Hinterleger und Verwahrer entspricht der typischen Struktur von *parakatatheke*-Vereinbarungen; der erbrechtliche Kontext ergibt sich dadurch, dass das Leistenmüssen des Verwahrers an den Tod des Hinterlegers gekoppelt wird. Der Rechtsstreit läuft zwischen dem Verwahrer und den Erben des Hinterlegers. Antoninus Pius hat die alternative Verfügungsform *mortis causa* (die übrigens griechischen Rechtsvorstellungen entsprang) als *fideicommissum* gelten lassen – hier im Gegensatz zu Scaev. 18 dig. D. 32.37.5 wirksam, weil die Beteiligten römische Bürger waren[121].

Ulpians Fall gehört zu den zentralen Belegen des *fideicommissum a debitore relictum*: „Seine Besonderheit liegt darin, dass es nicht einem erbrechtlich Begünstigten, sondern dem Schuldner einer *inter vivos* begründeten Forderung auferlegt wird"[122]. Die Erben des Hinterlegers wollten das

---

119 Vgl. dazu auch Scaev. 18 dig. D. 32.37.3; vgl. *Rüger*, Donatio mortis causa (2011) 68–81 mit ausführlicher Exegese und Literaturübersicht.

120 So bereits *Wacke*, Fideicommissum, TR 39 (1971) 258; auch *Rüger*, Donatio mortis causa (2011) 77.

121 Vielleicht ist es kein Zufall, dass Ulpian vom wörtlichen Zitat der vorgelegten Rechtsurkunde abgesehen hat. Möglicherweise hat der Erblasser auch in diesem Fall ein Kodizill in griechischer Sprache hinterlassen, dessen Inhalt der Jurist in der römischen Terminologie des *fidei committere* wiedergegeben hat.

122 *Rüger*, Donatio mortis causa (2011) 77–78. Manche Autoren unterscheiden darin eigentlich zwei Fideikommisse: Das Eine befreit den Verwahrer von seiner Schuld gegenüber den Erben, während das Zweite den Verwahrer zugunsten des Dritten belastet.

hinterlegte Geld mit der geerbten *actio depositi* vom Verwahrer zurückverlangen; dagegen wurde diesem eine *exceptio doli* gewährt. Nach Antoninus Pius sei es anzunehmen, dass die Erben quasi fideikommissarisch gebeten worden seien, dem Verwahrer die Rückgabe zu erlassen – und ihm damit die Erfüllung des im drittwirkenden *pactum* festgelegten Leistenmüssens an den genannten Begünstigten zu ermöglichen.

Ähnliche Sachverhalte (mit fideikommissarischen Hinterlegungen) sind auch in anderen Stellen überliefert[123]. So berichtet etwa Scaev. 16 dig. D. 34.3.28.8 von hinterlegtem Geld, wobei der Verwahrer das Geld dem Bedachten erst übergeben soll, wenn er (der Sohn des Erblassers) zwanzig Jahre alt geworden ist. In Scaev. 21 dig. D. 36.1.80.1 teilt eine gewisse Maevia ihren Erben mit, dass ein beträchtlicher Anteil ihres Nachlasses bei zwei Vertrauensmännern mit der Abrede hinterlegt wurde, es ihren Enkelkindern herauszugeben, wenn sie das Alter von fünfundzwanzig Jahren erreicht haben[124].

P.Euphr. 12 belegt, dass die Verwendung der *parakatatheke* als aufschiebend bedingte Verfügung von Todes wegen auch im graeco-ägyptischen Rechtsleben bekannt und beliebt war. Der Papyrus stammt zwar aus dem Jahre 244; es geht aber um die Hinterlegung von Vermögensgegenständen in einer *parakatatheke*, die erst nach dem Erreichen der Mündigkeit an die Begünstigten herauszugeben waren[125]. Eine gewisse Mannaia hat Oda das Vermögen ihrer verstorbenen Schwester Abdia zur Obhut anvertraut, bis die Kinder (des Magnos, der wahrscheinlich der Mann der Abdia war[126]) das gesetzliche Alter erreichten. In dem Dokument bestätigt Oda in Form einer Homologie den Erhalt des Depots und verspricht die Herausgabe nach Mündigwerden der Begünstigten.

Schließlich ist darauf hinzuweisen, dass die Entscheidungen der römischen Juristen, die *parakatatheke*-Vereinbarungen betreffen, die griechischen Wurzeln der Anfrage meistens nicht erwähnen. Die Vereinbarungen, die in den östlichen Provinzen zum Alltag gehörten, wurden in die Terminologie des römischen Rechts umgedeutet; die prozessualen Wege zur Durchsetzung der aus ihnen hergeleiteten Ansprüche wurden ebenfalls im System des römischen Rechts gesucht. Es liegt nahe, dass auch Hermogenian, der sich mit klassischen Maßstäben messen lassen konnte, das an Photinus adressierte Reskript in der Terminologie und Dogmatik des klassischen Rechts und

123 *Walter*, Actio depositi (2012) 441–448.

124 Von einem ähnlichen Sachverhalt berichtet auch Ps.-Quint. decl. 245.

125 S. dazu die Edition von *Feissel/Gascou*, Documents du moyen Euphrate, JSav 2 (2000) 163–174.

126 *Feissel/Gascou*, Documents du moyen Euphrate, JSav 2 (2000) 164.

auf einer abstrakten Ebene ausformulierte. Das provinziale griechische Grundgeschäft, die *parakatatheke*, musste nicht erwähnt werden, weil die Entscheidung nach römischem Recht gefallen ist.

Drittwirkende *pacta* wurden im Rahmen des römischen *depositum* grundsätzlich nicht anerkannt. Weder Scaevola noch Ulpian gewähren Klagen aus solchen Abreden. Kein Wunder, dass auch Hermogenian eine negative Antwort auf die Petition des Photinus verfasst hat. Gelegentlich, bei genau umrissenen Tatbeständen, gab es jedoch Ausnahmen, die aber auch noch von Thalelaios missbilligt und als unerfreuliche, nicht zu befolgende ‚Ausrutscher' abgetan wurden[127]. Die wenigen Ausnahmen, die in den Schriften der Juristen oder in Kaiserkonstitutionen überliefert sind, betreffen Sachverhalte aus dem Bereich der Mitgiftbestellung und des Erbrechts; aber eigentlich handelt es sich auch bei den Rückgabeabreden der Mitgift zugunsten Dritter um Verfügungen von Todes wegen[128]. Die Fälle stammen aus der Alltagspraxis der östlichen Provinzen.

Scaevola traut sich in D. 32.37.5 nicht, dem jungen Maximus eine *actio utilis* aus der Hinterlegung zu gewähren. Ulpian zitiert jedoch eine Entscheidung des Antoninus Pius, worin eine *parakatatheke* mit drittwirkendem *pactum* mithilfe eines fingierten *fideicommissum* mit einer *actio utilis* klagbar gemacht wird.

VIII. Fazit

Es wurde oben bereits darauf hingewiesen, dass Hermogenian im Laufe seiner Tätigkeit an der Spitze der kaiserlichen Rechtspflege, insbesondere als *magister libellorum*, oft mit ‚volksrechtlichen Rechtsvorstellungen' konfrontiert war. Auch in seinen *Iuris Epitomae* werden Fälle besprochen, denen in der griechisch-provinzialen Praxis verbreitete, aber nach römischem Recht eigentlich unwirksame Vereinbarungen zugrunde lagen[129]: etwa Teilungsverträge, die ‚Nachlässe und sonstige Gegenstände' betroffen haben[130]. Anderswo beschäftigt er sich mit dem vertraglich festgelegten Rücktrittsrecht des Verpächters, das ebenfalls in der griechischen Praxis eingebürgert war[131]. Er setzte sich auch mit dem Unverständnis der Griechen auseinander, die ohne Bedenken nach ihren Rechtsvorstellungen Frauen als Vormund

127 S. etwa das Scholion zu C. 5.14.7, oben bei Fn. 114.

128 Vgl. etwa Scaev. 18 dig., D. 32.37.4.; Gai. 8 ed prov., D. 39.6.31.2; s. auch Diocl./Maxim. AA. Iuliae Marcellae, C. 8.54.3 (a. 290); vgl. dazu *Finkenauer*, Pacta, ZRG RA 135 (2018) 245–248.

129 *Liebs*, IE (1964) 97–101.

130 *Liebs*, IE (1964) 98.

131 IE 2 (de locato et conducto) D. 19.2.23, vgl. *Liebs*, IE (1964) 99.

eingesetzt haben wollten[132]. Die Auseinandersetzung mit *parakatathekai* mit Drittwirkung als Zuwendungen von Todes wegen fügt sich problemlos in die Reihe seiner Gutachten mit volksrechtlicher Färbung ein. Es scheint also keineswegs undenkbar, hinter C. 3.42.8 pr.–1 eine griechische *parakatatheke* mit drittwirkendem *pactum* zu vermuten, die eigentlich als Zuwendung über den Tod des Hinterlegers hinaus gedacht war, obwohl im Wortlaut weder der Terminus *parakatatheke* noch die erbrechtliche Verfügung genannt sind.

Im *principium* dürfte die *parakatatheke* mit einer Schenkung auf den Todesfall verbunden gewesen sein. Der Hinterleger wollte aus seinem Vermögen einen Teil dem Photinus zukommen lassen: Er übergab die Sachen in die Obhut eines Vertrauensmanns in *parakatatheke* etwa unter der Bedingung, dass diese dem Photinus erst nach seinem (des Hinterlegers) Tod ausgehändigt werden sollen; gleichzeitig fertigte er eine Schenkungsurkunde (*donatio mortis causa*) an, wodurch der Eigentumsübergang sofort erfolgen konnte; der Verwahrer hatte die Sachen dann bis zum Tode des Hinterlegers für den Eigentümer Photinus inne[133].

In § 1 kann man nicht mit Gewissheit entscheiden, ob die Konstitution von demselben Sachverhalt ausging. Wenn Photinus auch hier Eigentümer war, wird die *actio depositi* einfach als alternative, schuldrechtliche Klagemöglichkeit überlegt – um ihm die schwierige Beweislage bei der Eigentumsklage zu ersparen. Wahrscheinlicher scheint jedoch – insbesondere aufgrund der Schilderung des Thalelaios – dass Photinus hier kein Eigentum nachweisen konnte.

Für § 1 lässt sich ebenfalls vermuten, dass die Hinterlegung in beiden Varianten (einmal ist Photinus Erbe des Hinterlegers, das andere Mal nicht) eigentlich als Zuwendung von Todes wegen, in einer griechischen *parakatatheke,* vereinbart wurde. Der Hinterleger dürfte als ‚Erblasser' gehandelt haben, der einen Teil seines Vermögens einem Vertrauensmann mit der Abmachung anvertraut hat, diese Sache an einen Dritten, den Begünstigten, herauszugeben. Die Vermutung liegt nahe, dass die Herausgabe beim Ableben des Hinterlegers fällig wurde. Der Dritte, der in der *parakatatheke* als Begünstigter genannt wurde, steht eigentlich für einen (de facto) Vermächtnisempfänger, aber die fragliche Sache wird nicht erst nach dem Tod des Verfügenden, sondern bereits zu Lebzeiten aus seinem Vermögen ausgeschieden. Es können vielerlei Motive den Erblasser dazu bewegt haben, auf eine solche atypische Art über das Schicksal seiner Habe über den Tod hinaus

---

132 IE 2 (de tutelis: de legitimis tutoribus) D. 26.4.10 pr. Vgl. *Liebs*, IE (1964) 100–101.

133 Zur *donatio mortis causa* vgl. *Rüger*, Donatio mortis causa (2011) 24–26, zum Eigentumsproblem etwa 26–30.

zu verfügen. Das entspricht der griechisch-provinzialen Auffassung, wonach Zuwendungen von Todes wegen oft nicht in formellen Testamenten, sondern in Rechtsgeschäften unter Lebenden artikuliert und beurkundet wurden[134].

Geht man davon aus, dass jener Photinus in C. 3.42.8 pr.–1 in einer solchen griechischen *parakatatheke* der begünstigte Dritte war, sieht man den Fall in einem neuen Licht. Falls er im Testament oder (fideikommissarisch) *in codicillis* des Hinterlegers als Erbe oder Vermächtnisempfänger erwähnt wird, kommt er als Rechtsnachfolger *mortis causa* problemlos an die hinterlegte Sache. Er hat somit die *actio depositi* geerbt und konnte die Sache anstelle des Hinterlegers/Erblassers zurückverlangen. Das Hinterlegte steht ihm *iure civili* oder *iure honorario* zu, es ist seine Erbschaft. Die nachfolgende Variante bezieht sich auf die ungünstigere Lage, wenn Photinus bei der Testamentseröffnung leer ausgeht. Der Erblasser hat es (bewusst oder unbewusst) unterlassen, den Photinus auch in seinen letztwilligen Verfügungen (in welcher Form immer) zu erwähnen. Photinus hat bloß irgendeinen Beweis über die Hinterlegung, über das Rechtsgeschäft unter Lebenden, worin sein Name als Empfänger genannt wird[135]. Photinus stützt seinen Anspruch etwa auf eine Urkunde, in der auch die – nach griechischem Recht selbstverständlich wirksame – Drittwirkung vereinbart wurde. Diesen Beweis hat er dem römischen Gerichtsherrn präsentiert, der die Rechtsfrage nach römischem Recht entscheiden musste – und damit hatte er schlechte Chancen. Das *depositum* des römischen Rechts kannte selbst am Ende des 3. Jhd. noch immer keine Drittwirkung. Deshalb wird Photinus belehrt, dass ihm streng genommen (*stricto iure*) aus dem *pactum* mit seiner unwirksam ausgemachten Drittwirkung keine Klage gewährt werden könne. Klagen aus einem *depositum* entstehen strikt nur unter den Vertragsparteien und er war keine Partei in diesem Vertrag.

Im letzten Satz wird jedoch diese Strenge entschärft. Es könnte dabei eine wesentliche Rolle gespielt haben, dass eine frühere kaiserliche Entscheidung in einem ähnlichen Fall bereits positiv entschieden hat: Antoninus Pius hat bei einer ähnlichen drittwirkenden *parakatatheke*, die eigentlich eine Zuwendung von Todes wegen verkörperte, den Anspruch des Dritten aus einem (fingierten) *fideicommissum* anerkannt (Ulp. 5 disp. D. 30.77). Es ist bekannt, dass frühere Entscheidungen vor römischen Gerichten, etwa in der statthalterlichen Gerichtsbarkeit, ins Gewicht fielen[136]. Es gibt auch dafür

---

134 *Kreller*, Untersuchungen (1919) 204–245.

135 Immerhin kann er zumindest das Rechtsgeschäft selbst beweisen; vgl. hingegen Scaev. 18 dig. D. 32.37.5, worin der Begünstigte nicht einmal über die *parakatatheke* eine Urkunde vorlegen kann.

136 Vgl. dazu etwa *Jakab*, Prozess, ZRG RA 135 (2018) 479.

Beispiele, dass Hermogenian, etwa in seinen *Iuris Epitomae*, auch Konstitutionen vordiokletianischer Zeit herangezogen hat[137]. Es könnte auch bei C. 3.42.8 pr.–1 die frühere Entscheidung des Antoninus Pius ausschlaggebend gewesen sein.

Kaiser Diokletian lässt als Billigkeitsentscheidung, aus *aequitas*, eine *actio utilis depositi* zu. Diese merkwürdige Umkehrung der davorstehenden Entscheidung wurde im Schrifttum oft als Interpolation angegriffen[138]. Legt man jedoch die gesamte Konstitution in dem hier vorgeschlagenen erbrechtlichen Kontext aus, kann das letztlich bejahende Reskript vernünftig erklärt werden. Drittwirkende *pacta* bei einem *depositum* waren zwar am Ende des 3. Jhd. immer noch unwirksam, aber die kaiserliche Kanzlei wollte die provinziale Rechtsvorstellung durch Heranziehen der *aequitas* würdigen: Die *parakatathekai* der griechischsprachigen Bevölkerung wurden in einem eng umrissenen Kreis auch im Dreipersonenverhältnis anerkannt. Verfügungen unter Lebenden, die angesichts des nahenden Todes erfolgten, waren im Rechtsleben der östlichen Reichshälfte weithin verbreitet, es wäre unbillig, sie nicht anzuerkennen. Außerdem gab es bereits frühere Entscheidungen in ähnlichen Fällen, die solche Transaktionen nach höchstmöglicher Billigkeit behandelt haben. Das Reskript des Antoninus Pius war Hermogenian gewiss bekannt: Er dürfte mit seinen Juristen den problematischen Fall des Photinus für den Kaiser Diokletian sauber, nach klassischem Recht vorentschieden haben. Es kann vermutet werden, dass er dazu aber auch den Ausnahmefall, die Billigkeitsentscheidung des Antoninus Pius, vorgelegt hat (vielleicht hat sich bereits Photinus in seiner Petition darauf bezogen[139]). Das letzte Wort lag immer beim Kaiser: Diokletian dürfte die hellenistische Praxis im erbrechtlichen Kontext nach dem Vorbild des Antoninus Pius aufgrund der *aequitas* anerkennungswürdig gefunden haben.

Bibliographie:

Albertario, Emilio. I contratti a favore di terzi, in: Kaser, Max (Hg.), Festschrift Paul Koschaker, Band 2, Böhlau Weimar 1939, 16–48.

Amelotti, Mario. Il testamento romano attraverso la prassi documentale, Le Monnier Firenze 1966.

137 Vgl. etwa Gord. A. Zoilo C. 8.44.13 (a. 239) in IE 2 (ex empto et vendito) D. 21.2.74.1, s. dazu *Liebs*, IE (1964) 92–94 mit weiteren Beispielen.

138 S. dazu bereits oben in Anm. 17.

139 Zum *recitare legem* in den Petitionen vgl. *Weiss*, Recitatio und Responsum, ZRG RA 33 (1912) 215–217.

Ankum, Hans. Une nouvelle hypothèse sur l'origine de la règle Alteri nemo stipulari potest, in: Lobin, Yvette (Hg.), Études offertes à Jean Macqueron, Université d'Aix-Marseille Aix-en-Provence 1970, 19–29.

Avenarius, Martin. Der pseudo-ulpianische liber singularis regularum, Entstehung, Eigenart und Überlieferung einer hochklassischen Juristenschrift, Wallstein Göttingen 2005.

Behrends, Okko. Überlegungen zum Vertrag zugunsten Dritter im römischen Privatrecht, in: Studi in onore di Cesare Sanfilippo, Vol. 5, Giuffrè Milano 1984, 1–58.

Buraselis, Kostas. Theia dorea. Das göttlich-kaiserliche Geschenk. Studien zur Politik der Severer und zur Constitutio Antoniniana, Verlag der Österreichischen Akademie der Wissenschaften Wien 2007.

Cornil, Georges. Explication historique de la règle alteri stipulari nemo potest, in: Studi in onore di Salvatore Riccobono, Vol. 4, Castiglia Palermo 1936, 241–258.

Feissel, Denis/Gascou, Jean. Documents d'archives romaines inédits du moyen Euphrate (IIIe s. après J.-C.), JSav – Journal des savants, Band 2 (2000) 163–174.

Finazzi, Giovanni. Il contratto a favore del terzo proprio nell'esperienza giuridica romana, in: Russo Ruggeri, Carmela (Hg.), Studi in onore di Antonio Metro, Band 2, Giuffrè Milano 2010, 423–482.

Finkenauer, Thomas. Vererblichkeit und Drittwirkung der Stipulation im klassischen römischen Recht, Mohr Siebeck Tübingen 2010.

Finkenauer, Thomas. Drittwirkende pacta im klassischen Recht, ZRG RA – Zeitschrift der Savigny-Stiftung für Rechtsgeschichte, romanistische Abteilung, Band 135 (2018) 178–259.

Harke, Jan Dirk. Actio utilis, Duncker & Humblot Berlin 2016.

Harter-Uibopuu, Kaja. The Trust fund of Phaenia Aromation (IG V.1 1208) and imperial Gytheion, Studia Humaniora Tartuensia 5.A.4 (2004) 1–17.

Heimbach, Karl Wilhelm Ernst. Basilicorum libri LX, II, Barth Leipzig 1840.

Honoré, Tony. Emperors and Lawyers, 2. Aufl., Clarendon Press Oxford 1994.

Isola, Lisa. Zum Anwendungsbereich des Senatusconsultum Neronianum im Falle des Vindikationslegats fremder Sachen, TR – Tijdschrift voor Rechtsgeschiedenis, Band 86 (2018) 345–364.

Jakab, Éva. Bankurkunden und Buchführung (TPSulp. 60 und die graecoägyptischen Papyri), in: Thür, Gerhard/Fernández Nieto, Francisco Javier

(Hg.), Symposion 1999. Vorträge zur griechischen und hellenistischen Rechtsgeschichte, Böhlau Köln/Weimar/Wien 2003, 493–530.

Jakab, Éva. Inheritance, in: Du Plessis, Paul J./Ando, Clifford/Tuori, Kaius (Hg.), The Oxford Handbook of Roman Law and Society, Oxford University Press Oxford 2016, 498–509.

Jakab, Éva. Ein fideicommissum aus der Praxis des Javolenus Priscus: D. 36,1,48(46) (11 epist.), in: Finkenauer, Thomas/Sirks, Boudewijn (Hg.), Interpretationes Iuris Antiqui. Dankesgabe für Shigeo Nishimura, Harrassowitz Verlag Wiesbaden 2018, 67–84.

Jakab, Éva. Prozess um eine entlaufene Sklavin (P.Cair.Preis.[2] 1). Vertrag in der provinzialen Rechtskultur, ZRG RA – Zeitschrift der Savigny-Stiftung für Rechtsgeschichte, romanistische Abteilung, Band 135 (2018) 474–526.

Jakab, Éva. Parakatatheke und letztwillige Verfügungen. Zum Hintergrund von D. 32,37,5, ZRG RA – Zeitschrift der Savigny-Stiftung für Rechtsgeschichte, romanistische Abteilung, Band 138 (2021) 338–378.

Kelly, Benjamin. Petitions, Litigation, and Social Control in Roman Egypt, Oxford University Press Oxford 2011.

Knütel, Rolf. Zum Pflichtenkonflikt des Verwahrers, in: Gerkens, Jean François et al. (Hg.) Mélanges Fritz Sturm. Offerts par ses collègues et ses amis à l'occasion de son soixante-dixième anniversaire I, Ed. Juridiques de l'Université de Liège Liège 1999, 239–265.

Kränzlein, Arnold. Eigentum und Besitz im griechischen Recht des fünften und vierten Jahrhunderts v.Chr., Duncker & Humblot Berlin 1963.

Kreller, Hans. Erbrechtliche Untersuchungen aufgrund der Graeco-aegyptischen Papyrusurkunden, Teubner Leipzig 1919.

Krüger, Paul. Über wirkliche und scheinbare Überlieferung vorjustinianischen Wortlauts im Kommentar des Thalelaios zum Codex Iustinianus, ZRG RA – Zeitschrift der Savigny-Stiftung für Rechtsgeschichte, romanistische Abteilung, Band 36 (1915) 82–95.

Kübler, Bernhard. Griechische Tatbestände in den Werken der kasuistischen Literatur (Schluss), ZRG RA – Zeitschrift der Savigny-Stiftung für Rechtsgeschichte, romanistische Abteilung, Band 29 (1908) 183–226.

Liebs, Detlef. Hermogenians Iuris Epitomae. Zum Stand der römischen Jurisprudenz im Zeitalter Diokletians (= Abhandlungen der Ak.wiss. Gött., Phil.-Hist. Kl. 57), Vandenhoeck & Ruprecht Göttingen 1964.

Liebs, Detlef. Die Jurisprudenz im spätantiken Italien (260–640 n.Chr.), Duncker & Humblot Berlin 1987.

Liebs, Detlef. Recht und Rechtsliteratur, in: Herzog, Reinhart (Hg.), HLL – Handbuch der lateinischen Literatur der Antike, Band 5: Restauration und Erneuerung. Die lateinische Literatur von 284 bis 374 n. Chr., C.H. Beck München 1989, 55–73.

Liebs, Detlef. Hofjuristen der römischen Kaiser bis Justinian, Verlag der Bayerischen Akademie der Wissenschaften München 2010.

Litewski, Wieslaw. Die Personen des römischen Verwahrungsverhältnisses, RIDA – Revue internationale des droits de l'Antiquité, Band 47 (2000) 235–348.

Mélèze Modrzejewski, Joseph. Loi et coutume dans l'Égypte grécque et romaine, Faculty of Law and Administration of the University of Warsaw Warszawa 2014.

Migliardi Zingale, Livia. Dal testamento ellenistico al testamento romano nella prassi documentale egiziana: cesura o continuità?, in: Thür, Gerhard/Vélissaropoulos-Karakostas, Iulia (Hg.), Symposion 1995. Vorträge zur griechischen und hellenistischen Rechtsgeschichte, Böhlau Köln/Weimar/Wien 1997, 303–312.

Mitteis, Ludwig. Reichsrecht und Volksrecht in den östlichen Provinzen des römischen Kaiserreichs. Mit Beiträgen zur Kenntnis des griechischen Rechts und der spätrömischen Rechtsentwicklung, Teubner Leipzig 1891.

Nowak, Maria. Wills in the Roman Empire. A Documentary Approach, Faculty of Law and Administration of the University of Warsaw Warszawa 2015.

Pacchioni, Giovanni. I contratti a favore di terzi, 3. Aufl., Cedam Padova 1933.

Pringsheim, Fritz. Der Kauf mit fremdem Geld. Studien über die Bedeutung der Preiszahlung für den Eigentumserwerb nach griechischem und römischem Recht, Veit Leipzig 1916.

Riccobono, Salvatore. Il valore delle collezioni giuridiche byzantine per lo studio critico del Corpus Iuris Civilis, in: Meynial, Edmond (Hg.), Mélanges Hermann Fitting, Band 2, Société anonyme de l'imprimerie générale du Midi Montpellier 1908, 463–497.

Rothenhöfer, Peter/Blänsdorf, Jürgen. Sana mente sanaque memoria testamentum feci. Eine testamentarische Verfügung vom 12. April 340 n.Chr., Gephyra, Band 13 (2016) 153–163.

Rotondi, Giovanni. Studi sulle fonti del codice Giustinianeo, in: Arangio Ruiz, Vincenzo/Albertario, Emilio/de Francisci, Pietro (Hg.), Scritti Giuridici, Band 1, U. Hoepli Milano 1922, 110–283.

Rupprecht, Hans-Albert. Kleine Einführung in die Papyruskunde, Wissenschaftliche Buchgesellschaft Darmstadt 1994.

Rupprecht, Hans-Albert. Griechen und Ägypter – Vielfalt des Rechtslebens nach den Papyri, in: Thür, Gerhard (Hg.), Antike Rechtsgeschichte – Einheit und Vielfalt, Verlag der Österreichischen Akademie der Wissenschaften Wien 2005, 17–25.

Rüger, David. Die donatio mortis causa im klassischen römischen Recht, Duncker & Humblot Berlin 2011.

Scheibelreiter, Philipp. Apotisato ten paratheken diplen kata ton ton parathekon nomon. Zum sogenannten nomos ton parathekon und dessen Wurzeln im griechischen Recht, in: Thür, Gerhard (Hg.), Symposion 2009. Vorträge zur griechischen und hellenistischen Rechtsgeschichte, Verlag der Österreichischen Akademie der Wissenschaften Wien 2010, 349–376.

Scheibelreiter, Philipp. Vom logos der Verwahrung. Überlegungen zum Vertragstext in D. 16.3.26.1 (Paul. 4 resp.), Index – Quaderni camerti di studi romanistici, Band 43 (2015) 353–385.

Scheibelreiter, Philipp. Integration oder Abgrenzung? Vom Problem, das „depositum irregulare“ zu definieren, Index – Quaderni camerti di studi romanistici, Band 45 (2017) 443–465.

Scheibelreiter, Philipp. Der ungetreue Verwahrer. Eine Studie zur Haftungsbegründung im frühen griechischen und frühen römischen Depositenrecht, C.H. Beck München 2020.

Scheltema, Herman Jan. Basilicorum libri LX, B II, Wolters Groningen 1956.

Scheltema, Herman Jan. Basilicorum libri LX, B III, Wolters Groningen 1957.

Simon, Dieter. Quasi-Parakatatheke. Zugleich ein Beitrag zur Morphologie griechisch-hellenistischer Schuldrechtstatbestände, ZRG RA – Zeitschrift der Savigny-Stiftung für Rechtsgeschichte, romanistische Abteilung, Band 82 (1965) 39–66.

Simon, Dieter. Aus dem Kodexunterricht des Thalelaios, ZRG RA – Zeitschrift der Savigny-Stiftung für Rechtsgeschichte, romanistische Abteilung, Band 86 (1969) 334–383.

Simon, Dieter. Aus dem Codexunterricht des Thalelaios, RIDA – Revue internationale des droits de l'Antiquité, Band 47 (1970) 273–311.

Strobel, Benedikt. Römische Testamentsurkunden aus Ägypten vor und nach der Constitutio Antoniniana, C.H. Beck München 2014.

Talamanca, Mario. L'Aequitas nelle costituzioni imperiali del periodo epiclassico, in: Santucci, Gianni (Hg.), Aequitas. Giornate in memoria di Paolo Silli, Cedam Padova 2006, 53–273.

Thür, Gerhard/Taeuber, Hans. Prozessrechtliche Inschriften der griechischen Poleis: Arkadien (IPArk), Verlag der Österreichischen Akademie der Wissenschaften Wien 1994.

Wacke, Andreas. Das fideicommissum a debitore relictum, TR – Tijdschrift voor Rechtsgeschiedenis, Band 39 (1971) 257–272.

Van der Wal, Nicolaas. Der Basilikentext und die griechischen Kommentare des sechsten Jahrhunderts, in: Guarino, Antonio (Hg.), Synteleia Vincenzo Arangio-Ruiz II, Jovene Napoli 1964, 1158–1165.

Walter, Tom. Die Funktion der actio depositi, Duncker & Humblot Berlin 2012.

Weiss, Egon. Recitatio und Responsum im römischen Provinzialprozess, ein Beitrag zum Gerichtsgebrauch, ZRG RA – Zeitschrift der Savigny-Stiftung für Rechtsgeschichte, romanistische Abteilung, Band 33 (1912) 215–217.

Wesenberg, Gerhard. Verträge zu Gunsten Dritter. Rechtsgeschichtliches und Rechtsvergleichendes, Böhlau Weimar 1949.

Wolff, Hans Julius. Die Grundlagen des griechischen Vertragsrechts, ZRG RA – Zeitschrift der Savigny-Stiftung für Rechtsgeschichte, romanistische Abteilung, Band 74 (1957) 26–72.

Wolff, Hans Julius. s.v. proix, RE XXIII.1 (Stuttgart 1957) 133–170.

Wolff, Hans Julius. Das Problem der Konkurrenz von Rechtsordnungen in der Antike (SB der Heidelberger Ak. d. Wiss., Abh. Phil.-hist. Kl.), Winter Heidelberg 1979.

Yiftach-Firanko, Uri. Deeds of Last Will in Graeco-Roman Egypt: A Case Study in Regionalism, BASP – The Bulletin of the American Society of Papyrologists, Band 39 (2002) 149–164.

Sebastian Lohsse*

Die *hoc-amplius*-Klausel bei der Pupillarsubstitution.
Zum Verhältnis von Vermächtnissen im väterlichen Testament und im Pupillartestament

Inhalt:

I. Einführung

Der *pater familias*, der einen seiner Gewalt unterworfenen unmündigen Abkömmling als Erben einsetzt, kann bekanntlich auch für diesen Unmündigen ein Testament errichten, nämlich für den Fall, dass der Unmündige noch vor Erreichen des Mündigkeitsalters verstirbt. Für den *pater familias* stellt sich damit einerseits die Frage, wen er als Ersatzerben bestimmen soll. Zu bedenken haben wird er andererseits aber auch, in welchem Umfang Vermächtnisnehmer zum Zuge kommen sollen und inwieweit möglicherweise zwar noch nicht der Unmündige, wohl aber der Substitut mit Vermächtnissen belastet sein soll. Die Lage ist komplizierter, als sie auf den ersten Blick erscheinen mag. Denn nicht absehbar ist für den Erblasser, ob tatsächlich zunächst der *pupillus* Erbe wird und die Vermächtnisnehmer damit schon durch die zu Lasten des *pupillus* ausgesetzten Vermächtnisse begünstigt werden. Mit den Vermächtnisanordnungen zu Lasten des Substituten muss der

* Westfälische Wilhelms-Universität Münster, Rechtswissenschaftliche Fakultät, Institut für Rechtsgeschichte, Universitätsstraße 14–16, 48143 Münster; sebastian.lohsse@uni-muenster.de.

Erblasser vielmehr auch der Möglichkeit Rechnung tragen, dass der *pupillus* vorverstirbt und der Pupillarsubstitut deshalb nicht erst nach dem *pupillus*, sondern als Vulgarsubstitut von vornherein anstelle des *pupillus* zum Zuge kommt. Diese recht unübersichtliche Lage zieht, sofern der Erblasser seine Vermächtnisanordnungen nicht ausdrücklich auf bestimmte Substitutionsfälle bezogen hat, zwangsläufig die Frage nach sich, in welchem Verhältnis zueinander die verschiedenen Vermächtnisanordnungen stehen.

Anlass, sich die grundsätzlichen Zusammenhänge zu dieser Frage zu vergegenwärtigen, bietet vor allem eine Äußerung Papinians, die seit dem Beginn der wissenschaftlichen Auseinandersetzung mit den antiken Quellen wiederholt Schwierigkeiten bereitet hat. Sie gilt der Frage, inwieweit ein im väterlichen Testament zu Lasten des *pupillus* unwirksam angeordnetes Vermächtnis zu Lasten des Substituten dadurch geheilt wird, dass das Vermächtnis im Pupillartestament zu Lasten des Substituten wiederholt wird. Nimmt man in den Blick, in welchem Verhältnis Vermächtnisanordnungen im Pupillartestament zu solchen im väterlichen Testament im Grundsatz standen, so gibt Papinians Äußerung erheblich weniger zu Erstaunen Anlass, als das auf den ersten Blick den Eindruck erweckt. Auf die noch verwickeltere Frage, wie in solchen Fällen bei der Berechnung der falzidischen Quart zu verfahren war[1], kommt es insoweit nicht an; die Frage bleibt hier deshalb außen vor.

II. Pap.-Ulp. 15 ad Sab. D. 30.19 pr.–1 – eine Annäherung

Überliefert ist die Bemerkung Papinians, um die es hier gehen soll, in Ulpians 15. Buch zu Sabinus, das vor allem die Auslegung von Vermächtnissen im Blick hat. Ulpian referiert uns dort zunächst, dass Papinian in seinen Rechtsfragen (mutmaßlich im 18. Buch[2]) erörterte, inwieweit die Bezugnahme auf ein zuvor unwirksam ausgesetztes Vermächtnis dessen Unwirksamkeit heilen kann. Daran angeschlossen ist die Passage, die diese Frage speziell für das Verhältnis von väterlichem Testament und Pupillartestament in den Blick nimmt.

---

1 Dazu im 19. Jhd. eingehend *von der Pfordten*, Abhandlungen (1840) 1–112; *Hoffmann*, Jahrbücher 1 (1841) 331–390; inzwischen *Schanbacher*, Ratio legis Falcidiae (1995) 54–174.

2 *Lenel*, Pal. 2 (1889) Pap. 268 (Sp. 850). Für die Vermutung spricht namentlich, dass auch die zweite uns überlieferte Stelle, an der Papinian sich mit der *hoc-amplius*-Klausel befasst, aus seinem 18. Buch der Rechtsfragen stammt (Pap. 18 quaest. D. 30.90 pr.); s. im Übrigen von Papinian zu *hoc amplius* nur Pap. 7 resp. D. 35.1.77 pr.

Pap.-Ulp. 15 ad Sab. D. 30.19 pr.–1

Legata inutiliter data Papinianus putat libro quaestionum confirmari per repetitionem, id est per hanc scripturam postea forte in codicillis factam: ‚hoc amplius ei heres meus dato', et diversum esse in illa scriptura: ‚quas pecunias legavi, quibus dies adpositus non est, annua bima trima die heres meus dare damnas esto': non enim hoc egisse testatorem, ut confirmaret quae inutilia sunt, sed ut diem utilibus prorogaret.
1. *Idem eodem loco et in substituto impuberis scribsit, ut, si fuerit ab impubere inutiliter legatum, substitutus hoc debeat, si ‚hoc amplius' legatum ab eo sit relictum aliquid nec ille patri heres exstiterit et decesserit.*

Nach Ansicht des Papinian im [18.] Buch der Rechtsfragen werden unwirksam erteilte Vermächtnisse durch Wiederholung bestätigt, das heißt durch folgende Anordnung, die etwa später in einem [bestätigten] Kodizill erfolgen kann: ‚Darüber hinaus soll ihm mein Erbe geben'. Anders hingegen verhalte es sich bei folgender Anordnung: ‚Die Beträge, die ich vermacht habe, ohne dass ihnen ein Fälligkeitszeitpunkt beigefügt ist, soll mein Erbe verpflichtet sein, zum ersten, zweiten und dritten Jahrestag zu zahlen'. Denn diese Anordnung habe der Erblasser nicht getroffen, um unwirksame Vermächtnisse zu bestätigen, sondern um die Fälligkeit von wirksamen Vermächtnissen hinauszuschieben.
1. Ferner hat Papinian an derselben Stelle zum Ersatzerben eines Unmündigen geschrieben, dass der Ersatzerbe ein Vermächtnis, das zu Lasten des Unmündigen unwirksam erteilt war, schulde, sofern zu Lasten des Ersatzerben irgendetwas ‚darüber hinaus' hinterlassen war und der Unmündige nicht Erbe des Vaters geworden und verstorben war.

Unwirksame Vermächtnisse sollen demnach geheilt werden, wenn der Erblasser in einer nachfolgenden Klausel etwas *hoc amplius*, ‚darüber hinaus', vermacht; auf diese Weise soll das zuvor unwirksam erteilte Vermächtnis mit bestätigender Wirkung in Bezug genommen sein. § 1 des Fragments überträgt die Regel auf den Fall der Pupillarsubstitution: War ein Vermächtnis zu Lasten des Unmündigen zunächst unwirksam hinterlassen, hatte der Erblasser zu Lasten des Substituten dann jedoch etwas ‚darüber hinaus' vermacht, so soll den Substituten auch das zuvor unwirksam ausgesetzte Vermächtnis belasten. Stein des Anstoßes ist die Einschränkung, die der Jurist dazu am Ende beifügt: *nec ille patri heres extiterit et decesserit*, wenn der Unmündige nicht Erbe des Vaters geworden und verstorben ist, wenn es also mit anderen Worten nicht zur Pupillar-, sondern zur Vulgarsubstitution kommt[3]. Wenn die *hoc amplius*-Anordnung, wie das *principium* lehrt, das mit ihr in Bezug genommene Vermächtnis heilt, so sollte diese Heilung, wie sich bei unbefangener Betrachtung aufdrängen mag, doch wohl unabhängig davon sein, ob

3 Der Text belegt also zugleich, dass man die Anordnung der Pupillarsubstitution bei Vorversterben des *pupillus* als Vulgarsubstitution ausgelegt hat, vgl. *Voci*, DER 2 ²(1963) 219.

der Ersatzerbe erst nach dem Unmündigen oder von vornherein an dessen Stelle zum Zuge gekommen ist. Man sollte also meinen, dass der Vermächtnisnehmer den Ersatzerben in jedem Fall auf Leistung des Vermächtnisses in Anspruch nehmen kann, das ihm zu Lasten des Unmündigen unwirksam ausgesetzt war.

In genau diesem Sinne hat schon die Glosse Position bezogen[4]. *Et* sei als *vel* zu verstehen, heißt es dort zu *et decesserit*. Denn wenn der Unmündige noch als Unmündiger gestorben sei, komme der Ersatzerbe doch unabhängig davon zum Zuge, ob der Unmündige seinen Vater nicht beerbt hatte oder aber Erbe geworden, jedoch noch vor Erreichen der Mündigkeit verstorben war; sodann führe die Wiederholung des Vermächtnisses zu Lasten des Ersatzerben dank ihrer Heilungswirkung doch immer dann dazu, dass der Ersatzerbe mit einem Vermächtnis belastet ist, wenn das zu Lasten des Unmündigen ausgesetzte Vermächtnis unwirksam war. Ohne Bedeutung bleibe die Wiederholung des Vermächtnisses zu Lasten des Ersatzerben nur, wenn das Vermächtnis schon zu Lasten des Unmündigen wirksam ausgesetzt gewesen und dieser auch tatsächlich Erbe geworden sei. Denn dann schulde der Ersatzerbe das Vermächtnis schon als Erbe des Unmündigen, nicht erst aufgrund der Wiederholung.

Dem Ansatz der Glosse gefolgt ist später Haloander mit dem Vorschlag, *aut impubes decesserit* statt *et decesserit* zu lesen[5]. Auch im 18. und 19. Jahrhundert hat man sich verschiedentlich eingehend mit dem Text auseinandergesetzt. Teils hat man die Zweifel sogar noch vermehrt, so etwa Westphal in seiner Lehre von den Vermächtnissen[6]. Dass der Substitut, wie der Text auf den ersten Blick zum Ausdruck bringt und wie zwischenzeitlich Cujaz angenommen hatte[7], mit dem zu seinen Lasten wiederholten Vermächtnis nur im Fall der Vulgarsubstitution, aber nicht im Fall der Pupillarsubstitution belastet sein solle, könne Papinian schwerlich befürwortet haben. Man

---

4 Gl. et decesserit ad D. 30.19.1: et pro vel. *Nam utroque casu admittitur substitutus, scilicet sive non sit heres sive sit et decedat impubes. et tenet repetitio, quando inutiliter prius data fuerunt. alias si utiliter, non tenet repetitio eo casu quo esset heres impubes. sed debebit substitutus tunc ut heres impuberis, non autem ex repetitione. …*

5 *Haloander*, Dig. (1529) ad h.l. (Bd. 2, S. 1149). Verzeichnet ist dieser Emendationsvorschlag noch bei Gebauer/Spangenberg sowie in der Ausgabe der Gebrüder Kriegel. In Mommsens *editio maior* sowie in der Stereotypausgabe von Mommsen/Krüger ist auf den Hinweis verzichtet, ebenso in der Mailänder Digestenausgabe.

6 *Westphal*, Vermächtnisse, Bd. 2 (1791) 958–959.

7 *Cujaz*, Recitationes ad D. 30.19.1, Opera omnia VII (1722) Sp. 1005–1006; diesem zustimmend *Fein*, Glücks Pandecten 44 (1851) 221 m. Fn. 87; in der Sache genauso *Baron*, Gesammtrechtsverhältnisse (1864) 497 f. Keinen Anstoß am Schlusspassus nimmt auch *Finazzi*, Sostituzione pupillare (1997) 382–383.

müsse sich nur die Lehre aus dem *principium* vor Augen führen, nach der doch ein zunächst unwirksam ausgesetztes Vermächtnis durch Wiederholung schon dann geheilt werde, wenn es nur um die Einsetzung eines einzigen Erben gehe. Wenn die Wiederholung schon bei der Einsetzung eines einzigen Erben zur Wirksamkeit des Vermächtnisses führe, sei nicht einzusehen, weshalb diese Heilungswirkung bei der Pupillarsubstitution, der doch eine solche Erbeinsetzung im ersten Schritt zugrunde liege, nicht ebenfalls eintreten solle. Doch sei deswegen entgegen Haloander und der Glosse nicht etwa anzunehmen, dass der Ersatzerbe auch im Fall der Vulgarsubstitution aus dem Vermächtnis verpflichtet sei, man also *vel* für *et* zu lesen habe. Im Gegenteil: Bei der Vulgarsubstitution entfalle das Testament, in dem der Unmündige eingesetzt war, mit allen seinen Vermächtnissen, und damit entfalle auch die Grundlage der im Mundeltestament ausgesprochenen Wiederholung. Nun konnte allerdings der für Westphal selbstverständliche Fall der Pupillarsubstitution im Text nicht angesprochen sein, wenn es doch hieß, *nec ille patrit heres extiterit*, der Unmündige sei nicht Erbe geworden. Westphal ging deshalb davon aus, man habe es mit der besonderen Konstellation zu tun, dass der Unmündige sich der väterlichen Erbschaft enthalten und damit das väterliche Testament nicht entkräftet habe; sodann sei er – *et decesserit* – noch als Unmündiger verstorben[8], sodass es zur Pupillarsubstitution kommen und das zu Lasten des Substituten wiederholte Vermächtnis seine Wirkung entfalten konnte.

Das Meinungsspektrum erfasst also alle theoretischen denkbaren Möglichkeiten. Soll die Wiederholung des Vermächtnisses, das zu Lasten des Unmündigen noch unwirksam ausgesetzt war, den Substitut selbstverständlich nur im Fall der Pupillarsubstitution belasten? Oder soll sie sowohl bei der Pupillar- als auch bei der Vulgarsubstitution Wirkung entfalten? Oder soll der Substitut das Vermächtnis im Einklang mit dem Text vielleicht doch nur im Fall der Vulgarsubstitution leisten müssen? Und weshalb eigentlich die eine oder die andere Lösung? Nach dem Blick auf die Stellungnahmen, die uns im Laufe der Jahrhunderte begegnen, erscheint die Sache eher noch rätselhafter als zuvor.

III. Die *hoc-amplius*-Klausel und ihre Heilungswirkung

Will man sich der Frage nähern, so scheint es zweckmäßig, sich zunächst zu vergegenwärtigen, wie man sich die von Papinian bei Ulp. 15 ad Sab. D. 30.19 nur recht kursorisch behandelte *hoc-amplius*-Klausel, ihre Funktionen und

8 Man habe den Text also zu verstehen, als heiße es *et decesserit in impubertate* – was sich freilich von selbst verstehe, da doch von einem *impubes* die Rede sei.

vor allem ihre Heilungswirkung vorzustellen hat. Auskunft zu den grundlegenden Zusammenhängen gibt uns Pomponius:

Pomp. 7 ad Sab. D. 32.54

Si pure tibi legavero, deinde postea scripsero ita: ‚hoc amplius si navis ex Asia venerit, heres meus ei fundum dato', verius est eo verbo ‚amplius' superiora repeti, sicuti dicimus ‚Lucius Titius plebi quina milia dedit, hoc amplius Seius viscerationem', quina quoque milia Seium dedisse intellegimus et ‚Titius accepit quinque, Seius hoc amplius fundum', Seium quinque quoque accepisse intellegimus.

Habe ich dir ein Vermächtnis ohne Nebenbestimmung ausgesetzt und habe ich dann später folgende Anordnung getroffen ‚darüber hinaus soll, wenn das Schiff aus Asien kommt, mein Erbe ihm das Grundstück geben', so trifft zu, dass mit dem Ausdruck ‚darüber hinaus' das weiter oben Geschriebene wiederholt wird, so wie wir unsere Aussage ‚Lucius Titius hat dem Volk fünftausend gegeben, Seius auch noch eine Fleischspende' so verstehen, dass Seius ebenfalls fünf[tausend] gezahlt hat, und wir die Aussage ‚Titius hat fünf erhalten, Seius auch noch ein Grundstück' so verstehen, dass Seius ebenfalls fünf erhalten hat.

Wie der Jurist deutlich macht, soll die Testamentsauslegung im Ausgangspunkt einem – von Pomponius jedenfalls behaupteten – allgemeinen Sprachgebrauch folgen. Man verstehe doch, so die Argumentation, die Aussage ‚Lucius Titius hat dem Volk fünftausend gegeben, Seius auch noch eine Fleischspende' so, dass Seius ebenfalls fünftausend gezahlt habe. Der Wendung *hoc amplius* wird also wiederholende Wirkung beigemessen – so als habe der Sprecher statt *hoc amplius* den zuvor bezeichneten Gegenstand noch einmal erwähnt. Die Anordnung eines Vermächtnisses mit den Worten ‚Darüber hinaus soll mein Erbe ihm, wenn das Schiff kommt, das Grundstück geben' soll deshalb so zu verstehen sein, als sei das vorangehende Vermächtnis mit den Worten *hoc amplius* wiederholt[9].

Ob der allgemeine Sprachgebrauch tatsächlich derart selbstverständlich erschien, wie Pomponius hier glauben machen will, wird man allerdings bezweifeln können. Schon Cujaz ist er nicht selbstverständlich erschienen[10], und in der Tat hätte man die Aussage über die Spenden von Lucius Titius und Seius doch wohl auch als Steigerung aus Sicht des begünstigten Volkes verstehen können, so also, als ob das Volk über die Zahlung von fünftausend hinaus noch eine Fleischspende erhalten habe. Ebenso hätte dann *hoc amplius* in der Vermächtnisanordnung nur zum Ausdruck gebracht, dass dem Erben über die bereits zuvor ausgesprochene Belastung mit einem Vermächtnis hinaus nun noch eine weitere Belastung auferlegt sein sollte.

---

9 Und zudem nunmehr auch unter die beigefügte Bedingung gestellt, so mit Recht *Biondi*, Successione testamentaria ²(1955) 530–531; *Talamanca*, Revoca testamentaria (1961) 54–55 Fn. 112; *Finazzi*, Sostituzione pupillare (1997) 385 m. Fn. 225.

10 *Cujaz*, Ad Africanum Tractatus V ad D. 30.108.7, Opera omnia I (1722) 1345.

Angesichts der Zweideutigkeit, die sich in der Formulierung des Vermächtnisses wie im allgemeinen Sprachgebrauch aufdrängt, wird man vermuten dürfen, dass wir es weniger mit einem selbstverständlichen Sprachgebrauch als vielmehr mit der Anerkennung einer gängigen Testamentsklausel und ihrer einheitlichen Auslegung durch die Juristen zu tun haben, die Pomponius nur zu rechtfertigen sucht. Das deuten jedenfalls Äußerungen von Afrikan an:

Afr. 5 quaest. D. 30.108.7

Si ita scriptum erit: ‚amplius quam Titio legavi heres meus Seio decem dato', dubitandum non erit, quin et Titio suum legatum maneat et Seio nihil ultra decem debeatur: nam et usitatum fere est sic legare: ‚Lucio Titio tot et hoc amplius uxori et liberis eius tot'.

Folgende Anordnung war getroffen: ‚Über das hinaus, was ich dem Titius vermacht habe, soll mein Erbe dem Seius zehn zahlen.' Es ist nicht zu bezweifeln, dass das Vermächtnis zugunsten des Titius unberührt bleibt und dem Seius nur zehn geschuldet werden. Denn ganz üblich ist auch folgende Vermächtnisanordnung: ‚dem Lucius Titius soundsoviel und darüber hinaus seiner Frau und seinen Kindern soundsoviel.'

Mit Blick auf die Anordnung *amplius quam Titio legavi heres meus Seius decem dato* lässt Afrikan uns wissen, hier sei Seius gerade nicht am Vermächtnis zugunsten des Titius zu beteiligen, sondern Seius seien nur zehn geschuldet. Zur Begründung weist Afrikan darauf hin, dass es doch auch üblich sei, ein Vermächtnis mit den Worten auszusetzen *Lucio Titio tot et hoc amplius uxori et liberis eius tot.* Wie dieses zweite Vermächtnis zu beurteilen sein soll, teilt Afrikan zwar nicht mit, doch kann man die argumentative Zusammenstellung der Fälle wohl nur so verstehen, dass die Frau und die Kinder des Erblassers in diesem zweiten Fall trotz *hoc amplius* am Vermächtnis zugunsten des Titius ebenfalls nicht zu beteiligen waren, *hoc amplius* also gerade nur im Sinne einer zusätzlichen Belastung aus Sicht des Erben gemeint war. Die Darstellung bei Pomponius wird man deshalb als bewusste Abgrenzung von dieser Deutung der *hoc-amplius*-Klausel zu verstehen haben, die jedenfalls dann nahelag, wenn es sich um Vermächtnisanordnungen in ein und demselben Atemzug handelte[11].

Ausweislich der übrigen Quellen, in denen uns Stellungnahmen zur *hoc-amplius*-Klausel überliefert sind[12], hat sich das von Pomponius befürwortete Verständnis bei den Klassikern auch offenbar durchgesetzt. Als unzweifelhafte Wiederholung des zuvor Geschriebenen behandelt *hoc amplius* etwa Maecian, von dem wir zugleich über erste praktische Konsequenzen erfahren:

11 Zu weiteren Differenzierungsmöglichkeiten eingehend *Cujaz*, Ad Africanum Tractatus V ad D. 30.108.7, Opera omnia I (1722) 1345 f.

12 Eine Zusammenstellung dieser Quellen bei *Voci*, DER 2 ²(1962) 249 Fn. 47.

Maec. 2 fid. D. 32.13

Si sic locutus erit testator: ‚heres meus illi fundum dato: Seio hoc amplius decem', non erit dubitandum, quin Seius et fundi partem et decem ex testamento percipere debeat.

Hatte der Erblasser gesagt ‚mein Erbe soll dem Soundso das Grundstück geben, dem Seius darüber hinaus zehn', so ist nicht zu bezweifeln, dass Seius aufgrund des Testaments sowohl das Grundstück zur Hälfte als auch die zehn erhalten muss.

Verstünde man *hoc amplius* in der hier behandelten Klausel nur aus Sicht des Erben – so als sei diesem zusätzlich zur Verpflichtung, dem ersten Vermächtnisnehmer das Grundstück zu übereignen, nun auch noch die Verpflichtung auferlegt, an Seius zehn zu zahlen –, so ließe sich das von Marcian als unzweifelhaft dargestellte Ergebnis schwerlich erzielen. Denn dass sich das Vermächtnis zugunsten des Seius auch auf das Grundstück erstreckt, ergibt sich erst, wenn man *hoc amplius* gedanklich durch das zuvor genannte Grundstück ersetzt: *Seio fundum et decem*. Erst so werden Seius und der erste Vermächtnisnehmer zu Mitvermächtnisnehmern hinsichtlich des Grundstücks und Seius bleibt nicht auf die Forderung von zehn beschränkt[13].

Fest auf diesem Boden steht auch der gedankliche Ausgangspunkt der Erörterungen Papinians im *principium* unseres Eingangsfragments Pap.-Ulp. 15 ad Sab. D. 30.19: Das Vermächtnis, das mit der Anordnung *hoc amplius ei heres meus dato* ausgesetzt wird, enthält eine Wiederholung des bereits zuvor ausgesetzten Vermächtnisses. Da ein unwirksam ausgesetztes Vermächtnis durch *repetitio* geheilt werden konnte, hat auch die *hoc-amplius*-Klausel eine solche Heilung zur Folge. Zu den Gründen, aus denen die vorangehende Vermächtnisanordnung unwirksam war, teilt Papinian nichts mit, doch lassen sich mögliche Anwendungsfälle aus den allgemeinen

13 Größere Schwierigkeiten bereitet die Frage, weshalb Seius nur eine Hälfte des Grundstücks erhält. Nach den zu Damnationslegaten anerkannten Grundsätzen waren Mitvermächtnisnehmer, denen derselbe Gegenstand zugewandt war, ohne dass ihre Namen in der Vermächtnisanordnung mittels Konjunktion verbunden waren, zur Forderung des Vermächtnisses jeweils in voller Höhe berechtigt; s. Gai. 2.205 und dazu *Lohsse*, Ius adcrescendi (2008) 6. Will man nicht annehmen, dass die Kompilatoren hier eine Anpassung an die Rechtslage ihrer Zeit vorgenommen haben ([*fundi partem*] <*fundum*>), so bleibt immerhin die Möglichkeit, dass der Jurist *hoc amplius* unter den Umständen des Falles als so enge Verbindung ansah, dass die Anwendung derselben Grundsätze wie bei Verbindung durch Konjunktion geboten erschien. In diesem Sinne *Samter*, Anwachsungsrecht, AcP 60 (1877) 121 und *Talamanca*, Revoca testamentaria (1961) 55 Fn. 112 a.E.; ähnlich auch *Voci*, DER 2 [2](1963) 250 Fn. 48: Die durch *hoc amplius* zum Ausdruck gebrachte *repetitio* sei so zu verstehen, als wäre sie mit den Worten *heres meus Titio (= ille) et Seio fundum dato* angeordnet worden.

Lehren erschließen[14]. Vorstellbar ist beispielsweise, dass das zuerst angeordnete Vermächtnis als Vindikationslegat ausgesetzt war, während seine Wiederholung als Damnationslegat erfolgte, und der Unwirksamkeitsgrund nur das Vindikationslegat erfasste, so etwa im Fall des Vermächtnisses einer nicht dem Erblasser gehörenden Sache[15]. Denkbar sein wird zudem etwa der Fall, dass das zunächst angeordnete Vermächtnis unwirksam war, weil es unbedingt ausgesetzt war, während die Wiederholung – wie im Fall von Pomp. 7 ad Sab. D. 32.54[16] – das Vermächtnis unter eine Bedingung stellte und so den Unwirksamkeitsgrund entfallen ließ; zu denken ist insoweit namentlich an das Vermächtnis zugunsten eines eigenen Sklaven des Erben[17].

Papinians Erläuterungen zeigen zugleich, dass nicht nur die Deutung der *hoc-amplius*-Klausel als wiederholende Anordnung, sondern auch die Heilungswirkung, die man der Verwendung dieser Klausel beilegte, wiederum Ergebnis einer Auslegung nach dem mutmaßlichen Erblasserwillen war. Denn eben deshalb bedarf die Klausel der in der zweiten Hälfte des *principium* behandelten Abgrenzung von anderen Äußerungen, mit denen der Erblasser auf die vorangehende Anordnung eines Vermächtnisses Bezug nimmt. Wer die vorangehende Anordnung nur erwähnt, um die zuvor noch nicht behandelte Fälligkeit des Vermächtnisses zu regeln, habe, so der Jurist, doch gerade keine Wiederholung zum Zweck der etwaigen Heilung im Blick. Umso deutlicher wird damit, wie die *hoc-amplius*-Klausel kraft der ihr durch die Juristen gegebenen Auslegung aus Erblassersicht geradezu als Instrument der Heilung vorangehender Vermächtnisanordnungen erscheinen musste.

IV. Die Wiederholung zuvor wirksam ausgesetzter Vermächtnisse im Pupillartestament

Die schon in der Glosse zu unserem Ausgangstext Ulp. 15 ad Sab. D. 30.19.1 vertretene Position wird damit unmittelbar greifbar. Wenn die Verwendung der *hoc-amplius*-Klausel dazu führt, dass ein in demselben Testament zuvor unwirksam ausgesetztes Vermächtnis nunmehr wirksam angeordnet ist, sollte ihr heilende Funktion doch auch dann zukommen, wenn sie im Pupillartestament Verwendung findet und sich auf ein zuvor im väterlichen Testament ausgesetztes Vermächtnis bezieht; der Substitut müsste also – unabhängig davon, auf welchem Weg er zum Zuge gekommen ist, mit dem Vermächtnis

14 Zu den beiden folgenden Anwendungsfällen eingehend bereits *Cujaz*, Recitationes ad D. 30.19.1, Opera omnia VII (1722) Sp. 1005.

15 Vgl. Gai. 2.196 u. 202.

16 Vgl. dazu oben Fn. 9.

17 Und zwar deshalb, weil denkbar ist, dass er vor Bedingungseintritt freigelassen wird; dazu Gai. 2.244.

belastet sein, mit dem der Unmündige noch nicht belastet war. Der Antwort auf diese Frage ist nur näherzukommen, wenn wir uns zunächst das grundsätzliche Verhältnis von Vermächtnisanordnungen im väterlichen Testament und ihren Wiederholungen im Pupillartestament vor Augen führen, uns vergegenwärtigen, welche Gestaltungsmöglichkeiten dem Erblasser insoweit zur Verfügung standen, und betrachten, wie die römischen Juristen mit den verschiedenen Gestaltungen umgegangen sind.

1. Unveränderte Wiederholungen

Wenden wir uns zunächst der Konstellation zu, dass der Erblasser ein im väterlichen Testament zu Lasten des *pupillus* ausgesetztes Vermächtnis zu Lasten des Substituten unverändert wiederholt. Den Fall behandelt Julian:

Iul. 32 dig. D. 30.81.7

Si pater familias ab impubere filio Titio fundum legaverit et a substituto eundem eidem Titio et pupillus patri heres exstiterit: sive vindicaverit Titius legatum sive repudiaverit, quamvis filius impubes decesserit, a substituto vindicare non poterit. hoc enim, quod rursus a substituto legatur, perinde habendum est ac si repetita legata essent. ...

Ein Hausvater hat zu Lasten seines unmündigen Sohnes dem Titius ein Grundstück vermacht. Dasselbe Grundstück hat er eben jenem Titius auch zu Lasten des Ersatzerben vermacht. Der Sohn hat seinen Vater beerbt. Unabhängig davon, ob Titius das Vermächtnis vindiziert oder ausgeschlagen hat, kann er es, obwohl der Sohn noch als Unmündiger verstorben ist, vom Ersatzerben nicht vindizieren. Was nämlich zu Lasten des Ersatzerben noch einmal vermacht wird, ist so zu behandeln, als ob die Vermächtnisse wiederholt wären. ...

Hat der Erblasser mit einem zu Lasten seines unmündigen Sohnes hinterlassenen Vindikationslegat auch den Substituten belastet, so soll dieses Vermächtnis, wie Julian annimmt, bedeutungslos sein, wenn der Ersatzerbe als Pupillarsubstitut zum Zuge kommt. Weder soll der Vermächtnisnehmer auf den vermachten Gegenstand zugreifen können, wenn er das zu Lasten des Unmündigen ausgesetzte Vermächtnis zurückgewiesen hatte, noch soll er gegen den Ersatzerben vorgehen (und die *aestimatio* fordern) können, wenn er die vermachte Sache bereits zuvor vom *pupillus* vindiziert hatte. Das zu Lasten des Substituten wiederholte Vermächtnis soll also nicht anders zu behandeln sein als ein Vermächtnis, das in ein- und demselben Testament wiederholt wird; auch eine solche Wiederholung innerhalb desselben Testaments, auf die sich Julians Hinweis am Ende des hier wiedergegebenen Ausschnitts beziehen wird[18], bleibt ohne Wirkung, führt insbesondere nicht

18 Arg. *ac si tantum a filio legatum fuisset* im weiteren Verlauf des Paragraphen, s.u.; wie hier insoweit auch schon der Casus des Vivianus ad h.l. und die Glosse *Legata essent* ad h.l.: *ab instituto. ut non nisi semel debeantur.*

dazu, dass der Vermächtnisnehmer das Vermächtnis doppelt beanspruchen oder nach Ausschlagung erneut darüber entscheiden kann.

Man wird diese Deutung der Klausel aus dem Pupillartestament als Auslegung nach dem mutmaßlichen Willen des Erblassers ansehen können, der den Vermächtnisnehmer im Zweifel ebenso wenig doppelt begünstigen wollte, wie das bei einer einfachen Wiederholung innerhalb desselben Testaments zu Lasten desselben Erben der Fall wäre[19]. Und in der Tat beruft sich Marcian auch ausdrücklich auf den Erblasserwillen, um zu begründen, dass ein zu Lasten des Substituten wiederholtes Vermächtnis im Fall der Pupillarsubstitution keine Wirkung entfaltet:

Marci. 7 inst. D. 30.113.3

Sed si pater impuberi filio substituerit et a substituto legata repetierit: si pupillus heres exstiterit et intra pubertatem decesserit, repetitio non valet, quia voluntas defuncti haec est, ut semel debeantur.

Hat aber der Vater für seinen unmündigen Sohn einen Ersatzerben eingesetzt und die Vermächtnisse zu Lasten dieses Ersatzerben wiederholt, so hat die Wiederholung keine Wirkung, wenn der Unmündige Erbe geworden und vor Erreichen der Mündigkeit verstorben ist. Denn es entspricht dem Willen des Verstorbenen, dass die Vermächtnisse nur einmal geschuldet sind.

Von den Erörterungen Julians unterscheidet sich die Stellungnahme Marcians im Übrigen nur darin, dass Marcian offenlässt, um welchen Legatstyp es sich handelt und ob das zu Lasten des *pupillus* ausgesetzte Vermächtnis erfüllt worden war. Doch ist das unschädlich. Selbst wenn der Vermächtnisnehmer das ihm zu Lasten des *pupillus* ausgesetzte Vermächtnis bei dessen Tod noch nicht eingefordert hatte, würde er sich gegenüber dem Substituten auf das Vermächtnis berufen können, ohne dass es auf dessen Wiederholung zu Lasten des Substituten ankam. Denn als Erbe des *pupillus* haftete der Substitut ohnehin für die dem *pupillus* auferlegten Verbindlichkeiten.

Die Stellungnahmen Julians und Marcians werfen damit allerdings die naheliegende Frage auf, welchen Zweck der Erblasser mit der Wiederholung des Vermächtnisses verfolgt haben könnte. Zu denken ist insoweit einerseits an den Fall der Vulgarsubstitution. Denn wenn der Substitut von vornherein anstelle des bereits vorverstorbenen *pupillus* als Erbe zum Zuge kam, konnte ihn eine Haftung für Vermächtnisse, mit denen der *pupillus* infolge des väterlichen Testaments belastet war, nicht treffen. Wollte der Erblasser die Begünstigung von Vermächtnisnehmern sicherstellen, so blieb ihm also

---

19 Mit Recht betont den Erblasserwillen bereits *Voci*, DER 2 ^{2}(1963) 248. Demgegenüber hatte *Baron*, Gesammtrechtsverhältnisse (1864) 474 noch das entscheidende Gewicht auf die Feststellung gelegt, dass „Pupill und Substitut eine Einheit bilden". Den Quellen ist diese rein dogmatische Begründung indes fremd.

nichts anderes übrig, als Vermächtnisse auch zu Lasten des Substituten anzuordnen. Seit einem Reskript von Antoninus Severus (Caracalla) und Septimius Severus, von dem Ulpian uns berichtet, gab es insoweit zwar eine Zweifelsregelung: Vermächtnisse zu Lasten des eingesetzten Erben sollten als zu Lasten des Ersatzerben wiederholt anzusehen sein und damit also auch den Ersatzerben belasten; doch sollte das nur anzunehmen sein, wenn nicht ein anderer Wille des Erblassers feststand[20]. Mit der ausdrücklichen Wiederholung konnte der Erblasser auch nach diesem Reskript also sicherstellen, dass der Ersatzerbe im Fall der Vulgarsubstitution mit dem zu Lasten des *pupillus* ausgesetzten Vermächtnis belastet war[21].

Andererseits boten Wiederholungen der Vermächtnisanordnungen zu Lasten des Substituten auch die Möglichkeit, die Belastung des *pupillus* und die des Substituten mit Vermächtnissen unterschiedlich auszugestalten. In den Quellen illustrieren das vor allem Fälle, in denen Vermächtnisse zu Lasten des *pupillus* und zu Lasten des Substituten unter abweichenden Bedingungen ausgesetzt sind, aber auch Fälle, in denen die Vermächtnisse unterschiedlichen Umfang haben[22].

2. Abweichende Bedingungskonstruktionen

Fällen voneinander abweichender Bedingungen widmet sich zunächst Julian im unmittelbaren Anschluss an die Äußerung, die wir soeben bereits in den Blick genommen haben:

Iul. 32 dig. D. 30.81.7

... quare et si pure a filio, sub condicione a substituto legatum fuerit, perinde omnia servabuntur ac si tantum a filio legatum fuisset: contra autem si a filio sub condicione, a substituto pure legatum fuerit et pupillus pendente condicione decesserit, ex substitutione sola legatum valebit.

... Deshalb gilt auch dann, wenn ohne Nebenbestimmung zu Lasten des Sohnes und unter einer Bedingung zu Lasten des Ersatzerben vermacht war, alles so, wie wenn nur das Vermächtnis zu Lasten des Sohnes ausgesetzt worden wäre. Im Gegensatz dazu gilt das Vermächtnis jedoch, wenn zu Lasten des Sohnes unter einer Bedingung

20 Ulp. 4 disp. D. 30.74, ferner wohl auch Ulp. 18 ad leg. Iul. et Pap. D. 31.61.1; näher zu diesem Reskript *Voci*, DER 2 [2](1963) 162, 169; *Schanbacher*, Ratio legis Falcidiae (1995) 205–206.

21 Vgl. schon *Hoffmann*, Jahrbücher 1 (1841) 331–332.

22 Erst recht war selbstredend möglich, dass der Erblasser dem *pupillus* und dem Substituten die Leistung jeweils unterschiedlicher Gegenstände zugunsten desselben Vermächtnisnehmers auferlegte, und auch dann konnte für die Anwendung der Zweifelsregelung des Reskripts kein Raum sein, s. schon *Hoffmann*, Jahrbücher 1 (1841) 332.

sowie zu Lasten des Ersatzerben ohne Nebenbestimmung vermacht war und der Sohn bei schwebender Bedingung verstorben war, allein aufgrund der Ersatzerbeinsetzung.

Zugrunde gelegt ist wie im ersten Teil des Textes, dass der Unmündige seinen Vater zunächst beerbt hatte, dann aber noch als Unmündiger verstorben war, also ein gewöhnlicher Fall der Pupillarsubstitution vorlag. Hatte der Erblasser dasselbe Vermächtnis zu Lasten des *pupillus* unbedingt, zu Lasten des Substituten dagegen unter einer Bedingung hinterlassen, so soll der Fall so zu beurteilen sein, als wäre das Vermächtnis nur zu Lasten des *pupillus* hinterlassen gewesen. Nach der vorangehenden Entscheidung zu identischen Vermächtnissen ist das nur konsequent. Der Vermächtnisnehmer kann den ihm zu Lasten des *pupillus* hinterlassenen Gegenstand, wenn der *pupillus* ihn nicht bereits geleistet hatte, ohnehin vom Substituten fordern, der für die Erfüllung der zu Lasten des *pupillus* hinterlassenen Vermächtnisse haftet. Schlechter stellen kann die im Pupillartestament hinzugefügte Bedingung den Vermächtnisnehmer wiederum nicht. Das zu Lasten des Substituten hinterlassene Vermächtnis hat also einmal mehr nur im Fall der Vulgarsubstitution Bedeutung; dann kommt auch die hinzugefügte Bedingung zum Tragen.

Anders fällt das Ergebnis in der zweiten von Julian behandelten Bedingungskonstellation aus. War das Vermächtnis zu Lasten des *pupillus* unter einer Bedingung, zu Lasten des Substituten aber unbedingt hinterlassen, und war der *pupillus* noch vor Eintritt der Bedingung verstorben, so soll sich die Forderung des Vermächtnisnehmers allein nach dem zu Lasten des Substituten hinterlassenen Vermächtnis richten. Der Vermächtnisnehmer muss also die Erfüllung der Bedingung nicht abwarten. Auch das wird sich als Entscheidung nach dem mutmaßlichen Willen des Erblassers erklären[23]. Für die Erfüllung des zu Lasten des *pupillus* hinterlassenen Vermächtnisses hätte der Substitut erst mit Bedingungseintritt gehaftet. Mit der Belastung des Substituten ohne Nebenbestimmung hatte der Erblasser demgegenüber deutlich gemacht, dass der Substitut gerade weitergehend belastet sein sollte als der *pupillus*, und zwar nicht etwa nur im Fall der Vulgar-, sondern schon im Rahmen der Pupillarsubstitution.

Von denselben grundsätzlichen Erwägungen lassen sich in vergleichbar gelagerten Konstellationen auch Ulpian und Paulus leiten.

---

23 Insoweit ohne nähere Erklärung *Voci*, DER 2 ²(1963) 184. Wiederum rein technisch-dogmatisch begründet *Baron*, Gesammtrechtsverhältnisse (1864) 474: „denn in diesem Falle ist durch das erste Legat nicht allein der Pupill, sondern auch der Substitut unbeschwert geblieben“.

Ulp. 20 ad Sab. D. 30.32 pr.

Si quis a filio pupillo herede instituto, cum is in tutelam suam venisset, pecuniam legaverit et a substituto herede legata repetierat, impubere filio mortuo secundus heres legatum non debebit. quod ita verum esse tam Sextus quam Pomponius putant, si repetitio legatorum ad eum modum concepta sit veluti: ‚quae a filio meo legavi quaeque eum dare iussi, si mihi heres esset, id heres meus isdem diebus dato': sed si ita repetita fuerint: ‚quae a filio meo legavi, heres meus dato', pure repetita videbuntur legata et dumtaxat demonstratio eorum facta: igitur et hoc ipsum legatum de quo quaeritur praesens debebitur.

Jemand hat zu Lasten seines als Erben eingesetzten unmündigen Sohnes einen Geldbetrag für den Fall vermacht, dass der Sohn das Mündigkeitsalter erreichen würde; zu Lasten des Ersatzerben hat er die Vermächtnisse wiederholt. Stirbt der Sohn als Unmündiger, so wird der zweite Erbe das Vermächtnis nicht schulden. Sextus wie auch Pomponius sind der Auffassung, das treffe dann zu, wenn die Wiederholung der Vermächtnisse beispielsweise folgendermaßen gefasst war: ‚Was ich zu Lasten meines Sohnes vermacht habe und was ich ihm aufgetragen habe zu übereignen, wenn er mein Erbe werden sollte, das soll mein Erbe zu denselben Terminen übereignen.' Waren die Vermächtnisse aber in Form der Anordnung ‚was ich zu Lasten meines Sohnes vermacht habe, das soll mein Erbe übereignen' wiederholt, so wird man annehmen müssen, die Vermächtnisse seien ohne Nebenbestimmung wiederholt und die Bezugnahme diene nur ihrer Beschreibung; deshalb wird auch das Vermächtnis, das hier in Rede steht, sogleich geschuldet.

Ein Vermächtnis, das zu Lasten des *pupillus* unter der Bedingung hinterlassen worden war, dass er mündig wird, war zu Lasten des Ersatzerben wiederholt[24]. Der *pupillus* starb noch vor Erreichen der Mündigkeit. Ulpian beginnt mit der allgemein gehaltenen Feststellung, der Ersatzerbe schulde das Vermächtnis nicht. Das erklärt sich zwanglos aus unseren vorangehenden Beobachtungen. Der Ersatzerbe haftet, wenn es zum Fall der Pupillarsubstitution kommt, im Umfang der Belastung des *pupillus*; daran ändert auch die bloße Wiederholung des Vermächtnisses zu seinen Lasten nichts. Konnte das zu Lasten des *pupillus* ausgesetzte Vermächtnis mangels Bedingungseintritts nicht wirksam werden, so kann also auch der Substitut daraus nicht in Anspruch genommen werden.

Ulpian macht freilich im Anschluss an Sextus und Pompeius zugleich darauf aufmerksam, dass die Worte, mit denen der Erblasser das Vermächtnis wiederholt hat, sorgfältiger Betrachtung bedürfen. Denn aus der Formulierung kann sich ergeben, dass der Erblasser gerade nicht auch die Bedingung hatte wiederholen wollen, unter der er das Vermächtnis ausgesetzt hatte. Anzunehmen sein soll das zwar, wenn er die zu Lasten des Sohnes ausgesetzten Vermächtnisse etwa pauschal mit der Bemerkung wiederholt hatte, der

24 Zur Bezeichnung des Pupillarsubstituten als Erben des Erblassers in den jeweiligen Anordnungen siehe *Schanbacher*, Ratio legis Falcidiae (1995) 73–74.

Ersatzerbe solle diese Vermächtnisse *isdem diebus*, zu denselben Terminen, leisten. Dagegen soll die Bemerkung „was ich zu Lasten meines Sohnes vermacht habe, soll mein Erbe leisten" bereits als Wiederholung des Vermächtnisses ohne die zugunsten des Sohnes beigefügte Bedingung aufzufassen sein, weil mit einer solchen Formulierung nur zum Zwecke der Beschreibung auf die den Sohn belastende Anordnung verwiesen sei, aber gerade nicht die Bedingung wiederholt werde.

Auf den ersten Blick mag das als recht weitgehende Auslegung erscheinen und den Eindruck erwecken, als komme einer bloßen Wiederholung im Zweifel eben doch eigenständige Bedeutung zu: Auf eine vorangehende Bedingung wäre, damit auch sie als wiederholt anzusehen ist, ausdrücklich Bezug zu nehmen, und im Zweifel wäre die nicht näher beschriebene Wiederholung eines bedingten Vermächtnisses als dessen unbedingte Wiederholung zu begreifen. Doch wird man die Aussage so nicht verstehen dürfen, weil das die Besonderheit der Bedingung außer Acht ließe, um die es im konkreten Fall geht. So handelte es sich nicht um eine Bedingung, die etwa auf ein bestimmtes Verhalten des Begünstigten bezogen war; vielmehr diente die Bedingung doch nur dem Schutz des Sohnes, der vor Erreichen der Mündigkeit keine Schmälerung der Erbmasse hinnehmen sollte. Dieser Begünstigungsgedanke entfiel zwangsläufig, wenn der Sohn noch vor Erreichen der Mündigkeit verstorben war, und dass der Substitut von derselben Begünstigung profitieren sollte, lag nicht eben auf der Hand. Im Gegenteil: Sie hätte zur Unwirksamkeit des Vermächtnisses geführt, und zwar nicht nur im Fall der Pupillarsubstitution. Auch im Fall der Vulgarsubstitution wäre die Bedingung, wenn nicht der *pupillus* noch zu Lebzeiten seines Vaters das Mündigkeitsalter erreicht hatte, ausgefallen. Die zu Lasten des Substituten ausgesprochene Wiederholung hätte also kaum Wirkungen entfalten können. Dass der Erblasser mit der bloßen Wiederholung eine derart weitreichende Begünstigung des Substituten im Sinn gehabt hatte, wird man schwerlich annehmen dürfen. Hatte der Erblasser nicht deutlich gemacht, dass diese Art der Bedingung auch zugunsten des Substituten zu berücksichtigen sein sollte, so stand vielmehr zu vermuten, dass ihm eine unbedingte Belastung des Substituten vorgeschwebt hatte. Die von Ulpian vorangestellte allgemeine Bemerkung, die Wiederholung des durch Erreichen der Mündigkeit bedingten Vermächtnisses führe dazu, dass der Substitut es nicht schulde, verkehrt dementsprechend Marcian auch in ihr Gegenteil:

Marci. 7 inst. D. 30.113.4

Si ab impubere legatum fuerit sub condicione ‚si ad pubertatem pervenerit' et a substituto repetitum fuerit, legatum debetur et a substituto nec videtur repetita condicio, quae inutile legatum facit.

War zu Lasten eines Unmündigen unter der Bedingung vermacht ‚wenn er mündig geworden ist', und war das Vermächtnis zu Lasten des Substituten wiederholt, so wird es auch vom Ersatzerben geschuldet, und man nimmt nicht an, die Bedingung, die zur Unwirksamkeit des Vermächtnisses führt, sei wiederholt.

Ulpian wie Marcian demonstrieren damit einmal mehr eindrücklich, wie eng sich die Auslegung der Vermächtnisanordnungen am mutmaßlichen Willen des Erblassers orientierte. Ausdrücklich auf diesen Willen als Auslegungsmaßstab bezieht sich für das Zusammentreffen eines bedingten Vermächtnisses zu Lasten des *pupillus* mit seiner unbedingten Wiederholung zu Lasten des Substituten denn auch Paulus:

Paul. 4 ad Sab. D. 30.52.1

Si a filio inpubere sub condicione legatum sit et filius heres exstitit, deinde mortuus est, potest dici patrem familias, qui a filio sub condicione legavit, a substituto pure repetit, statim voluisse a substituto dari, si filius pendente condicione decessisset.

Zu Lasten eines unmündigen Sohnes war ein Vermächtnis unter einer Bedingung ausgesetzt; der Sohn war Erbe geworden und dann verstorben. In diesem Fall kann man sagen, der Hausvater, der das Vermächtnis zu Lasten seines Sohnes unter einer Bedingung ausgesetzt und zu Lasten des Ersatzerben ohne Nebenbestimmung wiederholt hatte, habe gewollt, dass es vom Ersatzerben sofort geleistet wird, wenn sein Sohn bei schwebender Bedingung versterben sollte.

Auf dem Erblasserwillen beruht also einerseits die Entscheidung, dass ein Substitut, zu dessen Lasten ein Vermächtnis unbedingt wiederholt ist, dieses Vermächtnis sofort zu leisten hat, auch wenn es zu Lasten des *pupillus* unter einer Bedingung ausgesetzt war. Und ebenso entscheidet sich nach dem Erblasserwillen, unter welchen Voraussetzungen im konkreten Fall überhaupt von einem solchen unbedingten Vermächtnis auszugehen sein soll.

3. Inhaltliche Abweichungen

Voneinander abweichen können Vermächtnisse in den beiden Testamenten naturgemäß nicht nur in ihrer Ausgestaltung mit Nebenbestimmungen, sondern auch in inhaltlicher Hinsicht. Auch insoweit belegen die uns überlieferten Stellungnahmen die entscheidende Bedeutung des mutmaßlichen Erblasserwillens.

Ulp. 25 ad Sab. D. 30.53 pr.–1

Quid ergo, si maiorem quantitatem a substituto reliquit? quod excedit, hoc erit, quod a substituto relictum est: quod vero concurrit cum summa superioribus tabulis inscripta, inde debebitur.
1. *Sed si repetierit legatum cum alio, forte fundum mihi legaverat ab impubere, repetiit hunc ab impuberis herede mihi et Seio, repetitio haec efficiet, ut pars mihi debeatur.*

Was also, wenn er zu Lasten des Ersatzerben einen größeren Betrag hinterlassen hat? Die Differenz ist das, was zu Lasten des Ersatzerben hinterlassen ist. Soweit

sich der Betrag aber mit dem aus dem vorangehenden Testament deckt, wird er aufgrund der dortigen Anordnung geschuldet.
1. Hat er das Vermächtnis jedoch unter Hinzufügung eines weiteren Vermächtnisnehmers wiederholt, etwa mir ein Grundstück zu Lasten des Unmündigen vermacht und das Vermächtnis zu Lasten des Erben des Unmündigen für mich und Seius wiederholt, so hat die Wiederholung zur Folge, dass mir nur die Hälfte geschuldet wird.

Hat der Erblasser dem Vermächtnisnehmer zu Lasten des Substituten einen größeren Betrag hinterlassen als zu Lasten des *pupillus*, so ist Ulpian zufolge nur der Überschuss unmittelbar zu Lasten des Substituten hinterlassen. Soweit das Vermächtnis hingegen mit dem zu Lasten des *pupillus* hinterlassenen übereinstimmt, bleibt es bedeutungslos, weil der betreffende Gegenstand insoweit bereits vom Unmündigen und damit ohnehin auch vom Substituten als dessen Erben geschuldet ist. Insoweit als sich die Vermächtnisse decken, gilt also nichts anderes als für die Fälle einfacher Wiederholung. Die einfache Wiederholung bleibt im Fall der Pupillarsubstitution bedeutungslos, weil nicht anzunehmen ist, dass der Erblasser mit der Wiederholung bezweckt hat, den Begünstigten doppelt zu bedenken.

Dass der Erblasser den Vermächtnisumfang durch Anordnung im Pupillartestament nicht nur erweitern, sondern auch beschränken kann, zeigt die zweite von Ulpian behandelte Konstellation. Zu Lasten des Unmündigen war dem Ego ein Grundstück hinterlassen. Dasselbe Grundstück hatte der Erblasser sodann zu Lasten des Substituten dem Ego und Seius gemeinsam vermacht. Die Wiederholung, so Ulpian, führe dazu, dass Ego nur die Hälfte des Grundstücks geschuldet wird[25]. Auf den ersten Blick überrascht die Entscheidung, sollte man doch meinen, Ego habe bereits vom Unmündigen das ganze Grundstück fordern können, und der Substitut müsse dafür einstehen, könne also allenfalls zusätzlich mit der Verpflichtung belastet sein, nun auch Titius den hälftigen Grundstückswert zu verschaffen. Stattdessen aber erhalten Ego und Titius jeweils eine Forderung nur auf die Hälfte. Teils erklärt man die Entscheidung damit, dass das väterliche Testament und das Pupillartestament als Einheit zu betrachten seien und die Sache damit also nicht anders liegen könne, als wenn sich die beiden Vermächtnisanordnungen in ein und demselben Testament befunden hätten[26]; teils stellt man ergänzend darauf ab, das zu Lasten des Substituten ausgesetzte Vermächtnis sei von vornherein als aufschiebend bedingtes Vermächtnis neben dem zu Lasten des

---

25 Ohne Bedeutung ist insoweit, dass es sich im konkreten Fall um ein Damnationslegat handelte (arg. *debeatur*). Denn waren die Vermächtnisnehmer wie hier gemeinsam (*coniunctim*) mit dem Vermächtnis bedacht, so ergab sich sowohl bei Vindikations- als auch bei Damnationslegaten, dass sie sich jeweils mit der Hälfte des vermachten Gegenstandes begnügen mussten, vgl. Gai. 2.199 und 205.

26 *Baron*, Gesammtrechtsverhältnisse (1864) 466 mit Fn. 3.

pupillus angeordneten Vermächtnis zu begreifen[27]. Doch wird es genügen, auch für diesen Zusammenhang auf den Erblasserwillen abzustellen[28]. Wie die zweite Anordnung zeigt, hatte sich der Erblasser für den Fall, dass es zu seiner Beerbung durch den Substituten kommen sollte, in der Tat vorgestellt, dass das Grundstück zwischen Ego und Titius zu teilen sein sollte[29]. Dass Ego demgegenüber zu Lasten des *pupillus* allein mit dem Grundstück bedacht war, bleibt deswegen nicht etwa unberücksichtigt. Zur Alleinberechtigung des Ego sollte es kommen und kam es auch, wenn der *pupillus* seinen Vater beerbte und sodann das Mündigkeitsalter erreichte, sodass das Pupillartestament gegenstandslos wurde. Fraglich erscheinen kann allenfalls, inwieweit Ego in der Zwischenzeit bis zur Mündigkeit des *pupillus* oder dessen vorzeitigem Tod am Grundstück berechtigt war; die Quellen lassen das offen[30].

4. Fazit

Unsere Betrachtungen zu den Gestaltungen, die der Erblasser anstreben konnte, indem er ein zu Lasten des *pupillus* ausgesetztes Vermächtnis im Pupillartestament wiederholte, haben im Ergebnis mehreres gezeigt. Im Ausgangspunkt kann der Erblasser mit der Wiederholung sicherstellen, dass die zu bedenkenden Vermächtnisnehmer nicht nur im Fall der Pupillarsubstitution, sondern auch dann zum Zuge kommen, wenn der Unmündige noch vor dem Erblasser verstirbt. Für diesen Fall der Vulgarsubstitution ist es aus Sicht des Erblassers geradezu zwingend, zu Lasten des Substituten Vermächtnisse anzuordnen, wenn die aus seiner Sicht zu bedenkenden Vermächtnisnehmer nicht leer ausgehen sollen. Damit korrespondiert, dass die bloße unveränderte Wiederholung eines zu Lasten des *pupillus* bereits ausgesetzten Vermächtnisses wirkungslos bleibt, wenn es zum Fall der Pupillarsubstitution kommt. Denn für diesen Fall kann der Substitut, soweit nicht schon

---

27 *Finazzi*, Sostituzione pupillare (1997) 382–383.

28 Den mit Recht wiederum *Voci*, DER 2 ^{2}(1963) 249 m. Fn. 46 betont.

29 Gerade im Fall eines Damnationslegates wie hier hätte es sich für den Erblasser ansonsten angeboten, das Grundstück dem Ego und dem Seius zu Lasten des Ersatzerben getrennt voneinander zu vermachen, vgl. Gai. 2.205. Nur beim Vindikationslegat kam es so oder so zur Teilung des vermachten Grundstücks, vgl. Gai. 2.199 und speziell zur Pupillarsubstitution Iul.-Ulp. 21 ad. Sab. D. 30.34.10.

30 Für zwischenzeitlichen Erwerb nur eines Teils durch den *pupillus Westphal*, Vermächtnisse, Bd. 2 (1791) § 127 (S. 110–111); *Baron*, Gesammtrechtsverhältnisse (1864) 466 mit Fn. 3. Dafür spricht auch Iul.-Ulp. 21 ad Sab. D. 30.34.10, wo freilich ebenfalls nicht deutlich wird, wie man sich die Abwicklung praktisch vorzustellen hat, wenn doch das Pupillartestament typischerweise zunächst noch verschlossen blieb; dazu näher *Lohsse*, Ius adcrescendi (2008) 114–115.

der *pupillus* die zu seinen Lasten ausgesetzten Vermächtnisse erfüllt hatte, aus diesen zu Lasten des *pupillus* ausgesetzten Vermächtnissen in Anspruch genommen werden.

Im Übrigen bietet das Pupillartestament dem Erblasser auch die Möglichkeit, den Substituten in anderer Weise mit Vermächtnissen zu belasten als seinen Sohn. Das ist selbstredend dadurch möglich, dass der Erblasser zu Lasten des Substituten grundlegend andere oder zusätzliche Vermächtnisse aussetzt. Dagegen bietet sich für kleinere Veränderungen wiederum der Rückgriff auf wiederholende Anordnungen an, die mit abweichenden Nebenbestimmungen oder inhaltlichen Änderungen des Vermächtnisses verbunden werden. Soweit sich die wiederholenden Anordnungen in diesen Fällen mit dem bereits zu Lasten des *pupillus* ausgesetzten Vermächtnisses decken, bleiben sie wiederum im Fall der Pupillarsubstitution bedeutungslos, weil der Substitut insoweit bereits aus dem zu Lasten des *pupillus* ausgesetzten Vermächtnis haftet.

V. Die Wiederholung zuvor unwirksam ausgesetzter Vermächtnisse im Pupillartestament

Mit diesen Erkenntnissen sind wir nunmehr für die Rückkehr zu unserem Ausgangstext gerüstet. Erinnern wir uns an die entscheidende Frage: Über das zu Lasten des *pupillus* unwirksam ausgesetzte Vermächtnis hinaus, das mit *hoc amplius* in Bezug genommen war, hatte der Erblasser den Substituten mit einem weiteren Vermächtnis belastet. Papinian, der im *principium* des Textes zunächst die grundsätzliche Heilungswirkung der *hoc-amplius*-Klausel erläutert hatte, spricht sich dafür aus, dass der Substitut das zu Lasten des *pupillus* ausgesetzte Vermächtnis nur bei Vorversterben des *pupillus* schulde.

Nach dem, was wir zur Funktion der Wiederholung eines Vermächtnisses im Pupillartestament gesehen haben, ist an der Wirksamkeit des Vermächtnisses für diesen Fall der Vulgarsubstitution in der Tat nicht zu zweifeln, auch wenn das in der Literatur vereinzelt anders gesehen wird. Denn gerade für diesen Fall ist die Wiederholung des Vermächtnisses gedacht. Aber ist deswegen auch anzunehmen, wie das seit der Glosse wiederholt befürwortet worden ist, das Vermächtnis habe den Substituten entgegen dem überlieferten Text auch im Fall der Pupillarsubstitution belastet?

Man wird diese Auffassung nach dem, was wir zur Wirkung der Wiederholung von Vermächtnissen gesehen haben, nicht vollständig für widerlegt halten können. Aber man wird mit Fug und Recht sagen dürfen, dass Papinian gewiss gute Gründe hatte, so zu entscheiden, wie uns das überliefert ist, und zwar aufgrund des mutmaßlichen Erblasserwillens, nicht auf Basis dogmatischer Konstruktionen[31]. Dazu muss man sich nur vor Augen halten, was als mutmaßlicher Wille des Erblassers wohl am nächsten lag: Wenn bloße wiederholende Anordnungen gerade für den Fall der Vulgarsubstitution gedacht waren, während sie im Fall der Pupillarsubstitution bedeutungslos waren, wird man auch unserem Erblasser die Auffassung unterstellen können, dass die mit *hoc amplius* in Bezug genommene Belastung den Substituten nur im Fall der Vulgarsubstitution treffen sollte. Für die Pupillarsubstitution dagegen war *hoc amplius* so wie jede andere gewöhnliche Wiederholung eines bereits ausgesetzten Vermächtnisses gar nicht vorgesehen. Hatte der Erblasser die Anordnung für diesen Fall gar nicht getroffen, so fällt es aber schwer, ihm zu unterstellen, er habe doch immerhin die Möglichkeit einer heilenden Wirkung der Wiederholung im Blick gehabt. Selbstredend ist dieser Zusammenhang nicht völlig von der Hand zu weisen; aber aufgedrängt haben dürfte er sich einem Erblasser, sofern wir keine Anhaltspunkte dafür haben, dass er sich der Unwirksamkeit des zu Lasten des *pupillus* ausgesetzten Vermächtnisses bewusst gewesen sein könnte, eher nicht.

Wie so oft, lässt sich also auch hier das, was auf den ersten Blick als *lectio difficilior* erscheint, bei näherem Hinsehen sehr wohl erklären, ja mehr noch, erweist sich als offenbar auch interessengerechte Lösung. Und dass die römischen Juristen, allen voran Papinian, bei allen dogmatischen Höchstleistungen die Interessen der Parteien im Blick hatten, wird man doch auch schwerlich bestreiten wollen.

Bibliographie:

Baron, Julius. Die Gesammtrechtsverhältnisse im Römischen Recht, Elwert Marburg/Leipzig 1864 (Neudr. Keip Frankfurt a. M. 1969).

Biondi, Biondo. Successione testamentaria e donazioni, 2. Aufl., Giuffrè Milano 1955.

Cujaz, Jacques. Ad Africanum Tractatus, in: Opera omnia, Bd. 1, Pauria Napoli 1722, Sp. 1253–1528.

Cujaz, Jacques. Recitationes solemnes ad Tit. I De Legatis I Lib. XXX [D. 30], in: Opera omnia, Bd. 7, Pauria Napoli 1722, Sp. 957–1088.

Fein, Eduard. Das Recht der Codicille. Dargestellt nach den Grundsätzen des römischen Rechts (= *Glück, Christian Friedrich von* [Begr.]; *Mühlenbruch, Christian Friedrich/Fein, Eduard* [Forts.]. Ausführliche Erläuterung der Pandecten nach Hellfeld, Bd. 44), Palm & Enke Erlangen 1851.

---

31 Zu konzentriert auf solche Konstruktionen demgegenüber *Finazzi*, Sostituzione pupillare (1997) 384–385, der dem Erblasserwillen aber immerhin im Ansatz Bedeutung beimisst.

Finazzi, Giovanni. La sostituzione pupillare, Jovene Napoli 1997.

Haloander, Gregor. Digestorum seu pandectarum libri quinquaginta, Petreius Nürnberg 1529.

Hoffmann, Emil. Inwiefern und inwieweit ist der Vulgar- und Pupillarsubstitut zur Entrichtung der dem Instituten und Pupillen auferlegten Legate verbunden, und wie wird die Quarta Falcidia in Betreff dieser und der dem Substituten selbst auferlegten Legate berechnet?, Jahrbücher für die historische und dogmatische Bearbeitung des römischen Rechts, Bd. 1 (1841) 331–390.

Lenel, Otto. Palingenesia iuris civilis, Bd. 2, Tauchnitz Leipzig 1889 (Neudr. Akademische Druck- und Verlagsanstalt Graz 1960).

Lohsse, Sebastian. Ius adcrescendi. Die Anwachsung im römischen Vermächtnisrecht, Böhlau Köln/Weimar/Wien 2008.

von der Pfordten, Ludwig. Ueber die Berechnung der quarta Falcidia, wenn ein und dieselbe Person mehrere Portionen derselben Erbschaft erhält, in: ders., Abhandlungen aus dem Pandekten-Rechte, Palm & Enke Erlangen 1840, 1–112.

Samter, Hermann. Das Anwachsungsrecht unter Vermächtnisnehmern im römischen Recht, AcP – Archiv für die civilistische Praxis, Bd. 60 (1877) 77–161.

Schanbacher, Dietmar. Ratio legis Falcidiae, Duncker & Humblot Berlin 1995.

Talamanca, Mario. Revoca testamentaria e translatio legati, Giuffrè Milano 1961.

Voci, Pasquale. Diritto ereditario romano, Bd. 2: Parte speciale. Successione ab intestato, successione testamentaria, 2. Aufl., Giuffrè Milano 1963.

Westphal, Ernst-Christian. Hermeneutisch-systematische Darstellung der Rechte von Vermächtnissen und Fideicommissen, Bd. 2, Weygand Leipzig 1791.

Carla Masi Doria*

Dal testamento di Pomponius Maximus: prospettive del diritto ereditario tardo antico

Sommario:

I. Introduzione

Il secondo decennio del nuovo millennio è stato un tempo significativo per la storia delle indagini sul testamento romano antico. Una serie di iniziative scientifiche, e soprattutto di nuovi testi, ha determinato infatti le condizioni per una rinnovata lettura dei documenti testamentari, attraverso un'importante revisione dei materiali sui quali si basano le nostre conoscenze. Parallelamente al rifiorire degli studi su diversi temi e problemi del diritto ereditario[1], si è potuta registrare un'approfondita 'revisione e integrazione' nel 2012 (a cura di Gianfranco Purpura) dei *Fontes Iuris Romani Anteiustiniani*, i FIRA, parte terza[2], di cui Vincenzo Arangio-Ruiz aveva consegnato alla comunità dei romanisti (e non solo) un'aurea 'edizione di guerra' del 1943[3]. Inoltre due giovani studiosi, Benedikt Strobel (di Monaco) e Maria

* Università degli Studi di Napoli Federico II, Dipartimento di Giurisprudenza, Via G. Paladino 39, 80138 Napoli; carla.masi@unina.it.

1 Si v. *exempli gratia*, tra gli altri: *Babusiaux*, Erbrecht (2015); *Gagliardi*, Querela inofficiosi testamenti (2017); *Desanti*, Dominare la prassi, in: Diocleziano (2018) 527–563; *Coppola Bisazza*, Successione contra voluntatem[2] (2019).

2 Si devono a *Pavese* e *Migliardi Zingale* le parti relative a '*Testamenta et hereditates*', pp. 145–292.

3 Un'appendice, basata sulle carte arangiane, uscì poi nel 1968 per le cure di M. Manfredi e J. Pugliese Carratelli. Sul contesto si v. *Labruna*, Due testamenti, Index 34 (2006) 5–20.

Nowak (di Varsavia) – tra il 2014 e il 2015 –, nella scia delle opere, a tutti assai note, di Mario Amelotti[4] e Livia Migliardi Zingale[5], hanno dedicato al tema importanti lavori monografici, attenti alla prassi e dunque alla struttura formale e ai contenuti giuridico-economici dei documenti giunti fino a noi. *Römische Testamentsurkunden aus Ägypten vor und nach der Constitutio Antoniniana* di Strobel e *Wills in the Roman Empire. A Documentary Approach* di Nowak[6] presentano da vicino (e accuratamente) la diplomatica e la sostanza dispositiva dei testamenti romani specie dall'Egitto, prima e dopo la *Constitutio Antoniniana* del 212 d.C. Viene dato risalto alla legge di Alessandro Severo[7] (che permise di utilizzare la lingua greca[8], prima interdetta ai cittadini romani nei *testamenta*), consentendo comparazioni interne al sistema, sia dal punto di vista delle variazioni formali, sia da quello delle differenze sostanziali tra i vari documenti. Le due citate raccolte mostrano immediatamente tre elementi dalle fonti documentarie a nostra disposizione (linguistico, supporto materiale, geografico), che caratterizzano la maggior parte dei testamenti fino ad ora in nostro possesso: sono prevalentemente in greco, vergati su papiro o pergamena, riferiti alla prassi dell'Egitto romano. I tre punti sono sostanzialmente confermati rispetto alla precedente dottrina. Appare chiaro come questi elementi, con riguardo alla più vasta realtà dell'impero, assai scarsamente testimoniata, risentano di specificità proprie.

Il contesto così costituito è scosso ora, dalle fondamenta, dall'emersione di importanti ulteriori ritrovamenti, che hanno – come si vedrà – caratteristiche tali da richiedere un riesame complessivo del vasto tema. Il punto è che siamo venuti a conoscenza di una serie di documenti della prassi, con

---

4 *Amelotti*, Testamento 1 (1966). Di recente ricorda l'importanza centrale dell'opera *Migliardi Zingale,* "Il testamento romano attraverso la prassi documentale" di Mario Amelotti, Minima Epigraphica et Papyrologica 23 (2020) 297–332.

5 *Migliardi Zingale*, I testamenti romani nei papiri[3] (1997).

6 Si v. anche di *Nowak*, Titius heres esto, JJP 40 (2010) 161–184.

7 Cfr. P.Oxy. VI 907, 2 e VI 990.

8 "... nur für Ägypten ..." secondo *Strobel*, Testamentsurkunden (2014) 33. Cfr. *Nowak*, Wills (2015) 110–111 e nt. 24; *Ead.*, Titius heres esto, JJP 40 (2010) 164; già *Kaser*, PR 1[2] (1971) 687, nt. 14; *Amelotti*, Testamento 1 (1966) 223, che ipotizza la "successiva emissione di costituzioni simili a quella di Alessandro Severo", perché si ebbero comunque prima di Teodosio II, anche fuori dall'Egitto, testamenti redatti in greco. Cfr. Nov. Theod. 16.8: ... *ut, quoniam Graece iam testari concessum est* ... [a. 439]. Si v. anche *Scarcella*, Il bilinguismo nei fedecommessi, AUPA 45 (2012) 619–658; *Ead.*, Libertà di forma nei negozi mortis causa, in: Modelli (2013) 569–600; cfr. *Biville*, Textes et procédures bilingues en droit romain, in: Modelli (2013) 51 e 76–77. Per una prospettiva giurisprudenziale cfr. *Häusler*, Letztwillige Verfügungen in griechischer Sprache, ZRG RA 133 (2016) 420–444.

tutta probabilità provenienti da un unico archivio, che – acquistati da un privato sul mercato antiquario con verosimiglianza verso la metà del XX secolo nel Nord Africa allora francese – sono stati portati in Francia e poi in Belgio e in Inghilterra, e battuti all'asta a partire dal 2016[9]. Quello che probabilmente costituiva un insieme di documenti appartenenti a un gruppo familiare romano residente in Africa, databili tra il 270 ca. e il 371 d.C., comprende atti di tipo diverso, tra i quali (almeno) sei testamenti[10], frammentariamente giunti fino a noi.

Già questo è un dato della massima importanza, trattandosi del primo archivio antico contenente testamenti, tra i quali si possono operare utili comparazioni. Com'è noto non si conservano *testamenta* nei lasciti vesuviani (Ercolano e Pompei)[11], né tra le tavolette di Vindolanda[12], né tra quelle Albertini (geograficamente vicine alle nostre)[13], né in quelle daciche[14], relative invero al diritto provinciale romanizzato. E neppure – a quanto pare (il dubbio è necessario, considerata l'esigenza di una *cura secunda* delle

---

9 Informazioni sulle vicende di questo gruppo di documenti e comparazioni tra le diverse tavolette dell'archivio, a proposito di nomi, luoghi e formule, sono presentati nella scheda redazionale di AE 2016, 40, pp. 58–60.

10 Cfr. AE 2016, 2031 di Iulius Donatillus, del 294, o forse del 300, pp. 908–910; AE 2016, 2032 di Pomponius Sperantius, del 332, pp. 910–912; AE 2016, 2033 di Iulius Pompeianus, del 340, pp. 912–914, si v. anche *Rothenhöfer/Blänsdorf*, Testamentum feci, Gephyra 13 (2016) 153–163; AE 2016, 2035 di Iulius [---], ca. 330–350, pp. 916–920; AE 2016, 2036, ove è riprodotto il testo di cui mi occupo in questa sede, un testamento del giugno 371, in base alla prima presentazione che ne feci a Napoli presso il Dipartimento di Giurisprudenza nel settembre 2017, pp. 920–921 (cfr. *Pedone*, Testi e documenti antichi, Index 45 [2017] 983); e inoltre un inedito del 281 presentato (insieme con una 'Quittung über Sklavenverkauf') da Peter Rothenhöfer, il 29 ottobre 2020, in un webinar del Leopold-Wenger-Institut di Monaco di Baviera.

11 Si v. *Zangemeister*, Inscriptionum parietariarum Pompeianarum supplementum (1898); *Camodeca*, L'archivio puteolano dei Sulpicii 1 (1992); *Id.*, Tabulae Pompeianae Sulpiciorum 1–2 (1999); *Id.*, Dittici e trittici nella documentazione campana, in: Eburnea Diptycha (2006) 79–107; *Id.*, Tabulae Herculanenses 1 (2017).

12 Su cui si v. *Adams*, Language, JRS 85 (1995) 86–134; *Bowman*, Life and Letters (1994); *Bowman/Thomas*, Vindolanda (1984); *Bowman/Thomas*, Vindolanda 2 (1994); *Bowman/Thomas*, Vindolanda 3 (2003); *Bowman/Thomas*, Vindolanda 4, Britannia 41 (2010) 187–224.

13 *Wessel*, Tablettes Albertini (2003); *Conant*, Literacy, in: Vandals, Romans and Berbers (2004) 199–224; *Corcoran*, s.v. Tablettes Albertini, in: EAC (2013) 6499–6500; *Merrills*, s.v. Albertini Tablets, in: DLA 1 (2018) 42–43.

14 Cfr. *Ciulei*, Triptyques de Transylvanie (1983); *Sambrian*, Mancipatio, Diritto@Storia 4 (2005) online.

tavolette) – nelle cd. 'Writing tablets' londinesi di recente pubblicate[15]. Il fatto che tali atti di recente acquisiti alla scienza, provenienti dall'occidente latinofono dell'Impero, siano vergati nella lingua di Roma ci fa acquisire una quantità molto significativa di dati, rispetto alla prassi egiziana, per noi più nota, di cui la maggior parte delle testimonianze, come già accennato, è in greco. Anche la cronologia di questi nuovi testamenti nordafricani 'riempie' un periodo rispetto al quale la nostra conoscenza di questo tipo di documenti era priva del tutto di riferimenti quanto a materiale documentario. La difficoltà maggiore sta nella fisica accessibilità ai testamenti (come agli altri documenti provenienti da quell'archivio), che devono essere inseguiti sui siti delle case d'asta, non sempre prodighe di notizie né di dati precisi (spesso le foto che si ottengono dal web sono infatti scadenti e le trascrizioni lasciano non di rado a desiderare). Questo dato comporta un problema di metodo, che può arrivare fino al dubbio sull'utilizzabilità di questi materiali. Ciononostante, credo che l'avanzamento delle nostre conoscenze valga il rischio che in tal modo si può correre, e dunque ritengo che pur con la massima cautela, ed essendo pronti a rivedere di volta in volta i risultati, si debbano prendere in considerazione tali dati.

Grazie a un caso fortunato ho potuto vedere uno di questi atti e mi sono potuta quindi procurare fotografie di livello discreto. Solo di un testamento, dunque, mi occuperò in modo specifico in questa sede, naturalmente comparandolo con gli altri già circolanti nella letteratura e in particolare con quelli di cui da qualche tempo si sta occupando il Collega Rothenhöfer, che, già professionalmente attivo nel mercato di antichità, oggi insegna materie antichistiche presso il Department of History, nell'Università cinese Sun Yat-Sen. Di recente, il 29 ottobre 2020, Rothenhöfer ha discusso di due tavolette (una ricevuta di vendita e – appunto – un altro testamento del 281), verosimilmente provenienti dal nostro stesso archivio, in un webinar del Leopold-Wenger-Institut monacense.

Di questa nuova massa documentaria un solo testamento è stato già pubblicato scientificamente, nella rivista *Gephyra* del 2016, proprio da Rothenhöfer insieme con Jürgen Blänsdorf[16], mentre altri quattro sono stati registrati dall'*Année épigraphique*, provenendo tutti da foto e trascrizioni tratte dal web[17], e, uno ulteriore, quello che è oggetto della mia indagine, riprodotto, sempre nell'*Année épigraphique*[18], dalla prima presentazione

15 Si v. *Camodeca/Nasti*, TLond. 55, Index 45 (2017) 138–148; *Bramante*, Roman London's first voices, Index 45 (2017) 149–167.

16 *Rothenhöfer/Blänsdorf*, Testamentum feci, Gephyra 13 (2016) 153–163.

17 Cfr. *supra* nt. 10.

18 AE 2016, 2036, pp. 920–921.

che feci a Napoli nel 2017. A questi bisogna aggiungere quello mostrato, come appena detto, da Rothenhöfer a Monaco a fine ottobre 2020. Sei nuovi documenti, quindi. Per ora ...

Caratteristica prevalente è la scrittura direttamente su legno con inchiostro, senza strato di cera.

II. Descrizione del documento

Quello che oggi ci interessa, è un testamento del 371 di un cittadino romano, di nome Pomponius Maximus, proveniente, come si è detto, dal Nord Africa, regione ricca e particolarmente importante dell'impero romano. È l'atto più recente del gruppo di documenti identificato (mentre il più antico, un atto di vendita di un fondo, potrebbe essere AE 2016, 2029, datato a prima del 270[19]).

Il nostro documento, una tavoletta lignea (non cerata) di 18 x 20 cm, contiene 22 linee di testo, in latino, scritto *ad atramentum*. Appartiene ora ad una collezione privata negli USA in California. Il proprietario mi aveva chiesto qualche tempo fa di esaminare la tavoletta. Da allora ne ho potuto discutere con Giuseppe Camodeca e Cosimo Cascione che ringrazio per le suggestioni e gli spunti che mi hanno fornito. Con Camodeca sto lavorando ad una edizione del testo.

In particolare si tratta della pagina due di un documento di tre tavolette, un trittico (*in tabulis triplicibus* come dichiara il testo stesso alla l. 6), dunque doveva essere di sei pagine in totale. A pagina uno, pure leggibili, vi sono i *signa* e i nomi, particolarmente interessanti, ma piuttosto difficili da interpretare, dei *signatores*, tra i quali il *testator* stesso e i testimoni. Questa parte del documento, che non forma oggetto della mia analisi in questo lavoro, è anch'essa molto importante, specie per lo studio della storia onomastica e sociale dell'Africa e più in generale dell'impero nel periodo tardoromano. La seconda e la terza tavola non ci sono pervenute.

Sfortunatamente non conosciamo il contesto archeologico del ritrovamento di questo atto, ma, come accennato, sembra essere parte di un dossier (con tutta probabilità un archivio familiare nel quale erano conservati importanti documenti giuridici)[20]. La connessione tra dati presenti nei diversi documenti, consente tuttavia più di un collegamento.

Il testo, ben conservato, è decisamente interessante, e credo non solo per i giuristi. Proprio il nostro documento, insieme con gli altri di quel dossier, può incrementare le conoscenze sul diritto di successione nella prassi

19 "... avant le dernier tiers du IIIe ...", AE 2016, 2029, p. 907.

20 Si v. *supra* nt. 9.

del IV secolo, periodo particolarmente significativo in questo campo, perché segna, come vedremo, cambiamenti e permanenze dal diritto classico al diritto postclassico, con riferimento soprattutto alla formulazione delle ultime volontà. Questo tipo di documenti è anche paleograficamente molto intrigante. Offre un insieme affascinante di informazioni interconnesse tra loro e proiettabili anche al di fuori del testo.

La mano che redige il testamento (come si vedrà: non è quella del testatore), sicuramente molto allenata, sembra appartenere a un pratico, verga il documento in una nuova corsiva romana pienamente corrispondente alla datazione, lo ricordo: siamo nel 371. La grafia ha punti di contatto con quella delle Tavolette Albertini (nelle quali però evolve già verso una minuscola primitiva), e che sono di età vandala, 493–496, scoperte nel 1928 a un centinaio di chilometri da Tebessa, oggi al confine tra Algeria e Tunisia[21].

Tornando al nostro testamento, si potrebbe trattare della scrittura di uno scriba professionista e anche le formule giuridiche che si leggono nel testamento potrebbero costituire stilemi suoi propri o diffusi nel circuito nel quale svolgeva la sua attività. Diverse sono le notizie originali che si ottengono dalla lettura del documento. Ad esempio sull'onomastica e la prosopografia romana in Africa, sui toponimi (e si possono notare termini latini che hanno subìto influenze locali e viceversa), sulla organizzazione e sull'economia della proprietà provinciale. Non mancano nel testo novità anche assolute riguardanti il lessico e la lingua latina. In particolare, ad esempio, la parola *dorsarii* (o *dorsaria*) utilizzata due volte nel testamento alle ll. 16 e 22 come sostantivo, e non come aggettivo, che potrebbe indicare una via o un sentiero d'accesso (ovvero ancora un sistema di irrigazione)[22] appartenente alla proprietà fondiaria. Ricomparirà con un altro senso nel latino medievale[23].

Naturalmente la mia è una lettura ancora provvisoria[24].

Il documento comincia con elementi di tipo formale, in primo luogo la data di composizione, anno, giorno, e mese, indicati con il riferimento al consolato e in particolare attraverso il rinvio, tipicamente tardoantico, al postconsolato degli imperatori:

21 Per tutti, *Wessel*, Tablettes Albertini (2003) 15–25.

22 Cfr. AE 2016, 2036: "l'expression *cum dorsaris aditis uergentis* (pour *uergentibus*) pourrait désigner des levées artificielles orientées, pour canaliser l'eau et donc faciliter l'irrigation ou pour retenir les terres" (p. 921).

23 Cfr. s.v. Dorsarium, in: *du Fresne du Cange*, Glossarium 5 (1884) 184.

24 Si tratta infatti della traccia, corredata da note essenziali, della relazione tenuta il 6.11.20 all'*Internationale Tagung zum Römischen Testamentsrecht* su *Klauselgestaltungen in Römischen Testamenten*, organizzato dalla Collega Lisa Isola, che ringrazio per il gentile invito.

Ll. 1–8. Post cons(ulatum) dd(ominorum) nn(ostrorum) Valentiniani et Valentis Augg. III ter (2) pridie nonas Iunias Pomponius Maximus Rogati (filius) comman-(3)entis[25] Fundo Goretiano subscribens et signaturus sana men-(4)te sana memoria testamentum feci idque scribendum Iulio (5) Secundo qui et Secundiano, cuius fidem expensam habeo, di-(6)ctavi in tabulis triplicibus atramento scribto et quod codicem (7) ceratum [paratum o exaratum][26] ad praesens minus invenire potui et relectum mihi signa-(8)ndum optuli.

Era dunque il 4 giugno (*pridie nonas iunias*). Valentiniano e Valente furono consoli insieme negli anni 365, 368, 370[27], quindi l'anno della confezione del testamento è il 371. Notiamo la ripetizione, prima in caratteri numerici, poi per esteso, del numerale *ter*.

Il posizionamento della data all'inizio del documento risulta essere qualcosa di atipico nella tradizione più propriamente romano classica: invero nei più antichi testamenti essa è posta alla fine dell'atto[28]. Ciò si verifica, ad eccezione del testamento del 281 (uno dei due documenti presentati il 29 ottobre 2020 a Monaco), nel quale si trova alla fine, anche negli altri documenti *mortis causa* del gruppo nordafricano qui in esame: nel testamento di Iulius Donatillus (AE 2016, 2031: 294, consolato di Costanzo e Massimiano), in quello di Pomponio Speranzio (AE 2016, 2032: 332, postconsolato di Basso e Ablavio) e in quello di Iulius Pompeianus (AE 2016, 2033: 340, postconsolato di Costanzo II e Costante), oltre che – al di fuori del diritto successorio – nell'atto di vendita di una schiava raccolto nello stesso dossier (AE 2016, 2030: 274, postconsolato di Aureliano Augusto II e Capitolino). Anche nel testamento datato tra il 330 e il 350 (AE 2016, 2035), in cui mancano le prime righe, di un certo Iulius non meglio identificato, sappiamo che l'indicazione di *consul et dies* era presente all'inizio del documento, infatti alla fine si può leggere: *die et consule supra scriptis*.

Potrebbe trattarsi di un'influenza greco-ellenistica (come possiamo rilevare dall'uso della datazione anticipata all'inizio del documento nei testamenti romani in lingua greca provenienti dall'Egitto)[29], ovvero di una

25 Per AE 2016, 2036: *commen|entis*.

26 Si v. *infra* III. AE 2016, 2036 riporta *paratum*, p. 920.

27 *Seeck*, Regesten (1919), rispettivamente a p. 221, 231, 238.

28 Cfr. *Rothenhöfer/Blänsdorf*, Testamentum feci, Gephyra 13 (2016) 155; *Nowak*, Wills (2015): "Until the third century the dating clause was placed at the end of the will ... In late antiquity was moved to the beginning of all legal documents, including wills", 118–119; sull'*ordo scripturae* testamentario, si v. *Avenarius*, Formularpraxis, in: Ars Iuris (2009) 13–41.

29 Si v. *Migliardi Zingale*, Testamenti[3] (1997) 124; *Strobel*, Testamentsurkunden (2014) 39.

ibridazione con altre tipologie documentarie, come ad esempio le *rationes*, i libri contabili[30], rispetto ai quali vigeva la *praepositio* di *dies et consul*[31].

Ma forse si potrebbe anche richiamare la prassi giuridica romana, ben attestata negli archivi vesuviani, per cui i *chirographa* (scritti in prima persona, come il nostro *testamentum*) portano la datazione consolare sempre all'inizio del testo, al contrario delle *testationes*, scritte in terza persona, dove essa compare, come è noto, sempre alla fine. La scrittura in prima persona potrebbe essere all'origine di quest'uso.

Il nostro testamento continua poi con il nome del *testator*, Pomponius Maximus, con la particolarità dell'indicazione del patronimico: l. 2 Pomponius Maximus, figlio (sottinteso) di Rogatus (questa menzione del patronimico sembra un *unicum* nel dossier, ma non è improbabile che servisse a distinguere soggetti diversi in casi di omonimia).

Segue il domicilio *comman-*(3)*entis fundo Goretiano*. Si tratta di un per noi sconosciuto *fundus Goretianus*, un fondo agricolo situato in qualche luogo del Nord Africa, ma richiamato anche in altri due documenti del dossier: alle ll. 9 e 16 di AE 2016, 2032 del 332 (il testamento di Pomponius Sperantius), e nel contratto di dote di cui al AE 2016, 2034.

Pomponio, il testatore, dichiara a questo punto di avere mente sana e perfetta memoria, ll. 3–4 (su questo particolare torneremo più avanti). Descrive quindi le modalità di confezione del testamento: procedé dettando il testo a Iulius Secundus (conosciuto anche, lo si dice nel documento, come Secundianus), probabilmente uno scriba rispetto al quale dichiara di fidarsi completamente (*cuius fidem expensam habeo*, l. 5).

Di seguito, Pomponio dice di avere 4 figli, i Pomponii, corrispondentemente al *nomen gentilicium*: Soricus, Letorianus, Rogatianus e Maximus (l. 8). La grafia Letorianus al posto del più regolare Laetorianus col dittongo è tipicamente africana. In quest'area sono attestati infatti molteplici Letorii[32], da cui Letorianus evidentemente deriva. I quattro figli saranno gli *heredes* del padre.

Ll. 8–22. Pomponi Soricus Letorianus Rogatianus et Ma-(9)ximus fili mei karissimi ex asse omniu(m) bonoru(m) meoru(m) posse-(10)ssione in fundis Pasiniano, Goretiano, Guruli Iuliani Miggi-(11)nis Bosonis qui et Musunis ceterisque locis domoru(m) leugaru(m) (12) et ceteraru(m)que rerum exceptis his quod specialiter Letoriano (13) et Rogatiano filis[33] et heredibus meis dedero, aequis portionibus

30 In tal senso *Rothenhöfer/Blänsdorf*, Testamentum feci, Gephyra 13 (2016) 155.

31 Ulp. 4 ed. D. 2.13.6.6. *Si initium tabularum habet diem, in quibus Titii ratio scripta est, postmodum mea sine die et consule, etiam mihi edendus est dies et consul: communis enim omnis rationis est praepositio diei et consulis.*

32 Cfr. CIL VIII 25670, 17766, 17903; IdAltava 50.

33 *Filio* per AE 2016, 2036.

here-(14)des mihi estote. Hoc est Letoriano filio heredi meo manente sibi (15) partem quartam omniu(m) reru(m) mearu(m) habeat etiam et agros qui sunt (16) in fundo Pasiniano qui appellantur ++liconis cum dorsaris aditis ver-(17)gentis collibusque suis qui ex successione Rogati quondam patris (18) mei mihi devenerint et peculium quidquid sibi comparabit compar-(19)aturumve proprium habeat; Rogatiano filio et heredi meo (20) manente sibi partem quartam omniu(m) reru(m) mearu(m) habeat etiam (21) et agros in fundo Pasiniano qui appellantur Lierapix/si cum (22) dorsaris aditis vergentis collibusque suis et peculium ...

Alle ll. 8–9 leggiamo dunque: *Soricus Letorianus Rogatianus et Ma-(9)ximus fili mei karissimi ex asse*[34] *omniu(m) bonoru(m) meoru(m)*, e poi alle ll. 13–14: *aequis portionibus heredes mihi estote*, che costituisce una parte molto importante di questo testamento: le parole corrispondono alla formula della *heredis institutio*, il *caput* e *fundamentum* di ogni testamento romano come ricorda Gai. 2.229[35], il quale sottolinea, inoltre, *quia testamenta vim ex institutione heredis accipiunt*. Il senso di queste espressioni è: senza l'*heredis institutio* l'atto, il testamento, semplicemente non esiste.

I quattro figli otterranno terre e beni: i possedimenti paterni dovevano essere sicuramente estesi e produttivi, come si può immaginare leggendo la lista che Pomponio fornisce.

Due di loro, tuttavia, avranno più degli altri. Letorianus e Rogatianus saranno i più fortunati: ll. 12 e 13 ... *exceptis his quod specialiter Letoriano* (13) *et Rogatiano filis et heredibus meis dedero*. Tutti e quattro i figli *heredes* riceveranno la quarta parte del patrimonio (*partem quartam omnium rerum mearum*, l. 15), ma Letorianus e Rogatianus conseguiranno (oltre al *peculium*[36], ll. 18 e 22) anche alcuni campi *in fundo Pasiniano*, l. 16 (e sappiamo

34 Sembra singolare qui l'uso di *ex asse* per quattro eredi, ma si v. anche il testamento di Iulius Pompeianus del 340, studiato da *Rothenhöfer/Blänsdorf*, Testamentum feci, Gephyra 13 (2016) 154, 157, nel quale alle ll. 10–11 viene utilizzata una formulazione quasi coincidente per tre eredi: ... *filii mei karissimi, ex asse mihi omnium bonorum meorum heredes estote*, cfr. AE 2016, 2032 di Pomponius Sperantius del 332; e, ancora prima, il testamento di Caio Giulio Diogene, P.Oxy. LII 3692, "attribuibile paleograficamente al II secolo d.C.", cfr. *Migliardi Zingale*, Testamenti[3] (1997) 74–76, nr. 16: alle ll. 4–5: ... *ex asse omnium bonorum meorum aequis partibus mi[hi heredes sunto*]. Sull'istituzione di 'Miterben' si v. *Babusiaux*, Erbrecht (2015) 151–153.

35 Gai. 2.229. *Ante heredis institutionem inutiliter legabatur, scilicet quia testamenta vim ex institutione heredum accipiunt et ob id veluti caput atque fundamentum intellegitur totius testamenti heredis institutio*. Cfr. *Avenarius*, Formularpraxis, in: Ars Iuris (2009) 13–41.

36 Sul regime complesso del legato di peculio, si v., per tutti, specificamente, *Astolfi*, Oggetto dei legati 3 (1979) 1–54. In generale, per una sintesi sui legati in diritto romano, si v. ora *Babusiaux*, Erbrecht (2015) 235–266.

anche che questo *fundus* era diventato proprietà di Pomponius attraverso l'eredità di suo padre Rogatus: *qui ex successione Rogati quondam patris mei* (18) *mihi devenerint*, ll. 17 e 18). Come inquadrare questa sottrazione di beni dell'asse, per attribuirla a due soli degli eredi? Lo strumento che Pomponio utilizza in questa parte del testo sembra essere il *legatum*. Questa successione singolare presuppone come è noto una successione universale per cui se non esiste nessun *heres ex testamento* o una persona *loco heredis*, non può esserci legato. Nel nostro caso abbiamo i quattro *heredes*. Almeno secondo le modalità classiche, dovrebbe essere scritto in modo formale, con l'uso di verbi particolari (*do, lego*) qui troviamo proprio *do* al futuro (*dedero*): la *voluntas testatoris* di Pomponio è, comunque, del tutto chiara.

III. Il contesto sociale ed economico

Due dati di contesto storico si potrebbero forse collegare con il testamento in questione, e cioè la rivolta di Firmo e le connesse continue incursioni dei Mauri avvenute durante il regno di Valentiniano I (364–375), di cui è principale testimone Ammiano Marcellino (27.9)[37].

Sotto Valentiniano I, l'Africa fu infatti continuamente esposta alle incursioni dei Mauri (soprattutto la Tripolitania, saccheggiata impunemente dagli Austuriani, con il pretesto di dover vendicare l'uccisione di uno di loro, tal Stacao, giustiziato a loro dire ingiustamente dai Romani). La crisi durò fino a quando Valentiniano inviò il *magister militum* Teodosio, il padre di Teodosio I, per porre fine alla rivolta di Firmo, che, nella disperazione di essere catturato, si suicidò (nel 375). Il collegamento di questa vicenda storica con il nostro testamento, sta nel fatto che in situazioni di incertezza si era portati a tesaurizzare i risparmi e – come comprovano vari ritrovamenti, tra i quali quelli del Medio Eufrate – insieme con i valori mobiliari anche i documenti principali dei gruppi familiari. Probabilmente venivano racchiusi in involucri a tesoretto e nascosti in attesa di tempi migliori. Tali tesoretti sono già attestati tra I sec. a.C. e I d.C.: il giurista Proculo citato da Celso (in Cels. 9 dig. D. 32.79.1)[38] ricordava ad esempio simili comportamenti da parte dei contadini italici durante le Guerre civili. Naturalmente è solo un'ipotesi non suffragata da indizi probanti.

---

37 Per tutti, di recente, *Rossi*, Muscae moriturae (2013) spec. 62, con bibliografia.

38 *His verbis: 'Quae ibi mobilia mea erunt, do lego' nummos ibi repositos, ut mutui darentur, non esse legatos Proculus ait: at eos quos praesidii causa repositos habet, ut quidam bellis civilibus factitassent, eos legato contineri. Et audisse se rusticos senes ita dicentes pecuniam sine peculio fragilem esse, peculium appellantes, quod praesidii causa seponeretur.*

La prospettiva della storia economica della regione è – come noto – molto interessante. Da più voci è stato, anche di recente, notato come l'Africa tardoantica non abbia conosciuto (come invece altre zone dell'Impero) crisi particolarmente rilevanti. L'attività produttiva e quella commerciale risultano infatti vivaci. Anche la ricettività italica delle merci africane continuava ad essere buona, considerate le potenzialità, ancora nel tardo antico, del porto di Puteoli, ristudiato anche di recente da Camodeca[39]. L'economia agraria dei fondi menzionati nel dossier (verosimilmente tra loro produttivamente coordinati), che mostra, come anche nelle tavolette Albertini, olivicoltura e altre coltivazioni arboricole (fichi per esempio) e frumentarie, oltre che allevamento ovino, caprino e di cammelli, si inserisce perfettamente nel quadro generale di integrazione economica tra i possedimenti imperiali e senatori (assai diffusi nella regione) e le proprietà dei ceti abbienti locali, ai quali la famiglia del nostro testatore potrebbe appartenere. E ciò anche in virtù dell'approvvigionamento dell'Italia e dell'Urbe.

Evidenti le corrispondenze che accomunano i 'nuovi' testamenti africani e gli altri atti (acquisto di fondi, di schiavi, costituzione di dote), i quali sembrano corrispondere a un unico contesto storico-sociale; pur se distanziati nel tempo di qualche decennio, sono avvicinati da similitudini nella grafia degli *scriptores*, da strutture formulari[40] assai somiglianti e soprattutto dal fondamentale indicatore onomastico di persone e luoghi. Ricorre ad esempio più volte, come si è accennato, proprio il *fundus Goretianus*, sede del nostro testatore. Si potrebbe inferire da questi elementi, che si trattasse dell'archivio dei Pomponii (gentilizio ricorrente, in varie composizioni), sottratto alle scorribande dei rivoltosi e poi non più recuperato.

IV. Specificità rilevanti

Tra gli elementi messi in evidenza, due sono i punti che ora in particolare vorrei sottolineare e che mi appaiono essere specificità rilevanti.

Il primo è l'espressione *sana mente sana memoria* (ll. 3 e 4). Come si è visto, Pomponius Maximus dichiara proprio all'inizio dell'atto di avere mente sana e perfetta memoria. Si tratta di uno dei pochi testamenti in latino tra quelli a noi pervenuti a trasmettere tale formula: solo altri tre documenti di questo gruppo nordafricano riportano consimili dichiarazioni: quello di Iulius Donatillus (AE 2016, 2031) del 294 (o 300): solo *sana mente*, di Pomponius Sperantius (AE 2016, 2032) del 332: *sana mente, sana memoria*, e

---

39 *Camodeca*, Nuove testimonianze, in: Forma Maris (2002) 85–94; *Id.*, Puteoli romana (2018), sul porto annonario di Puteoli e il commercio del grano, spec. 161–198.

40 Cfr. *Avenarius*, Formularpraxis, in: Ars iuris (2009) 13–41.

quello del 340 di Iulius Pompeianus (AE 2016, 2033): *sana mente sanaque memoria*, pubblicato nel 2016, da P. Rothenhöfer e J. Blänsdorf[41], tutti dunque prima del nostro. Dopo le attestazioni nella prassi nordafricana, troviamo nel *caput testamenti* epigrafico di Postumius Iulianus (del 385, da Praeneste) *sanus salvus sana quoque mente integroque consilio, memor condicionis humanae*[42]. Poi conosciamo, ancora in latino, un frammento papiraceo da Ravenna (datato alla fine del VI sec.), in cui si può leggere: *sanus, sana mente integroque consilio* (J.-O. Tjäder, P.Ital. 4–5 B II 1). Potrebbe trattarsi di una influenza greca (o comunque orientale): possediamo infatti testamenti dall'Egitto che riportano espressioni simili (νοῶν καὶ φρονῶν)[43]. Sinteticamente forse possiamo osservare un viaggio della formula: da una presunta origine greca, alla prassi egiziana, ai testamenti del Nord Africa, a Preneste, a Ravenna. Sempre, naturalmente, tenendo presente che i ritrovamenti sono purtroppo casuali[44].

Non dimentichiamo, tuttavia, la tipica caratteristica della prassi: i fruitori dei documenti giuridici abbondano in cautele aggiungendo parti *stricto iure* non necessariamente richieste (si osservi peraltro come diversa appaia questa formula nei documenti, africani e non).

La motivazione giuridica di tali riferimenti dovrebbe comunque essere il fatto che un soggetto insano di mente non poteva fare testamento, come emerge dalle fonti, in particolare da Gai. Epit. 2.2(10).3: *Item et hi, qui*

41 *Rothenhöfer/Blänsdorf*, Testamentum feci, Gephyra 13 (2016) 153–163.

42 FIRA III, 54 ll. 15–17. Lo si veda nell'edizione rivista e integrata dei FIRA a cura di Purpura (2012) da *Pavese*, 187–189.

43 Si v. ad es. P.Col. VII 188 ll. 5–6. ... νο[ῶ]ν κ[αὶ] φρονῶν καὶ ἐπακολουθούντων οἷς λέγων δὴ καὶ φράσσω εἴη εἰμὶ ζῆν / ὑ[γ]ιαίνειν ἔχω τὴ[ν] δεσ[ποτείαν τῶν] ὑ[π]ογεγραμμένων μου πρα[γμάτων ...]; P.NYU. inv. II.15.1. [Αὐρήλιος δεῖνα τοῦ δεῖνος ἀπὸ κώμη]ς νοῶν καὶ φρονῶν διαθήκην ἐποίησεν γραφησ[ομένην τε ὑπηγόρευσεν (± 56 let.)].

44 Il riferimento alla sanità mentale del testatore si rinviene, invero, tra le fonti giuridiche, anche in un altro contesto: quello della prevalenza della *voluntas* sulla *nimia et misera diligentia* dei *iurisperiti* che indirizzavano i testatori nella preparazione dei documenti di ultime volontà, come emerge da un interessante frammento di Cervidio Scevola, del quale si prende in considerazione in questa sede solo il tratto *pro iure – voluntas*: Scaev. 3 resp. D. 31.88.17. *'Lucius Titius hoc meum testamentum scripsi sine ullo iuris perito, rationem animi mei potius secutus quam nimiam et miseram diligentiam: et si minus aliquid legitime minusve perite fecero, pro iure legitimo haberi debet hominis sani voluntas': deinde heredes instituit. Quaesitum est intestati eius bonorum possessione petita, an portiones adscriptae ex causa fideicommissi peti possunt. Respondi secundum ea quae proponerentur posse.* Per un'esegesi del testo – da altra prospettiva – si v. ora *Spina*, Successione testamentaria (2012) 532–537.

furiosi, id est mente insani, fuerint, non possunt facere testamenta, (anche coloro che siano stati furiosi e cioè non sani di mente non possono fare testamento); e in Paul. 3 sent. D. 28.1.17: *In adversa corporis valetudine mente captus eo tempore testamentum facere non potest,* in cui si sottolinea che in una condizione di prostrazione fisica chi sia in quel tempo debole di mente, non può fare testamento. Emerge la rilevanza di una mente integra nell'approntare il testamento: *Integra mente,* o *integritas mentis* ...

Proprio su questo punto vorrei spendere ancora qualche parola, e cioè sulla possibile corrispondenza dell'inciso in questione – *sana mente, sana memoria* – alla morfologia e al contenuto di una *regula iuris.* Certamente la frasetta è breve e facilmente replicabile: ciò riscontra l'esigenza di precisione e di mnemotecnica tipica delle 'regole'. Invero – però – la norma non è interamente rappresentata dalla stringa di testo. Per ottenere la forma di una *regula* manca il verbo che esprima un divieto, il permesso o le altre caratterizzazioni della frase giuridica. Al contempo, tuttavia, la formula contiene implicitamente la necessità che il *testamentum* sia attribuibile a un soggetto nella pienezza delle sue facoltà e ha anche una funzione pratica, o almeno di rafforzamento della prova contraria (cioè che chi abbia voluto gli effetti del negozio testamentario non fosse capace nel momento in cui lo aveva posto in essere). Quindi si tratterebbe dell'espressione calata nella prassi ed estremamente sintetica di una regola il cui enunciato sarebbe *qui mentem sanam (memoriam sanam) non habet testamentum facere non potest,* che corrisponde molto da vicino a quanto contenuto soprattutto nel passo dell'Epitome Gai. 2.2(10).3, cui si è fatto cenno. Dunque la formula esprimerebbe con mirabile sinteticità una regola del diritto testamentario romano.

Il secondo punto specifico che intendo affrontare riguarda il materiale sul quale il testamento era scritto. Come avevo ricordato all'inizio siamo di fronte ad una tavoletta di legno vergata con inchiostro nero. Questa tipologia scrittoria è tipica di tutti i documenti che conosciamo dall'archivio, escluso uno dei più antichi, e cioè la ricevuta di una compravendita di uno schiavo del 274, recentissimamente presentata (come detto) da Rothenhöfer.

Pomponius dice [alle ll. 6 e 7]: *dictavi in tabulis triplicibus, atramento scribto et quod codicem ceratum* [*paratum* o *exaratum*] *ad praesens minus invenire potui.* La lettura della parola che qualifica *codicem* è molto difficile per la sbavatura dell'inchiostro nella prima lettera e allo stesso tempo importante. La possibile lettura alternativa *exaratum* sembra molto meno probabile, anche se è stata la prima impressione avuta, perché la pretesa *X* sarebbe scritta in modo totalmente diverso da tutte le altre *X* del testo. *Ceratum* per di più funziona molto bene quanto al significato: non avendo secondo le regole un *codex* di *tabulae ceratae* viene usato l'*atramentum,* mentre *exaratum* non avrebbe senso. Direbbe il testo: "Ho dettato in tre tavole scritte con inchiostro, perché al momento non ho potuto trovare un codice solcato (ovvero scritto)". Questa espressione, leggendo *exaratum*, suona di certo un po' strana.

Particolare, l. 7

Paratum mi sembra da escludere. Per leggere la *p* (di *paratum*) si deve ipotizzare una parte della lettera che è difficile vedere.

La tradizione del testamento mancipatorio era normalmente quella di scrivere con uno stilo su una tavoletta di legno ricoperta da una specie di cera, senza uso di inchiostro, ovviamente per la parte interna: Gai. 2.104. ... *deinde testator tabulas testamenti tenens ita dicit: HAEC ITA, UT IN HIS TABULIS CERISQUE SCRIPTA SUNT, ITA DO ITA LEGO ITA TESTOR ITAQUE VOS, QUIRITES, TESTIMONIUM MIHI PERHIBETOTE ...*[45].

La presenza endiadica di tavole e cere, in quella che appare una parte formulare dei due testi giurisprudenziali, mostra chiaramente nel formulario il non uso dell'inchiostro all'interno delle tavole (si confrontino gli atti giuridici nelle *tabulae* pompeiane ed ercolanesi). Le tavole sono al contempo cere. Se non altro nella prospettiva istituzionale-didattica del II secolo (Gaio, ma anche per *Tituli ex corpore Ulpiani*, a meno di non voler considerare quest'ultima opera come postclassica, ma in ogni caso sembra essere correlata con materiale classico)[46].

Ma con il passare del tempo, si diffuse evidentemente in tutto l'impero l'impiego del papiro (certo per influssi ellenistici), ma anche della pergamena e di tavolette prive di cera: gli scribi dunque scrivevano con inchiostro su questi materiali.

---

45 Cfr. Ps.-Ulp., reg. 20.9. *In testamento, quod per aes et libram fit, duae res aguntur, familiae mancipatio et nuncupatio testamenti. Nuncupatur testamentum in hunc modum: tabulas testamenti testator tenens ita dicit: HAEC UT IN HIS TABULIS CERISVE SCRIPTA SUNT, ITA DO LEGO, ITA TESTOR; ITAQUE VOS, QUIRITES, TESTIMONIUM PERHIBETOTE.* Si v. *Avenarius*, Tabulae ceraeve, IVRA 60 (2012) 201–233.

46 Si v. per una recente discussione sulla storiografia almeno: *Mattioli*, Tituli ex corpore Ulpiani, in: Revisione e integrazione (2012) 85–117. Sul posizionamento classico dell'Epitome Ulpiani, *Avenarius*, Der pseudoulpianische liber singularis regularum (2005) *passim*.

Invero sappiamo che nel diritto romano, almeno per l'età severiana, vi era un'ampia scelta di supporti materiali sui quali scrivere documenti giuridici e, in particolare, testamenti, come mostrato in Ulp. 39 ed. D. 37.11.1 pr.: *Tabulas testamenti accipere debemus omnem materiae figuram: sive igitur tabulae sint ligneae sive cuiuscumque alterius materiae, sive chartae sive membranae sint vel si corio alicuius animalis, tabulae recte dicentur*[47].

Nella lettura di questo testo, occorre considerare, dunque, che il senso di *tabulae testamenti* è ampliato a più condizioni materiali di scrittura. Ulpiano guarda al legno (supporto o metasupporto), non alla cera, anche se nell'espressione della dichiarazione orale, registrata da Gaio e dai *Tituli ex corpore Ulpiani*, il riferimento era ancora *tabulis cerisve*.

Il nostro Iulius Secundus, o Secundianus, questo il nome dello scriba menzionato alle ll. 4–5, sta scrivendo con inchiostro sulla tavoletta lignea, mentre Pomponius dice di non aver trovato un *codex ceratus* (*paratus* o *exaratus*) ll. 6–7. *Codex* potrebbe dunque significare qui un insieme di tavolette (meno probabilmente 'carta', un papiro, una pergamena?). *Exarare* richiamerebbe l'idea di incidere su cera, ma anche scrivere su carta. Di cosa aveva bisogno Pomponius, che non aveva a portata di mano? Cera o carta? Ma la dichiarazione è proprio vera, o serve piuttosto a giustificare una modificazione delle prassi nella scrittura di documenti giuridici?

Se invece la lettura fosse *ceratum*, come mi sembra più probabile, allora la risposta sarebbe più semplice: Pomponius pensava di aver bisogno di una tavoletta cerata, che non aveva, e allora scrisse (o meglio il suo *scriba* scrisse) direttamente sul legno con inchiostro. Di qui la giustificazione contenuta nella dichiarazione. La soluzione *paratum*, che non preferirei dal punto di vista strettamente paleografico, da quello sostanziale potrebbe significare codice 'preparato' per raccogliere un testamento (cioè: preparato con cera), il che non modificherebbe la prospettiva sostanziale.

Un dato potrebbe costituire un vantaggio per la lettura *ceratum*, o comunque per l'interpretazione nel senso dell'idea di una necessità formale che l'atto fosse approntato su tavolette cerate: la comparazione con il già menzionato testamento del 340, quello edito in Gephyra, scritto allo stesso modo del nostro, contiene una clausola simile: il testatore dichiara che non aveva presso di sé un *codex testamenti*, e che per questa ragione è obbligato a usare inchiostro su una tavoletta di legno: AE 2016, 2033 (4) … *idque scrivendum in ta-*(5)*bulis triplicibus rasicis atramento scriptis, eo* (6) *quod codicem testamenti pre manu non habe-*(7)*rem* …[48]. Dunque questa fonte suggerisce

47 Si v., per tutti, *Spallone*, Giurisprudenza romana e storia del libro (2008) 38 nt. 69 e 55 nt. 133, su cui: *Abatino*, Libri e storia, Index 39 (2010) 558–571.

48 Cfr. *Rothenhöfer/Blänsdorf*, Testamentum feci, Gephyra 13 (2016) 154–157.

che la differenza stava nel ricorso all'*atramentum*: utilizzò infatti l'inchiostro e non la scrittura su cera. Forse a questo punto una prassi invalsa in quest'epoca, in quest'ambiente?

Mentre *exaratum* sembra propriamente congiunto (almeno nel latino tardoantico) con il materiale cartaceo o papiraceo (*Origenis volumina manu eius exarata* si trova in Jer. De vir. ill. 75[49], *charta exarata* è in Ambr. c. Aux. 28, è molto significativo Fulg. myth. praef. p. 10.16: *quidquid libet Niliacis exarare papiris*), la terminologia *ceratum* è nelle fonti costantemente connessa con *tabulae* o *tabellae* (ma anche con *codicilli*), mai – a quanto pare – con *codex*. Questo termine indica, appunto, il complesso delle tavolette, il trittico (nel nostro caso). A valle di queste considerazioni, proporrei la seguente interpretazione: sulla base dell'insegnamento che riscontriamo in Gaio e nei *Tituli ex corpore Ulpiani*, l'utente medio del diritto successorio riteneva che il testamento dovesse essere scritto su tavole cerate. Rispetto all'equiparazione che la giurisprudenza aveva già compiuto di altri materiali alle *tabellae* così approntate si doveva manifestare una certa diffidenza, forse superata prima in Egitto con riguardo al papiro, considerato l'uso pregresso di tale materiale nei testamenti ellenistici. Pomponio Massimo non ha a disposizione le tavole cerate (*codicem ceratum*, che l'altro documento menzionato chiama semplicemente *codex testamenti*) che lo avrebbero rassicurato nel rispetto delle formalità apparentemente richieste. Usa dunque tavole lignee facendo scrivere *ad atramentum*.

Forse il rapporto tra la ricevuta del 274 (tavola cerata) e il primo atto ad essa successivo nell'archivio, il testamento del 281 (tavola non cerata, come tutti i documenti più recenti) ci dice qualcosa sulla cronologia di questo cambio relativo al supporto. E forse non è un caso che il testamento del 281 si autotuteli con una clausola penale (*si quis contra testamentum meum fecerit* ... ll. 9–10).

Si può ipotizzare che le tavolette cerate destinate ad uso giuridico in alcune regioni dell'impero fossero importate. Nell'impossibilità o penuria d'importazione, si adottavano e adeguavano legni locali non trattati a cera. Ma questo tema specifico del supporto materiale, insieme con altri, che emergono da questo straordinario documento (e dal complesso dei materiali di questo importantissimo archivio), merita ancora molta attenzione e ricerche specifiche su natura e provenienza del materiale ligneo di volta in volta utilizzato[50].

---

49 Si v. anche Jer. Comm. in Zacch. 3.14.

50 La ricerca dovrebbe partire dalle rilevazioni e localizzazioni di *Hartmann*, Die hölzernen Schreibtafeln, in: Lesen und Schreiben (2015) 43–57.

Intermezzo: come il Don Quijote può servire a interpretare un testamento romano

Può un testamento romano del IV secolo ricondurci al più grande romanzo *del siglo de oro* della letteratura spagnola, il celeberrimo Don Quijote di Miguel de Cervantes? Ed è possibile trarre da quest'ultimo qualche dato, o almeno qualche impressione per interpretare il testo antico? La risposta a queste domande proviene da un'intersezione tra saperi e conoscenze che molto spesso lavora nel nostro inconscio e che – solo per mostrare come può funzionare una 'ispirazione' storico-giuridica – vorrei oggi condividere. Nell'opera di Cervantes non mancano certo riferimenti giuridici, basti pensare a Sancho Panza governatore (e giudice) dell'inesistente isola di Barattaria. Ma vorrei, piuttosto, trasferirmi per un momento sulla Sierra Morena (cap. 25), quando il nostro eroe si trova nella condizione di dover scrivere, al contempo, una lettera d'amore a Dulcinea e una 'libranza pollinesca' (lettera di cambio con ordine di versamento 'asinino' potrebbe dirsi) per rifornire il suo servitore della cavalcatura che gli era stata rubata.

Dubbioso sul da farsi, Quijote si chiedeva "y seria bueno ya que non hay papel, que la escribiesemos como hacian los antiguos, en hojas de arboles o en unas tabletas de cera, aunque tan dificultoso serà ayarse eso ahora como el papel". Con la tipica ironia cervantesiana il nostro eroe si trova nella condizione della necessità di procurarsi un supporto scrittorio adatto a quanto doveva comunicare nei due diversi registri, quello amoroso e quello giuridico. Con un significativo slancio verso il passato che probabilmente passa attraverso la lettura della Silva de varia leccion di Pedro Mexia, Quijote si propone di rimediare, al posto della carta che non ha, altri noti materiali tratti da un mondo mitico, quello antico, che pure non può procurarsi. Il testo gioca su contrasti, oltre che sull'ironia dell'impossibilità. Don Quijote si ricorda di avere a disposizione un librillo de memoria che propone al suo servitore di utilizzare. Come ha dimostrato Roger Chartier[51], uno dei massimi studiosi contemporanei della storia del libro, la funzione del librillo de memoria è esattamente la stessa delle writing tablets che compaiono nella letteratura inglese elisabettiana, Shakespeare compreso, e cioè carte rilegate con la funzione di supportare un testo che poteva essere cancellato e riscritto. Esattamente, dunque, come le tavolette cerate romane. Non avendo carta, papel, e non potendo avere tavolette, tabletas, don Quijote ricorre a un libretto fatto di carta e utilizzabile proprio come le antiche tavolette. I nostri romani del Nord Africa, non possedendo evidentemente la cera da spalmare sul legno, utilizzavano lo stesso vergandolo direttamente *ad atramentum*.

---

51 *Chartier*, Inscrivere e cancellare (2006) 43.

La storia di Quijote ovviamente va avanti con continue innamorate ipotesi su quella lettera, destinata ad una donna che non sa leggere né scrivere. I testamenti di cui ci stiamo occupando avranno invece efficacia fino al più tardo, quello del nostro Pomponius Maximus, ricomparso più di 1600 anni dopo essere stato redatto.

V. Altre forme e disposizioni

Vorrei ora soffermarmi ancora, sia pure molto in breve, su alcune strutture formulari presenti o assenti nel nostro testamento e più in generale in quelli del dossier, che mi sembrano interessanti. La previsione del momento della morte, tipica nei testamenti nordafricani (*quandoque ego obitum naturae reddidero*, in AE 2016, 2031, 2032, 2033), manca nel nostro. La cosiddetta clausola *doli* (*huic testamento dolus malus abesto*)[52] pure è assente, ma a quanto pare lo è in tutti i documenti testamentari del dossier, almeno quanto alle parti pervenuteci.

Potrebbe sembrare ancora più strano il fatto che nel nostro testamento non si trovi un'altra tipica clausola del testamento romano: l'*exheredatio*. Accanto alla *heredis institutio* tutti i *sui heredes* che non erano menzionati in tale clausola sarebbero dovuti essere diseredati. È molto noto, ad esempio, tra i romanisti il *testamentum* di Antonio Silvano (del 27 marzo del 142), trascritto anche nei FIRA[53], nel quale si legge alle ll. 8–9: Sia erede di tutti i miei beni (*ex asse*) Marcus Antonius Satrianus, mio figlio, ... siano diseredati tutti gli altri (*ceteri alii omnes exheredes sunto*).

Perché invece non troviamo l'*exheredatio* nella nostra tavoletta? Si tratta certamente, come si è detto, di un testo frammentario, costituendo solo una parte del testamento (una tavoletta su tre): è ben possibile quindi che la clausola fosse presente più avanti nel testo in una parte non pervenutaci. Come anche nel testamento di Iulius (AE 2016, 2035). Il fatto che la diseredazione fosse presente nel testamento di Iulius Donatillus (AE 2016, 2031), in quello Pomponius Sperantius (AE 2016, 2032) e in quello di Iulius Pompeianus (AE 2016, 2033), attraverso l'uso di una stringa testuale abbastanza stabile,

52 Sulla quale, per tutti, *Amelotti*, Testamento 1 (1966) 164–165 (con fonti e letteratura), il quale la considera "una manifestazione di spirito tipicamente romano ... essa rispecchia il desiderio ed esprime l'augurio che dal testamento o dall'uso del sepolcro restino lontane le frodi".

53 FIRA III, 47. Lo si veda ora nell'edizione rivista e integrata di *Migliardi Zingale*, in: Revisione ed integrazione (2012) 147–151; inoltre *Strobel*, Testamentsurkunden (2014), con il Kommentar 69–109.

ceteri (*ceteraequae*) *omnes exheredes sunto*, ci rassicura sul mantenimento di questa formalità.

Per annettere il nostro documento alla modalità 'classica' del testamento cd. librale/mancipatorio, quello cioè che formalmente rispettava le formalità dell'agire *per aes et libram*, manca un altro elemento e cioè la registrazione nell'atto scritto dell'avvenuta *emptio familiae* in presenza del *libripens* (personaggio ovviamente ormai svuotato di ogni ruolo reale) e dei testimoni[54]. Anche qui dobbiamo partire da Gai. 2.103–104[55]. Potrebbe pensarsi a una desuetudine (considerato anche il sostanziale depauperamento tale clausola), ma la soluzione qui, però, è molto facile. La fittizia vendita è infatti stabilmente inserita alla fine dei testamenti. Dunque in una parte che certamente, relativamente a quello di Pomponio Massimo, è perduta. Guardando all'archivio nel suo complesso ci rassicurano, però, anche in questo caso, altri due documenti, dove la formalità è presente, sia pure in maniera molto sintetica, in quello del 281 (presentato di recente da Rothenhöfer) e in quello di Iulius collocabile tra il 330 e il 350 (AE 2016, 2035).

---

54 Cfr., almeno, *Terranova*, Testamentum per aes et libram 1 (2011) *passim*; *Ead.*, Familiae emptor, Studi Urbinati 83 n.s. 66 (2015) 237–260; *Cursi*, Mancipatio familiae, in: Homenaje Torrent (2016) 185–195.

55 Gai. 2.103–104. *Sed illa quidem duo genera testamentorum in desuetudinem abierunt; hoc vero solum, quod per aes et libram fit, in usu retentum est. Sane nunc aliter ordinatur, quam olim solebat. Namque olim familiae emptor, id est, qui a testatore familiam accipiebat mancipio, heredis locum optinebat, et ob id ei mandabat testator, quid cuique post mortem suam dari vellet; nunc vero alius heres testamento instituitur, a quo etiam legata relinquuntur, alius dicis gratia propter veteris iuris imitationem familiae emptor adhibetur.* 104. *Eaque res ita agitur: qui facit <testamentum>, adhibitis, sicut in ceteris mancipationibus, V testibus civibus Romanis puberibus et libripende, postquam tabulas testamenti scripserit, mancipat alicui dicis gratia familiam suam; in qua re his verbis familiae emptor utitur: FAMILIAM PECUNIAMQVE TUAM ENDO MANDATELA TUA CUSTODELAQUE MEA ESSE AIO, EAQUE, QUO TU IURE TESTAMENTUM FACERE POSSIS SECUNDUM LEGEM PUBLICAM, HOC AERE, et ut quidam adiciunt, AENEAQUE LIBRA, ESTO MIHI EMPTA; deinde aere percutit libram idque aes dat testatori velut pretii loco; deinde testator tabulas testamenti manu tenens ita dicit: HAEC ITA UT IN HIS TABULIS CERISQUE SCRIPTA SUNT, ITA DO ITA LEGO ITA TESTOR ITAQUE VOS, QUIRITES, TESTIMONIVM MIHI PERHIBETOTE; et hoc dicitur nuncupatio: nuncupare est enim palam nominare, et sane quae testator specialiter in tabulis testamenti scripserit, ea videtur generali sermone nominare atque confirmare.*

VI. Riflessioni conclusive

L'insieme di questi documenti è dunque di eccezionale importanza, per vari motivi. Il primo è quantitativo. Rispetto alla ventina di testamenti in latino, il gruppo di atti 'nuovi' ci presenta ben sei testamenti, alcuni (tra i quali quello qui specificamente esaminato) alquanto estesi nel testo. Comparabili peraltro, all'interno dello stesso archivio, con la documentazione di una compravendita di un fondo (AE 2016, 2029), dell'acquisto di una schiava (AE 2016, 2030) e di una dote (AE 2016, 2034), ma anche – per diversi profili, ovviamente non successori – con le tavolette Albertini. Altro elemento particolarmente rilevante è la cronologia, che si incunea perfettamente nella serie fino ad ora nota dei testamenti romani in latino: tra quello di Lucio Ignazio Rufino[56], del 211 (dunque immediatamente precedente alla *constitutio Antoniniana*), e il più antico di quelli ravennati, del 470[57] (oltre al *caput* epigrafico di Postumius Iulianus del 385[58]), non avevamo documentazione se non in greco. Le tavolette nordafricane si datano, infatti, tra il 270 circa e il 371 d.C. Ulteriore dato di primaria importanza: la sopravvivenza delle tavolette lignee come materiale scrittorio, rispetto alla presunta totale sostituzione di questo supporto nella prassi testamentaria[59].

Si tratta di un dato secondo me della massima importanza per la storia del documento romano, guardando a una prassi che richiedeva evidentemente una tavoletta cerata, che – però – poteva essere sostituita da una non cerata. Da Gaio a Ulpiano[60], si potrebbe dire, il primo testimone del più antico formalismo[61], il secondo che procede assimilando i vari supporti. Particolarmente importante perché proprio in questo archivio si troverebbe l'ultima, per noi, tavoletta cerata (la prima tra quelle sulle quali ha da ultimo parlato Rothenhöfer, del 274) e la 'svolta' della legittimazione (per dire così) del semplice legno con scrittura a inchiostro. Altro elemento messo in evidenza sta nella dichiarazione di sanità mentale, che si osserva nel nostro documento e in altri testamenti nordafricani, di cui si può forse ricostruire l'itinerario, dall'Egitto fino a Ravenna, attraverso il Nord Africa e Preneste.

---

56 P.Diog. 10, si v. *Migliardi Zingale*, Testamenti[3] (1997) 86–89, nr. 20; *Nowak*, Wills (2015) 368–370.

57 P.Ital. I 4–5, B III 4–8: *Nowak*, Wills (2015) 401–402.

58 FIRA III, 54; si v. ora *Pavese*, in: Revisione ed integrazione (2012) 187–189.

59 Cfr. *Nowak*, Wills (2015) 356.

60 Per i brani giurisprudenziali di riferimento si v. *supra* nel testo su nt. 45 e nt. 47.

61 Sottolinea l'arcaismo dell'uso di tavolette cerate nel diritto testamentario e la scarsa convenienza dello stesso: *Avenarius*, Tabulae ceraeve, IVRA 60 (2012) 201–233.

Occorre terminare: sarebbe molto interessante riuscire a ricomporre l'archivio nella sua completezza per avere uno spaccato approfondito della vita e del diritto nell'Africa romana da fine III a fine IV secolo d.C. Per ora, spero solo di aver mostrato l'interesse e la fascinazione che può provenire da un atto giuridico che fotografa un frammento della vita privata dell'Africa romana nel tardoantico.

Bibliografia:

Abatino, Barbara. Libri e storia della giurisprudenza romana, Index – Quaderni camerti di studi romanistici, Vol. 39 (2010) 558–571.

Adams, James N. The Language of the Vindolanda Writing Tablets. An Interim Report, JRS – The Journal of Roman Studies, Vol. 85 (1995) 86–134.

Amelotti, Mario. Il testamento romano attraverso la prassi documentale, Vol. 1. Le forme classiche di testamento, Le Monnier Firenze 1966.

Amelotti, Mario. Le forme classiche di testamento, Vol. 1–2. Lezioni di diritto romano raccolte da R. Martini, Giappichelli Torino 1966–1967.

Astolfi, Riccardo. Studi sull'oggetto dei legati in diritto romano, Vol. 3, Cedam Padova 1979.

Avenarius, Martin. Der pseudoulpianische liber singularis regularum. Entstehung, Eigenart und Überlieferung einer hochklassischen Juristenschrift, Wallstein Göttingen 2005.

Avenarius, Martin. Formularpraxis römischer Urkundenschreiber und ordo scripturae im Spiegel testamentsrechtlicher Dogmatik, in: Avenarius, Martin/Meyer-Pritzl, Rudolf/Möller, Cosima (ed.), Ars Iuris. Festschrift für O. Behrends zum 70. Geburtstag, Wallstein Göttingen 2009, 13–41.

Avenarius, Martin. Die tabulae ceraeve des klassischen Manzipationstestaments als Archaismus. Die Testamentsurkunde als Ausdruck der Vorstellung vom Gesetzescharakter der letztwilligen Ausgestaltung der römischen Familienverfassung, IVRA – Rivista internazionale di diritto romano e antico, Vol. 60 (2012) 201–233.

Babusiaux, Ulrike. Wege zur Rechtsgeschichte. Römisches Erbrecht, Böhlau Köln/Weimar/Wien 2015.

Biville, Frédérique. Textes et procédures bilingues en droit romain, in: Cascione, Cosimo/Masi Doria, Carla/Merola, Giovanna D. (ed.), Modelli di un multiculturalismo giuridico: il bilinguismo nel mondo antico. Diritto, prassi, insegnamento, Vol. 1, Satura Napoli 2013, 27–86.

Bowman, Alan Keir. Life and Letters on the Roman Frontier. Vindolanda and its People, Routledge London 1994.

Bowman, Alan Keir/Thomas, John David. Vindolanda: the Latin writing-tablets, A. Sutton London 1984.

Bowman, Alan Keir/Thomas, John David. The Vindolanda Writing Tablets (Tabulae Vindolandenses, Vol. 2), British Museum Publications London 1994.

Bowman, Alan Keir/Thomas, John David. The Vindolanda Writing Tablets (Tabulae Vindolandenses, Vol. 3), British Museum Publications London 2003.

Bowman, Alan Keir/Thomas, John David. The Vindolanda Writing Tablets (Tabulae Vindolandenses, Vol. 4), Britannia – A Journal of Romano-British and Kindred Studies, Vol. 41 (2010) 187–224.

Bramante, Maria Vittoria. A proposito delle Roman London's first voices ovvero sulla necessità di una riedizione delle Tabulae da Londinium, Index – Quaderni camerti di studi romanistici, Vol. 45 (2017) 149–167.

Camodeca, Giuseppe. L'archivio puteolano dei Sulpicii, Vol. 1, Jovene Napoli 1992.

Camodeca, Giuseppe. Tabulae Pompeianae Sulpiciorum (TPSulp.), Vol. 1–2, Edizione critica dell'archivio puteolano dei Sulpicii, Quasar Roma 1999.

Camodeca, Giuseppe. Nuove testimonianze sul commercio marittimo puteolano, in: Gianfrotta, Piero Alfredo/Maniscalco, Fabio (ed.), Forma Maris. Atti del Forum di Archeologia Subacquea, Massa Napoli 2002, 85–94.

Camodeca, Giuseppe. Dittici e trittici nella documentazione campana (8 a.C. – 79 d.C.), in: David, Massimiliano (ed.), Eburnea Diptycha. I Dittici nell'antichità e medioevo, Edipuglia Bari 2006, 79–107.

Camodeca, Giuseppe. Tabulae Herculanenses. Edizione e commento, Vol. 1, Edipuglia Roma 2017.

Camodeca, Giuseppe. Puteoli romana: istituzioni e società, UniorPress Napoli 2018.

Camodeca, Giuseppe/Nasti, Fara. Riedizione di TLond. 55: pecunia debita in stipulatum deducta, Index – Quaderni camerti di studi romanistici, Vol. 45 (2017) 138–148.

Chartier, Roger. Inscrivere e cancellare. Cultura scritta e letteratura, Laterza Roma/Bari 2006.

Ciulei, Georges. Les triptyques de Transylvanie. Études Juridiques, Terra Edition Zutphen 1983.

Conant, Jonathan P. Literacy and private documentation in Vandal North Africa: the case of the Albertini Tablets, in: Merrills, Andrew H. (ed.),

Vandals, Romans and Berbers: new perspectives on Late Antique North Africa, Routledge London 2004, 199–224.

Coppola Bisazza, Giovanna. La successione contra voluntatem defuncti. Tra vecchi principi e nuove prospettive, 2ª ed., Giuffrè Milano 2019.

Corcoran, Simon. Tablettes Albertini, The Encyclopedia of Ancient History, Wiley-Blackwell Chichester 2013, 6499–6500.

Cursi, Maria Floriana. La mancipatio familiae: una forma di testamento, in: Murillo Villar, Alfonso/Calzada González, Aránzazu/Castán Pérez-Gómez, Santiago (ed.), Homenaje al Profesor Armando Torrent, Dykinson Madrid 2016, 185–195.

Desanti, Lucetta. Dominare la prassi. I rescritti dioclezianei in materia di successioni, in: Eck, Werner/Puliatti, Salvatore (ed.), Diocleziano: la frontiera giuridica dell'impero, University Press Pavia 2018, 527–563.

du Fresne du Cange, Charles. s.v. Dorsarium, in: Glossarium mediae et infimae Latinitatis ... ed. nova aucta a L. Favre, Vol. 5, Niort 1884.

Gagliardi, Lorenzo. Studi sulla legittimazione alla querela inofficiosi testamenti in diritto romano e bizantino, Giuffrè Milano 2017.

Häusler, Adrian. Letztwillige Verfügungen in griechischer Sprache bei Q. C. Scaevola, Paulus und Modestinus, ZRG RA – Zeitschrift der Savigny-Stiftung für Rechtsgeschichte, romanistische Abteilung, Vol. 133 (2016) 420–444.

Hartmann, Benjamin. Die hölzernen Schreibtafeln im Imperium Romanum. Ein Inventar, in: Scholz, Markus/Horster, Marietta (ed.), Lesen und Schreiben in den Römischen Provinzen, Verlag des Römisch-Germanischen Zentralmuseums Mainz 2015, 43–57.

Kaser, Max. Das römische Privatrecht, Vol. 1. Das altrömische, das vorklassische und das klassische Recht, 2ª ed., Beck München 1971.

Labruna, Luigi. Due testamenti, Index – Quaderni camerti di studi romanistici, Vol. 34 (2006) 5–20.

Mattioli, Fabiana, Un tentativo di messa a punto riguardo alla più recente dottrina sui Tituli ex corpore Ulpiani. Ipotesi e prospettive di ricerca, in: Purpura, Gianfranco (ed.), Revisione ed integrazione dei Fontes Iuris Romani Anteiustiniani (FIRA). Studi preparatori, Vol. 2. Auctores. Negotia, Giappichelli Torino 2012, 85–117.

Merrills, Andrew H. Albertini Tablets, in: Nicholson, Oliver (ed.), The Oxford Dictionary of Late Antiquity, Vol. 1, Oxford University Press 2018, 42–43.

Migliardi Zingale, Livia. I testamenti romani nei papiri e nelle tavolette d'Egitto. Silloge di documenti dal I al IV secolo d.C., 3ª ed., Giappichelli Torino 1997.

Migliardi Zingale, Livia. "Il testamento romano attraverso la prassi documentale" di Mario Amelotti: a cinquant'anni dalla pubblicazione di un libro esemplare, Minima Epigraphica et Papyrologica, Vol. 23 (2020) 297–332.

Nowak, Maria. Titius heres esto. The role of the legal practice in the law-creation in late antiquity, JJP – The Journal of Juristic Papyrology, Vol. 40 (2010) 161–184.

Nowak, Maria. Wills in the Roman Empire. A documentary approach, Suppl. JJP. 23, University of Warsaw, Faculty of Law and Administration, Chair of Roman Law and the Law of Antiquity Warszawa 2015.

Pedone, Michele. Testi e documenti antichi tra lingua e diritto, Index – Quaderni camerti di studi romanistici, Vol. 45 (2017) 983.

Purpura, Gianfranco (ed.), Revisione ed integrazione dei Fontes Iuris Romani Anteiustiniani (FIRA). Studi preparatori, Vol. 2. Auctores. Negotia, Giappichelli Torino 2012.

Rossi, Alessandro. Muscae moriturae donatistae circumvolant. La costruzione di identità plurali nel cristianesimo dell'Africa romana, Ledizioni Milano 2013.

Rothenhöfer, Peter/Blänsdorf, Jürgen. Sana mente sanaque memoria testamentum feci: Eine testamentarische Verfügung vom 12. April 340 n. Chr., Gephyra, Vol. 13 (2016) 153–163.

Sambrian, Teodor. La mancipatio nei trittici della Transilvania, Diritto@Storia, Vol. 4 (2005) online.

Scarcella, Agatina Stefania. Il bilinguismo nei fedecommessi e il ruolo di intermediario del giurista tra istituti giuridici romani e novi cives, come strumenti di integrazione sociale, in AUPA – Annali del Seminario Giuridico dell'Università degli Studi di Palermo, Vol. 45 (2012) 619–658.

Scarcella, Agatina Stefania. Libertà di forma nei negozi mortis causa: fondamento per il riconoscimento normativo dell'uso del greco, in: Cascione, Cosimo/Masi Doria, Carla/Merola, Giovanna D. (ed.), Modelli di un multiculturalismo giuridico. Il bilinguismo nel mondo antico. Diritto, prassi, insegnamento, Vol. 2, Satura Napoli 2013, 569–600.

Seeck, Otto. Regesten der Kaiser und Päpste für die Jahre 311 bis 476 n. Chr., Metzler Stuttgart 1919.

Spallone, Maddalena. Giurisprudenza romana e storia del libro, Herder Roma 2008.

Spina, Alessia. Ricerche sulla successione testamentaria nei responsa di Cervidio Scevola, Giuffrè Milano 2012.

Strobel, Benedikt. Römische Testamentsurkunden aus Ägypten vor und nach der Constitutio Antoniniana, C.H. Beck München 2014.

Terranova, Francesca. Ricerche sul testamentum per aes et libram, Vol. 1. Il ruolo del familiae emptor (con particolare riguardo al formulario del testamento librale), Giappichelli Torino 2011.

Terranova, Francesca. Il ruolo del familiae emptor nel testamentum per aes et libram, Studi Urbinati, Vol. 83 n.s. 66 (2015) 237–260.

Toniolo, Luana. Archeologia del commercio e del consumo a Napoli nella tarda età imperiale, L'Erma di Bretschneider Roma 2020.

Wessel, Hendrik. Das Recht der Tablettes Albertini, Dunker & Humblot Berlin 2003.

Zangemeister, Karl Friedrich Wilhelm (ed.), Inscriptionum parietariarum Pompeianarum supplementum. Pars I. Tabulae ceratae Pompeis repertae annis MDCCCLXXV et MDCCCLXXXVII (= Corpus Inscriptionum Latinarum. Volumen IV, supplementi pars I), Reimer Berlin 1898.

Thomas Rüfner*

Das römische Familienfideikommiss

Inhalt:

I. Das Familienfideikommiss in den antiken Quellen und im Gemeinen Recht

Das Wort ‚Fideikommiss‘ hat in der modernen deutschen Rechtssprache im Wesentlichen nur als Bezeichnung für adelige Familienfideikommisse überlebt. Schon das österreichische Allgemeine Bürgerliche Gesetzbuch regelte unter der Bezeichnung ‚Fideicommiß‘ nur das Familienfideikommiss, wie ein Klammerzusatz in § 618 ABGB klarstellte. Nur Familienfideikommisse meint auch die Anordnung „Die Fideikommisse sind aufzulösen.“ in Art. 155 Abs. 2 S. 2 der Weimarer Reichsverfassung und nur Familienfideikommisse beschäftigen noch in neuerer Zeit die deutschen[1], österreichischen[2] und europäischen[3] Gerichte.

Die Familienfideikommisse des Gemeinen Rechts ermöglichten es adeligen Familien, das Schicksal ihres Vermögens über viele Generationen festzulegen und den Vermögensstamm vor Veräußerung an Familienfremde zu

* Universität Trier, Fachbereich V Rechtswissenschaft, 54286 Trier; ruefner@uni-trier.de.

1 BayObLG 27.10.2004, FkBR 1/03, NJW 2005, 608.

2 OGH 27.11.2020, 2 Ob 187/19t.

3 EGMR 14.5.2013, 26367/10, NJW 2014, 757 (Fürst von Thurn und Taxis/Deutschland).

schützen. Das fideikommissarisch gebundene Eigentum konnte nicht nach freier Willkür des jeweiligen Inhabers vererbt werden, sondern musste einem bestimmten Familienmitglied – typischerweise dem ältesten Sohn – hinterlassen werden. Dieser war seinerseits wiederum verbunden, das Fideikommissgut an seinen ältesten Sohn weiterzugeben[4].

Dass sich das gemeinrechtliche Familienfideikommiss unter dem Einfluss der römischen Quellen zum *fideicommissum* entwickelt hat, ist schon aufgrund der Bezeichnung offensichtlich. Tatsächlich erwähnen und analysieren zahlreiche römische Rechtstexte ein *fideicommissum quod familiae relinquitur*[5]: Bei einem solchen Fideikommiss bestimmte der Erblasser, dass ein Gegenstand, in der Regel ein Grundstück[6], von dem, der ihn bei Tod des Erblassers zunächst erhielt, bei dessen Tod ‚einem aus der Familie' hinterlassen werden müsse[7], dass es den Namen der Familie nicht verlassen dürfe (*ne de nomine exeat*[8]), oder legte in ähnlicher Weise fest, dass der Gegenstand an Familienangehörige weitergegeben werden müsse.

Zwar wurden die römischen Quellen zum *fideicommissum quod familiae relinquitur* auf die Fideikommisse des Gemeinen Rechts angewendet, doch hatten Fideikommisse auch Wurzeln im einheimischen („germanischen") Gewohnheitsrecht[9]. Die Frage, welchen Anteil das römische und das deutsch-rechtliche Element an der Rechtsfigur des mittelalterlichen und neuzeitlichen Familienfideikommisses hatte, soll in diesem Beitrag nicht weiterverfolgt werden. Die folgenden Überlegungen sind ausschließlich der Frage gewidmet, ob das *fideicommissum quod familiae relinquitur* des klassischen römischen Rechts zur Bindung des Familienvermögens über viele Generationen hinweg eingesetzt werden konnte, wie sie für das gemeinrechtliche adelige Familienfideikommiss charakteristisch war.

Die in der Literatur herrschende Auffassung verneint die Frage: Anordnungen, die sicherstellen sollten, dass bestimmte Vermögensgegenstände in den Händen einer Familie blieben, sollen „nur in engen Grenzen"[10] wirksam gewesen sein. Eine Bindung über Jahrhunderte hinweg, wie sie bei den

---

4 Vgl. nur *Luig*, Knipschildt und das Familienfideikommiß, in: Itinera Fiduciae (1998) 366 f. mit umfangreichem weiterem Nachweis.

5 Vgl. Mod. 9 reg. D. 31.32.6.

6 *Avenarius*, Zweck römischer Familienfideikommisse, in: Scritti Marrone (2019) 10.

7 Pap. 19 quaest. D. 31.67 pr.

8 Scaev. 19 dig. D. 35.1.108.

9 *Luig*, Knipschildt und das Familienfideikommiß, in: Itinera Fiduciae (1998) 367; *Ebel*, Art. Familienfideikommiss, in: HRG I² (2008) Sp. 1503.

10 So *Kaser*, PR 2 ²(1975) 354; vgl. auch pointiert *Babusiaux*, Fideicommissum familiae relictum, in: Atti Costantiniana 22 (2017) 418 („efficacia pluri-generazionale" des antiken Familienfideikommisses „strutturalmente esclusa").

gemeinrechtlichen Familienfideikommissen beabsichtigt und erreicht wurde, wäre demnach nicht möglich gewesen. Die folgenden Überlegungen sollen zeigen, dass dem klassischen Recht die Festlegung eines Vermögensgegenstandes über viele Generationen mithilfe eines *fideicommissum quod familiae reliquitur* vielleicht nicht gänzlich fremd war.

II. Vermögensbindung über viele Generationen im klassischen römischen Recht

1. Die römische Konstruktion des Fideikommisses

Das Fideikommiss des klassischen römischen Rechts ist im Ausgangspunkt ein Treuhandgeschäft: Der Erblasser appelliert an die Treue (*fides*) einer Person, der er seinen Nachlass oder Teile desselben hinterlassen hat, und bittet diese Person, die empfangene Begünstigung ganz oder zum Teil an einen Dritten (den Fideikommissar) weiterzugeben. Seit Augustus ergab sich aus der formlosen Fideikommissbitte des Erblassers ein durchsetzbarer Anspruch des Fideikommissars gegen den Beschwerten[11]. Beim Familienfideikommiss richtet sich die Fideikommissbitte darauf, dass der Empfänger einen Vermögensgegenstand (in der Regel ein Grundstück) aus dem Nachlass nach seinem Tod an ein Familienmitglied herausgibt. Der Anspruch des nächsten Begünstigten richtet sich naturgemäß gegen die Erben des Beschwerten.

Ob das Familienfideikommiss eine Bindung über mehrere Generationen hinweg erlaubt, hängt davon ab, ob es dem Erblasser möglich ist, die Fideikommissare, die das Grundstück nach dem Tod des ersten Begünstigten erhalten, jeweils ihrerseits wieder zu verpflichten, das Objekt bei ihrem Tod an ein Familienmitglied herauszugeben und ob auch diese Familienmitglieder aus dem Fideikommiss wieder (zunächst) berechtigt und (später) verpflichtet werden können.

2. Justinians Novelle 159

Als Indiz für die Möglichkeit einer langfristigen Vermögensbindung schon im klassischen Recht könnte zunächst die justinianische Novelle 159 aus dem Jahr 555 dienen. Aus diesem komplizierten Text wird geschlossen, dass ein Erblasser äußerstenfalls vier Generationen an seinen Willen binden kann[12]. Wenn Justinian Restriktionen einführte, könnte man vermuten, dass er das großzügigere klassische Recht änderte. Stattdessen wird von der herrschenden Auffassung angenommen, dass Justinian selbst zunächst

11 Vgl. Inst. 2.23.1.

12 *Kaser*, PR 2 ^{2}(1975) 554; *Johnston*, Trusts (1988) 115; abweichend *Desanti*, Onus (2003) 37.

die Möglichkeiten für längerfristige Bindungen erweiterte[13] und dann neue Begrenzungen einführte.

Die zwischenzeitliche Liberalisierung soll in der Abschaffung des Verbotes von Zuwendungen an unbestimmte Personen (*incertae personae*) bestanden haben. Die Konstitution, mit der Justinian dieses Verbot beseitigt haben soll, ist jedoch nicht im Wortlaut erhalten[14]. David Johnston bezweifelt deshalb die angenommene Liberalisierung durch Justinian[15], nimmt aber gleichfalls nicht an, dass im klassischen Recht die langfristige Vermögensbindung schrankenlos möglich war. Aus Johnstons Sicht führte Justinian zusätzliche Begrenzungen über die schon im klassischen Recht bestehenden (und von Justinian nicht veränderten) Restriktionen hinaus ein[16].

Angesichts der unsicheren Quellenlage für das justinianische Recht verbieten sich einfache Rückschlüsse von den justinianischen Reformen auf den klassischen Rechtszustand. Nur eine Sichtung der Quellen zum klassischen Recht kann weiteren Aufschluss bringen.

3. Das Verbot der Zuwendung an incertae personae

Im klassischen Recht kommt dem bereits erwähnten Verbot von erbrechtlichen Zuwendungen an *incertae personae* zentrale Bedeutung zu. Das Verbot bezog sich ursprünglich auf Erbeinsetzungen und Vermächtnisse. Personen, die bei Testamentserrichtung nicht individuell bestimmbar waren, durften nicht begünstigt werden. Unzulässig waren demnach Zuwendungen an ‚den ersten, der bei meiner Bestattung erscheint', aber auch an Körperschaften mit wechselnden Mitgliedern[17]. Für die Auswirkungen dieses Verbots auf die Gestaltungsmöglichkeiten beim Familienfideikommiss ist eine Passage aus dem Lehrbuch des Gaius maßgeblich:

Gai. 2.287

Item olim incertae personae vel postumo alieno per fideicommissum relinqui poterat, quamvis neque heres institui neque legari ei possit. Sed senatus consulto, quod auctore divo Hadriano factum est, idem in fideicommissis quod in legatis hereditatibusque constitutum est.

---

13 *Voci*, DER 1 ²(1967) 415; *Kaser*, PR 2 ²(1975) 554; *Desanti*, Onus (2003) 321; *Babusiaux*, Fideicommissum familiae relictum, in: Atti Costantiniana 22 (2017) 418.

14 Es handelt sich um die nur aus griechischsprachigen Quellen rekonstruierbare Konstitution Just. A. (*incertus*) C. 6.48.1 (a. 528/529); auch aus Inst. 2.20.26 f. lässt sich die Tragweite der Bestimmungen nicht eindeutig rekonstruieren.

15 *Johnston*, Trusts (1988) 109–111.

16 *Johnston*, Trusts (1988) 116.

17 Ps.-Ulp., reg. 22.4 f.; vgl. *Corbo*, Incertae personae (2012) 56, 77–104.

Ebenso konnte man früher einer unbestimmten Person oder einem fremden Nachgeborenen durch Fideikommiss etwas zuwenden, obwohl eine solche Person weder als Erbe eingesetzt noch mit einem Vermächtnis bedacht werden kann. Doch durch einen Senatsbeschluss, der auf Betreiben des vergöttlichten Kaisers Hadrian gefasst wurde, ist für Fideikommisse dasselbe bestimmt wie für Vermächtnisse und Erbschaften.

Aus dem Text des Gaius ergibt sich zunächst, dass das Verbot der Begünstigung von *incertae personae* ursprünglich für Fideikommisse nicht galt, aber durch einen zur Zeit des Kaisers Hadrian ergangenen Senatsbeschluss auf Fideikommisse erstreckt wurde. Zum anderen zeigt der Text, dass von dem Verbot auch Zuwendungen an (bei Testamentserrichtung) noch nicht geborene Personen erfasst waren[18]. Ausgenommen waren nur *postumi sui,* also Personen, die *sui heredes* des Erblassers werden und – wenn sie im Testament nicht bedacht waren – den Tatbestand des *testamentum ruptum* auslösen konnten[19]. Um über viele Generationen Wirkung zu entfalten, müsste ein Familienfideikommiss zugunsten von *postumi* möglich sein, die, eben weil zwischen ihnen und dem Erblasser mehrere Generationen liegen, nicht zu den *postumi sui* zählen. Die Erstreckung des Verbots der Begünstigung von *incertae personae* einschließlich der *postumi alieni* auf Fideikommisse unter Hadrian schloss demnach die Errichtung von Familienfideikommissen, die über viele Generationen wirksam blieben, effektiv aus.

4. Die Lockerung des Verbots bei Modestin

Ein Text des Spätklassikers Modestin weckt allerdings Zweifel daran, ob das Verbot der Begünstigung von *postumi alieni* bis zum Ende des klassischen Zeitalters streng eingehalten wurde.

Mod. 9 reg. D. 31.32.6

In fideicommisso quod familiae relinquitur hi ad petitionem eius admitti possunt, qui nominati sunt, aut post omnes eos exstinctos qui ex nomine defuncti fuerint eo tempore, quo testator moreretur, et qui ex his primo gradu procreati sint, nisi specialiter defunctus ad ulteriores voluntatem suam extenderit.

Bei einem Fideikommiss, das ‚der Familie' hinterlassen wird, können diejenigen zur Durchsetzung zugelassen werden, die ausdrücklich benannt sind oder – wenn diese alle verstorben sind – diejenigen, die zu den Trägern des Namens des Verstorbenen zu der Zeit gehörten, als der Erblasser starb, und diejenigen, die von diesen im ersten Grad abstammen, sofern der Verstorbene nicht seinen Willen durch besondere Verfügung auf Weitere ausgedehnt hat.

18 Vgl. auch Gai. 2.242, wo der *postumus alienus* ausdrücklich als *incerta persona* bezeichnet wird.

19 Vgl. zu den Einzelheiten Scaev. 6 quaest. D. 28.2.29.

Nach Modestin ergibt sich beim Familienfideikommiss ein Forderungsrecht primär für die vom Erblasser ausdrücklich benannten Begünstigten, sodann für alle Träger des Familiennamens, die beim Tod des Erblassers schon am Leben waren. Ferner sollen (wenn es keine Berechtigten aus den beiden ersten Gruppen gibt) auch die aus dem Fideikommiss berechtigt sein, die zur Zeit des Erbfalls nicht lebten, aber Kinder von zur Zeit des Erbfalls lebenden Namensträgern sind. Zumindest soweit die zur Zeit des Erbfalls lebenden Namensträger ihrerseits keine Abkömmlinge des Erblassers sind, handelt es sich bei ihren Kindern um *postumi alieni*. Modestin zieht den Kreis der potenziell Begünstigten also weiter als es nach dem Senatsbeschluss unter Hadrian zulässig wäre[20]. Mit der letzten Klausel, die auch die Begünstigung von Weiteren (*ulteriores*) gestattet, sofern dies dem Willen des Erblassers entspricht, scheint Modestin das Verbot der Begünstigung von *postumi alieni* endgültig beiseite zu wischen.

Die neuere romanistische Literatur traut Modestin die Erweiterung des Kreises der Begünstigten auf die unmittelbaren Deszendenten der zur Zeit des Todes lebenden Namensträger zu, nicht aber eine unbegrenzte Ausdehnung auf *ulteriores* nach dem Willen des Erblassers. Die Einbeziehung der unmittelbaren Deszendenten wird von David Johnston mit einer Fortentwicklung des Rechts während der klassischen Epoche erklärt[21] und von Ulrike Babusiaux als Ausdruck der „informalità del fedecommesso“ gedeutet, die eine „maggiore elasticità“ der Auslegung ermöglicht habe[22]. Die Schlussklausel wird vielfach als justinianische Interpolation angesehen, mit der die Kompilatoren der Beseitigung des Verbots der Begünstigung von *incertae personae* Rechnung getragen hätten[23]. Demgegenüber sehen Johnston und Babusiaux die Schlussklausel als echt an, wollen sie aber nicht als Erstreckung auf weitere Personen, die zur Zeit des Erbfalls noch nicht lebten, verstehen. Vielmehr soll die Klausel entferntere Angehörige des Erblassers, wie nur kognatisch Verwandte oder Freigelassene, erfassen, die aber zur Zeit des Erbfalls bereits geboren waren[24].

Keine dieser Erklärungen ist befriedigend. Wenn die Lockerung des Verbots der Begünstigung von *incertae personae* bei Modestin Ergebnis einer Fortentwicklung des Rechts oder einer elastischeren Auslegung war,

---

20 *Johnston*, Trusts (1988) 80.

21 *Johnston*, Trusts (1988) 80.

22 *Babusiaux*, Fideicommissum familiae relictum, in: Atti Costantiniana 22 (2017) 416; für Echtheit auch *Desanti*, Onus (2003) 303.

23 *Voci*, DER 1 ²(1967) 943; *Kaser*, PR 2 ²(1975) 554 Fn. 44; *Desanti*, Onus (2003) 304 und 323.

24 *Johnston*, Trusts (1988) 111; *Babusiaux*, Fideicommissum familiae relictum, in: Atti Costantiniana 22 (2017) 417.

überrascht es, dass die Generation der unmittelbaren Deszendenten für Modestin eine starre Grenze der Interpretation darstellte. Der Interpolationsverdacht steht – von den prinzipiellen methodischen Vorbehalten gegen vorschnelle Interpolationsannahmen abgesehen – auch im Hinblick auf die unsichere Überlieferung der Konstitution, mit der Justinian das Verbot der Begünstigung von *incertae personae* abgeschafft haben soll, auf keinem festen Fundament. Die von Johnston und Babusiaux vertretene Deutung ist aus mehreren Gründen nicht überzeugend:

Zunächst ist festzustellen, dass Freigelassene den Namen des Erblassers tragen. Insofern sind sie bereits in der zweiten von Modestin genannten Gruppe enthalten (*qui ex nomine defuncti fuerint eo tempore, quo testator moreretur*)[25] und können folglich kaum mit den *ulteriores* gemeint sein. Demnach blieben für die Deutung von Johnston und Babusiaux nur die Blutsverwandten (*cognati*). Dass diese und überhaupt Personen, die nicht den (Gentil-)Namen des Erblassers tragen, durch ein Familienfideikommiss begünstigt sein sollen, erscheint angesichts der Bedeutung, die römische Erblasser gerade der Führung ihres Namens durch den Fideikommissar beimaßen[26], nicht naheliegend.

Vor allem aber müssen Johnston und Babusiaux Modestin unterstellen, dass er – nach der bereits in den Bereich der *postumi alieni* übergreifenden Erweiterung – zu den zur Zeit des Erbfalls Lebenden zurückkehrt, also gewissermaßen das Thema wechselt: Die Erstreckung auf die *ulteriores* schlösse sich nach diesem Verständnis nicht logisch an die zuvor erwähnte Erweiterung auf die unmittelbaren Deszendenten an, sondern ginge in eine andere Richtung. Eine solche sprunghafte Gedankenführung ist nicht plausibel[27].

5. Zuwendungen an *postumi alieni* in der Spätklassik

Nach alldem stellt sich die Frage, ob es nicht möglich ist, den Schluss von Mod. 9 reg. D. 31.32.6 so zu verstehen, wie es bei unbefangener Lektüre naheliegt, und ihn gleichwohl für klassisch zu halten: Ist es wirklich unvorstellbar, dass Modestin eine Begünstigung von – in der Generationsfolge – weiter entfernten Trägern des Familiennamens für möglich hielt, wenn sie vom Erblasser ausdrücklich gewollt war?

Dafür, dass das Verbot der Begünstigung von *incertae personae* – soweit es *postumi alieni* betraf – in der Spätklassik nicht mehr streng beachtet

---

25 Vgl. zur Einbeziehung von Freigelassenen auch *Avenarius*, Zweck römischer Familienfideikommisse, in: Scritti Marrone (2019) 4–6.

26 *Avenarius*, Zweck römischer Familienfideikommisse, in: Scritti Marrone (2019) 6–9.

27 So auch *Desanti*, Onus (2003) 304 Fn. 392.

wurde, lässt sich ein Text Ulpians anführen, aus dem sich ergibt, dass ein *postumus alienus*, der als Erbe eingesetzt war, die *bonorum possessio* erhalten konnte[28]. Wenn demnach die prätorische Billigkeitsrechtsprechung dem *postumus alienus* trotz des zivilrechtlichen Verbots der Erbeinsetzung[29] eine erbengleiche Stellung verschaffen konnte, liegt die Annahme nahe, dass – zumindest nach der Auffassung Modestins – Ähnliches im Rahmen der elastischen Auslegung eines unförmlichen Fideikommisses möglich war. Die besseren Gründe sprechen also dafür, dass Modestin in 9 reg. D. 31.32.6 die Begünstigung von zur Zeit des Erbfalls noch nicht lebenden Familienmitgliedern auch über den Kreis der unmittelbaren Deszendenten von Namensträgern, die den Erbfall erlebt hatten, hinaus für möglich hielt.

6. Die fideikommissarische Verpflichtung von entfernteren Verwandten

Kann demnach Mod. 9 reg. D. 31.32.6 als Beleg dafür dienen, dass durch ein Familienfideikommiss Forderungsrechte über mehrere Generationen hinweg geschaffen werden konnten, so stellt sich die Frage, ob es auch möglich war, den jeweils Begünstigten ihrerseits wieder die Verpflichtung aufzuerlegen, das Fideikommissgrundstück nur innerhalb der Familie weiterzugeben.

Babusiaux bezweifelt dies unter Berufung auf einen Papiniantext:

Pap. 9 resp. D. 31.78.3

Praedium pater de familia liberorum alienari verbis fideicommissi prohibuit. supremus ex liberis, qui fideicommissum petere potuit, non idcirco minus actionem in bonis suis reliquisse visus est, quod heredem extrarium sine liberis decedens habuit.

Ein Vater hatte – mit für ein Fideikommiss passenden Worten – verboten, dass ein Grundstück aus der Familie seiner Kinder heraus veräußert würde. Der letzte Sohn, der zur Forderung des Fideikommisses berechtigt war, hat ersichtlich das Klagerecht nicht deshalb nicht als Teil seines Vermögens hinterlassen, weil er ohne Kinder starb und von einem Außenstehenden beerbt wurde.

Vermutlich wurde das fragliche Grundstück allen Kindern des Erblassers gemeinschaftlich hinterlassen. Jedem Kind war es verboten, seinen Anteil an Außenstehende zu veräußern. Im Fall der Zuwiderhandlung gegen den Wunsch des Vaters konnten die übrigen Kinder aus Fideikommiss gegen das ungehorsame Geschwister klagen. Nun war es zu einer Veräußerung gekommen, als nur noch ein weiteres Kind des Erblassers vorhanden war[30]. Papinian entscheidet, dass dieses letzte zur Fideikommissklage berechtigte Kind die Klage nicht nur selbst erheben, sondern auch weitervererben kann,

28 Ulp. 41 ed. D. 37.9.6.
29 Gai. 2.242.
30 *Desanti*, Onus (2003) 266.

obgleich die Klage (die an die Stelle des Grundstücks tritt) damit letztlich an einen Außenstehenden fällt.

Babusiaux schließt aus der Passage, dass nur der unmittelbare Erbe des Erblassers durch das Familienfideikommiss gebunden war[31]. Diesen Schluss trägt der Text jedoch nicht. Die Äußerung Papinians belegt lediglich, dass die Verpflichtung und die Berechtigung aus einem Familienfideikommiss dann ihr Ende fand, wenn der vom Erblasser festgelegte Kreis der Begünstigten erschöpft war. Im Fall von Pap. 9 resp. D. 31.78.3 konnte der letzte Sohn von niemandem mehr in Anspruch genommen werden, weil es keine weiteren Berechtigten gab. Auch seine Erben konnten deshalb nicht mehr in Anspruch genommen werden. Dieser Umstand führte nicht dazu, dass ihm das Klagerecht, das bereits zu seinen Lebzeiten (und damit bevor feststand, dass er kinderlos sterben würde) entstanden war[32], wieder entzogen wurde. Einen Schluss darauf, wie lange Berechtigung und Verpflichtung aus einem Familienfideikommiss fortdauern, wenn es noch Berechtigte gibt, lässt der Text nicht zu.

Allgemein gilt nach dem Zeugnis Ulpians, dass jeder mit einem Fideikommiss beschwert werden kann, der etwas aus dem Nachlass erhält[33]. Geht man – entsprechend den oben vorgetragenen Überlegungen zu Mod. 9 reg. D. 31.32.6 – davon aus, dass es in der Spätklassik zumindest von manchen Juristen für möglich gehalten wurde, *ulteriores*, Angehörige (prinzipiell beliebig weit) entfernter Generationen, durch ein Familienfideikommiss zu begünstigen, so ist anzunehmen, dass man die Begünstigten auch wiederum mit dem Fideikommiss beschweren konnte.

III. Das Familienfideikommiss des klassischen Rechts: „curiously similar" oder „curiously different"?

Aufgrund der vorstehenden Überlegungen, insbesondere zu Mod. 9 reg. D. 31.32.6, ist wahrscheinlich, dass ein über viele Generationen wirkendes Familienfideikommiss im (spät-)klassischen römischen Recht möglich war. Gleichwohl entwickelten sich in der römischen Kaiserzeit keine gesellschaftlichen Strukturen, die denen der Adelsgesellschaft des Ancien Régime vergleichbar waren. Dieser Befund lässt sich auf verschiedene Weise erklären:

Zunächst ist nicht gesichert, dass die Auffassung des Modestin allgemeine Anerkennung fand. Wenn unklar oder unter den Rechtsgelehrten streitig geblieben sein sollte, wie weit die Bindungswirkung von

31 *Babusiaux*, Fideicommissum familiae relictum, in: Atti Costantiniana 22 (2017) 418.

32 *Desanti*, Onus (2003) 267.

33 Ulp. 1 fideic. D. 32.1.6.

Familienfideikommissen reichte, dürfte das die praktische Bedeutung des Rechtsinstituts erheblich geschmälert haben. Eine bestehende Rechtsunsicherheit könnte auch erklären, warum Justinian möglicherweise – wie von der herrschenden Auffassung angenommen – das Verbot der Begünstigung von *incertae personae* später noch durch Gesetz abgeschafft hat.

Womöglich liegt die Erklärung auch darin, dass das Familienfideikommiss im römischen Recht eine andere Funktion hatte als im Ancien Régime. Wie Avenarius dargelegt hat, spielten immaterielle Interessen eine große Rolle: Es ging vielleicht mehr um die Bewahrung von ‚Erinnerungsorten' der Familie im Familienbesitz als darum, ein großes Vermögen zusammenzuhalten[34]. Wenn das Familienfideikommiss nicht zur Akkumulation adeliger Vermögen eingesetzt wurde, mussten sich auch nicht die wirtschaftlichen und strukturellen Folgen einer dauerhaften Festlegung großer Immobilienvermögen zeigen.

Trifft diese Vermutung zu, so gilt letztlich *mutatis mutandis*, was Johnston auf der Grundlage seiner Deutung der Texte formulierte: Für Johnston war das Recht der justinianischen Zeit dem der klassischen Zeit erstaunlich ähnlich („curiously similar"), aber die Absichten der Testamentsverfasser in byzantinischer Zeit waren bemerkenswert anders („curiously different")[35]. Entsprechend ließe sich festhalten: Das (spät-)klassische römische Recht war dem späteren Gemeinen Recht erstaunlich ähnlich, die Absichten der Stifter von Familienfideikommissen in der Antike aber erstaunlich anders als die der Adelsherren des Mittelalters und der frühen Neuzeit.

Bibliographie:

Avenarius, Martin. Gentilnamen, Grundstücke und Gedächtnis. Die Förderung der Memoria als Zweck römischer Familienfideikommisse an Immobiliarvermögen, in: D'Angelo, Giacomo/De Simone, Monica/Varvaro, Mario (Hg.), Scritti per il novantesimo compleanno di Matteo Marrone, G. Giappichelli Torino 2019, 1–25.

Babusiaux, Ulrike. Il valore della terra e il fideicommissum familiae relictum. Una configurazione giuridica motivata da fattori economici?, in: Atti dell'Accademia Romanistca Costantiniana 22, Edizioni Scientifiche Italiane Napoli 2017, 405–435.

Corbo, Chiara. Incertae personae e capacità successoria. Profili di una società e del suo diritto, M. D'Auria Napoli 2012.

---

34 *Avenarius*, Zweck römischer Familienfideikommisse, in: Scritti Marrone (2019) 24 f.

35 *Johnston*, Trusts (1988) 116.

Desanti, Lucetta. Restitutionis post mortem onus. I fedecommessi da restituirsi dopo la morte dell'onerato, Giuffrè Milano 2003.

Ebel, Ina. Art. Familienfideikommiss, in: Cordes, Albrecht/Lück, Heiner/Werkmüller, Dieter/Haferkamp, Hans-Peter (Hg.), Handwörterbuch zur deutschen Rechtsgeschichte, Band 1, 2. Aufl., Schmidt Berlin 2008, Sp. 1503 f.

Johnston, David. The Roman law of trusts, Clarendon Press Oxford 1988.

Kaser, Max. Das römische Privatrecht. Zweiter Abschnitt. Die nachklassischen Entwicklungen, 2. Aufl., C.H. Beck München 1975.

Luig, Klaus. Philip Knipschildt und das Familienfideikommiß im Zeitalter des Usus modernus, in: Helmholz, Richard/Zimmermann, Reinhard (Hg.), Itinera Fiduciae. Trust and Teeuhand in Historical Perspective, Duncker & Humblot Berlin 1998, 361–387.

Voci, Pasquale. Diritto ereditario romano, Band 1: Introduzione. Parte generale, 2. Aufl., Giuffrè Milano 1967.

Dietmar Schanbacher*

Umgehungsstrategien zur *lex Voconia*

Inhalt:

I. Die *lex Voconia*

1. Bestimmungen

Die *lex Voconia*, jenes auf Antrag des Volkstribunen Q. Voconius Saxa im Jahre 169 v. Chr. ergangene Plebiszit, enthielt im Wesentlichen zwei Bestimmungen, 1) ein Erbeinsetzungsverbot und 2) eine Legatenbeschränkung[1]. Die *lex Voconia* verbot 1) Bürgern der ersten Zensusklasse, d. h. Bürgern, die zensiert waren und deren festgestelltes Vermögen 100.000 Asse, später Sesterze, oder mehr betrug[2], Frauen zu Erben

---

* Technische Universität Dresden, Lehrstuhl für Bürgerliches Recht und Römisches Recht, von-Gerber-Bau, Bergstraße 53, 01069 Dresden; dietmar.schanbacher@tu-dresden.de.

1 *Rotondi*, Leges publicae (1912) 283 f.

2 *Weishaupt*, Lex Voconia (1999) 41 ff. (uneinheitliche und teils ungenaue Angaben zum Betrag in den Quellen). Auch Frauen konnten zensiert sein; s. Cic. Verr. 2.1.111 (Annaea); *Weishaupt*, Lex Voconia (1999) 48; *McClintock*, Successione

einzusetzen[3]; und sie beschränkte 2) von derart zensierten Bürgern[4] vergebene Legate auf den Betrag des Erbenerwerbs[5]. Diese Bestimmung folgte im Gesetz auf jene[6]. Was in einer der ps.-quintilianischen Deklamationen[7] unter der Überschrift *Fraus legis Voconiae* als eine Bestimmung der *lex Voconia* ausgegeben wird[8], ‚Es soll nicht erlaubt sein, einer Frau mehr als die Hälfte des Vermögens zu geben', ist keineswegs eine weitere dritte Bestimmung der *lex Voconia*, vielmehr nur ein zu rhetorischer Übung erfundener, voconisch inspirierter Rechtssatz[9]. Gaius erwähnt das Erbeinsetzungsverbot der

---

di Emilia, Index 33 (2005) 317, 321 mit Fn. 35 u. 36 (331); *McClintock*, Lex Voconia, RIDA[3] 60 (2013) 183, 190.

3 Gai. 2.274.

4 Str., s. *Weishaupt*, Lex Voconia (1999) 81 ff. (vermittelnd).

5 Gai. 2.226.

6 *Rotondi*, Leges publicae (1912) 283 f.; *Vigneron*, Schleichwege, Labeo 29 (1983) 140, 141 f., *McClintock*, Lex Voconia, RIDA[3] 60 (2013) 186 ff. (1). A.A. (2) *Elster*, Gesetze der mittleren römischen Republik (2003) 376 f. (jene auf diese). A.A. (3) *van der Meer*, Made for Men (1996) 4 f. (Reihenfolge unbekannt); vgl. *Tellegen-Couperus/Tellegen*, La loi Voconia, TR 66 (1998) 65, 66.

7 Ps.-Quint. decl. 264.

8 S. *Rotondi*, Leges publicae (1912) 284.

9 *Weishaupt*, Lex Voconia (1999) 21 ff., 104 ff.; *Lentano*, Retorica e diritto (2014) 104 ff. (1). A.A. (2) *Monaco*, Hereditas e mulieres (2000) 194, im Anschluss an *Guarino*, Lex Voconia, in: Pagine di diritto romano III (1994) 259, 261 (aus 1982) [juristische Deduktion]. A.A. (3) *Bettinazzi*, La legge nelle declamazioni quintilianee (2014) 23 ff., 149 (beide Einschätzungen (1) (2) zu verbinden suchend). A.A. (4) *Labruna*, Astronomi e storici, in: Studi Biscardi 3 (1982) 339, 345 ff. (weitere dritte Bestimmung der *lex Voconia*); ablehnend *Guarino*, Lex Voconia, in: Pagine di diritto romano III (1994) 261 f. – Dass die *lex Voconia* eine Ausnahmebestimmung zugunsten der ‚einzigen Tochter' (*unica filia*) enthalten habe (*Flach*, Laudatio Turiae [1991] 18 ff., 79), erscheint als aus der Luft gegriffen. Verurteilt doch August. De civ. Dei 3,21 das Eingreifen der *lex Voconia* gerade in diesem Fall (vgl. dazu *Flach*, Laudatio Turiae [1991] 21: Vergröberung). Doch begegnet diese Annahme schon früher: Angelo Mai erklärte in seiner Edition des berühmten Palimpsests Vat.Lat. 5757 die Worte *nec unicam filiam* für, anstelle von *nisi unicam filiam*, fehlerhaft überliefert; s. *Balestri Fumagalli*, Riflessioni (Milano 2008) 28 Fn. 61 (28 f.), 59 Fn. 65, 71 mit Fn. 13. Die *lex Voconia* stand der Erbeinsetzung der einzigen Tochter (*unica filia*) durch P. Annius Asellus (gest. 75 v. Chr.) an sich nur deshalb nicht entgegen, weil P. Annius Asellus nicht zensiert war: Cic. Verr. 2.1.104; *Kübler*, Intestaterbrecht der Frauen, ZRG RA 41 (1920) 15, 26, 32, 35 Fn. 1; *Weishaupt*, Lex Voconia (1999) 8 f., 47.

Die *lex Voconia* hinderte den Vater aus Catull. 68.119–124, die einzige Tochter (*una nata*) zur Erbin einzusetzen. Erst mit dem Enkel, der in die Testamentsurkunde eingetragen wird, finden die Reichtümer des Großvaters ihr Ziel, und wird die gottlose Freude des lächerlichen Gentilen zuschanden und der Geier vom grauen Haupte verscheucht; *Kübler*, Intestaterbrecht der Frauen, ZRG RA 41

lex Voconia, um sogleich anzumerken: Die Frau könne gleichwohl die Erbschaft durch ein ihr hinterlassenes Fideikommiss erwerben[3]. Es fällt auf, dass Gaius vom Erbeinsetzungsverbot der *lex Voconia* nicht etwa im Abschnitt über die testamentarische Erbeinsetzung handelt, sondern, eher beiläufig, im Abschnitt über die Fideikommisse[10]. Dies ist ein Anzeichen dafür, dass die Bestimmung zwar noch galt, jedoch zur Zeit des Gaius kaum mehr praktische Bedeutung hatte[11]. Das lag daran, dass sie nicht nur das entsprechende Vermögen voraussetzte, sondern auch den Zensus, der inzwischen nicht mehr stattfand[12]. Afrikan führt das Erbeinsetzungsverbot der *lex Voconia* in dem 146 n. Chr. stattfindenden Gespräch mit Favorin denn auch unter denjenigen Gesetzen auf, über die die Zeit hinweggegangen sei[13].

2. Umgehung und Konversion

Was weiter auffällt, ist: Gaius weist, nachdem er vom Erbeinsetzungsverbot der *lex Voconia* gesprochen hat, selbst auf eine Umgehungsstrategie hin: das Erbschaftsfideikommiss. Wozu er dagegen nichts sagt, ist: Lässt sich eine aufgrund der *lex Voconia* nichtige Erbeinsetzung (die *lex Voconia* war eine sog. *lex perfecta*[14]) nicht vielleicht umdeuten in ein solches

(1920) 37 ff. – Cic. Rep. 3.17 (*Flach*, Laudatio Turiae [1991] 20 f.; des Weiteren *Weishaupt*, Lex Voconia [1999] 16 ff.) ist rätselhaft; *Kübler*, Intestaterbrecht der Frauen, ZRG RA 41 (1920) 26 f.

10 *Weishaupt*, Lex Voconia (1999) 3 f.

11 *Weishaupt*, Lex Voconia (1999) 154 f.

12 *Weishaupt*, Lex Voconia (1999) 49, 151, 156 (letzter Zensus 73/74 n. Chr., unter Vespasian). Wäre die Wirkung des Zensus auf das *lustrum* begrenzt gewesen (*Benke*, Rez. Weishaupt, ZRG RA 119 [2002] 488, 490), hätte sich das Erbeinsetzungsverbot der *lex Voconia* schon früher erledigt gehabt. Augustus selbst unterlag, als er am 3. April 13 n. Chr. sein Testament machte, an sich dem Erbeinsetzungsverbot der *lex Voconia* (s. unter 5. b.), obgleich der letzte Zensus schon über zwanzig Jahre zurücklag (8 v. Chr.); s. *Berve*, s.v. lustrum, RE XIII.2 (1927) Sp. 2034, 2051. Julius Agricola, 73/74 n. Chr. zensiert, starb unter Hinterlassung eines Testaments 93 n. Chr. (s. unter 5. b.). Der Verfasser des *testamentum Dasumii* (FIRA II, 48, S. 132 ff.) konnte 108 n. Chr., nachdem er 73/74 n. Chr. überhaupt nicht zensiert worden war, drei Frauen zu Erbinnen einsetzen; *Weishaupt*, Lex Voconia (1999) 48 f.; zu weitgehend *Monaco*, Hereditas e mulieres (2000) 198 („La totale scomparsa di restrizioni risulta comunque chiara quando etc.“).

13 Gell. Noct. Att. 20.1.23: *Weishaupt*, Lex Voconia (1999) 28 f., 143 f., 154.

14 H. M.; *Weishaupt*, Lex Voconia (1999) 110 ff. War die fragliche testamentarische Erbeinsetzung nichtig, trat (grundsätzlich) Intestaterbfolge ein, so dass es, war die zur Erbin eingesetzte Frau zugleich als Intestaterbin berufen, es bei letzterer blieb; *Weishaupt*, Lex Voconia (1999) 2, 19, 39, 41, 54 ff., 130, 137 (s. 119 ff., 124 ff., 145 ff.: seit der augusteischen Ehegesetzgebung statt dessen vermutlich Anfall an die Staatskasse; vgl. Plin. Pan. 42.1 [100 n. Chr.]). Ein Ausschluss der Frauen von

Erbschaftsfideikommiss? Das deutsche Bürgerliche Gesetzbuch hat einen eigenen Umdeutungsparagraphen (§ 140 BGB), der auch im Testamentsrecht gilt[15]. Den Römern fehlte der Begriff der Umdeutung (Konversion), der erst aus dem 18. Jh. stammt, und eine dem § 140 BGB entsprechende allgemeine Regelung[16]. Doch haben sie die Konversion geübt[17].

II. Die Bestimmungen der *lex Voconia* im Zusammenhang

Zwischen den beiden Bestimmungen der *lex Voconia* (o. unter I. 1.) besteht ein gewisser Zusammenhang. Die Legatenbeschränkung (Bestimmung 2) ergänzte das Erbeinsetzungsverbot (Bestimmung 1)[18]. Angesichts des Erbeinsetzungsverbots konnte ein Testator doch auf den Gedanken verfallen, anstelle der Frau einen Dritten zum Erben einzusetzen und der Frau die Erbschaft durch Legat zuzuwenden, das Erbeinsetzungsverbot also durch ein Legat zu umgehen. Dem wirkte die *lex Voconia* selbst durch die Legatenbeschränkung partiell entgegen. Sie sorgte dafür, dass auf diesem Wege einer Frau nicht mehr als die Hälfte der Erbschaft zugewandt werden konnte[19]. Doch war dies nicht alles. Die Legatenbeschränkung galt nicht nur für Frauen; sie galt auch für Männer[20]. Sie verfolgte daher noch einen weiteren Zweck. Folgt man der Darstellung des Gaius (siehe oben Fn. 5), dann bestand

---

der Intestaterbfolge war wohl nicht durchsetzbar (*Weishaupt*, Lex Voconia [1999] 56, 61), aber auch nicht so dringend. Entsprach doch die Errichtung eines Testaments dem Sittengesetz (*Weishaupt*, Lex Voconia [1999] 56, 61 f.) und verschloss ein Verzicht auf das Testament die damit verbundenen Möglichkeiten (*Weishaupt*, Lex Voconia [1999] 41, 56). Dass sich die Qualifikation als *lex perfecta* auf die Erbeinsetzung der Frau und nicht auf das Testament schlechthin bezieht (*Benke*, Rez. Weishaupt, ZRG RA 119 [2002] 496), versteht sich von selbst. – A.A. und sehr zurückhaltend *Guarino*, Lex Voconia, in: Pagine 3 (1994) 260 („dobbiamo ritenere che la lex Voconia si fermò ad un solenne ammonimento, privo di conseguenze sanzionatorie, a che i cittadini della prima classe del censo si astenessero dall'istituire eredi le donne"); zustimmend *Balestri Fumagalli*, Riflessioni (Milano 2008) 68 mit Fn. 7.

15 NK-BGB/Fleindl, § 2084 Rz. 62.

16 *Flume*, Rechtsgeschäft ^{3}(1979) 590.

17 *Flume*, Rechtsgeschäft ^{3}(1979) 590.

18 *Kienast*, Cato der Zensor (1979) 94; *McClintock*, Lex Voconia, RIDA^{3} 60 (2013) 187 f. A.A. *Hähnchen*, Ratio Voconiana, in: Facetten des römischen Erbrechts (2012) 35, 49 f. (für eine getrennte Betrachtung der beiden Bestimmungen).

19 Legate über eine ganze Erbschaft sind nicht bezeugt; *Voci*, DER 2 ^{2}(1963) 343 Fn. 2; Legate über mehr als die Hälfte wohl (s. u. unter III. 2. b).

20 *Weishaupt*, Lex Voconia (1999) 80 f.

dieser darin, den Erben vor einer Überschwerung durch Legate zu schützen; insofern stellt die *lex Voconia* eine Vorläuferin der *lex Falcidia* dar[21].

III. Vorsorge durch Quotenlegat

1. Das Quotenlegat

Wurden durch Legat Einzelgegenstände zugewandt (*singulae res*)[22], so konnte es, auch wenn zum Zeitpunkt der Testamentserrichtung, den Erbfall unterstellt, die Legatsgrenze der *lex Voconia* eingehalten war, geschehen, dass sie zum Zeitpunkt des Erbfalls überschritten oder unterschritten wurde, Ersteres bei zwischenzeitlicher Abnahme des Testatorvermögens, Letzteres bei zwischenzeitlicher Zunahme[23]. Im ersteren Fall kam es zur Kürzung, im Letzteren war der Spielraum, den die Legatenbeschränkung der *lex Voconia* ließ, nicht ausgeschöpft[24]. Das eine wie das andere war zu vermeiden, wenn man statt einzelner Gegenstände eine Quote der Erbschaft zuwandte (*universarum summa*)[25]. Man traf genau die Legatsgrenze, wenn man einem Legatar die Hälfte der Erbschaft, zwei Legataren jeweils 1/3, drei Legataren jeweils 1/4 (usw.) zuwandte; nimmt man beispielsweise drei Legate auf jeweils 1/4 an, bei einer Erbschaft von 300, so erhalten die Legatare jeweils nicht mehr als der Erbe erhält: 75. Tatsächlich sind es überwiegend Frauen, die durch Quotenlegat bedacht worden sind[26]. Doch bleibt fraglich, ob das Quotenlegat gerade zum Zwecke der Wahrung der Legatenbeschränkung der *lex Voconia* entwickelt worden ist[27].

2. Literarische Quellen

a. So bedachte der Testator aus Cic. Clu. 7.21 (66 v. Chr.), der seinen Neffen Oppianicus zum Erben eingesetzt hatte, seine Mutter Dinaea durch Quotenlegat mit der Hälfte der Erbschaft[28].

---

21 *Weishaupt*, Lex Voconia (1999) 3 ff., 74 ff. (kritisch); *Bettinazzi*, La legge nelle declamazioni quintilianee (2014) 34 Fn. 160 (antikritisch).

22 Ps.-Ulp., reg. 24.25.

23 *Weishaupt*, Lex Voconia (1999) 92.

24 *Weishaupt*, Lex Voconia (1999) 92.

25 Ps.-Ulp., reg. 24.25. Dass ein Quotenlegat nicht zulässig gewesen sein sollte, ist Polyb. 31.28.8 (ταῖς ἀδελφαῖς, ἧς οὐδὲν αὐταῖς προσῆκε κατὰ τοὺς νόμους) nicht zu entnehmen; *Manthe*, SC Pegasianum (1989) 80 Fn. 11.

26 *Weishaupt*, Lex Voconia (1999) 93 f.

27 *Weishaupt*, Lex Voconia (1999) 98 ff. (nicht gesichert).

28 *Weishaupt*, Lex Voconia (1999) 94. *Tellegen-Couperus/Tellegen*, La loi Voconia, TR 66 (1998) 77 bezweifeln den Bezug zur *lex Voconia*.

b. Der Testator aus Cic. Caecin. 4.12 (69 oder 68 v. Chr.), M. Fulcinius, hinterließ bei seinem Tode im Jahre 74 v. Chr. hingegen durch Legat nicht nur seiner Frau einen gewichtigen Geldbetrag (*grande pondus argenti*), sondern seiner Mutter durch Quotenlegat ‚den größeren Teil des Vermögens' (*partem maiorem bonorum*), also mehr als die Hälfte der Erbschaft[29]. So wurden die beiden Frauen an der Erbschaft beteiligt[30]. Sie zu Erben einzusetzen, war ausgeschlossen gewesen. Zwar galt das Erbeinsetzungsverbot der *lex Voconia* an sich nur für zensierte Testatoren (s. o. unter I. 1.), Fulcinius aber war nicht zensiert[31]. Doch hatte soeben G. Verres, *praetor urbanus* 74 v. Chr., in seinem Jahresedikt das Zensuserfordernis zu dem Erbeinsetzungsverbot aufgehoben. Das Zensuserfordernis zur Legatenbeschränkung (s. o. unter I. 1.) hatte er hingegen belassen. So war M. Fulcinius, nicht zensiert, nicht daran gehindert, mit den Legaten an Ehefrau und Mutter über das von der *lex Voconia* gebilligte Maß hinauszugehen[32].

3. Inschriftliche Quellen

a. Der Testator der *laudatio Turiae* (zwischen 8 und 2 v. Chr.) hatte seine Tochter Turia und deren Verlobten zu Erben eingesetzt und ihrer Schwester, der gewaltabhängigen Ehefrau (*uxor in manu*) eines Cluvius, ein Quotenlegat hinterlassen[33]. Das Erbeinsetzungsverbot der *lex Voconia* setzte (wieder[34]) den Zensus voraus (s. o. unter I. 1.). Der Vater der Turia aber war nicht zensiert gewesen[35]. Zwar wurde das Testament vonseiten gewisser angeblicher Verwandter, die es auf die gesetzliche Vormundschaft über Turia abgesehen hatten, als ungültig angefochten[36], jedoch ohne Erfolg[37]. Vorgebracht wurde auch nicht ein Verstoß gegen das Erbeinsetzungsverbot der *lex Voconia*, vielmehr ein Verstoß gegen formelles

---

29 *Weishaupt*, Lex Voconia (1999) 94. A.A. *Tellegen-Couperus/Tellegen*, La loi Voconia, TR 66 (1998) 77. A.A., was die Höhe angeht, *Manthe*, SC Pegasianum (1989) 22 Fn. 19, 80 Fn. 11 (Quotenlegate auf mehr als die Hälfte der Erbschaft seien nicht bezeugt).

30 Cic. Caecin. 4.12.

31 *Weishaupt*, Lex Voconia (1999) 94 f.

32 *Weishaupt*, Lex Voconia (1999) 95.

33 FIRA III, 69, p. I, Z. 20–21; *Manthe*, SC Pegasianum (1989) 80 Fn. 10; *Weishaupt*, Lex Voconia (1999) 95 f.

34 Die ediktale Änderung des G. Verres (s. o. unter III. 2. b.) hat sein Amtsjahr nicht überdauert; *Weishaupt*, Lex Voconia (1999) 154.

35 *Weishaupt*, Lex Voconia (1999) 96. A.A. *Flach*, Laudatio Turiae (1991) 18 ff.

36 FIRA III, 69, p. I, Z. 13–17.

37 FIRA III, 69, p. I, Z. 18–26.

Noterbrecht. Der Testator habe nach der Errichtung des Testaments mit seiner Ehefrau, der Mutter der Turia, die *coemptio* vollzogen[38]. Da nicht zensiert, hätte der Testator auch die Schwester zur Erbin einsetzen können. Er hat es nicht getan, sich vielmehr für das Quotenlegat entschieden. Die Entscheidung für das Quotenlegat war nicht durch das Erbeinsetzungsverbot der *lex Voconia* veranlasst[39]. Auch die Legatenbeschränkung der *lex Voconia* setzt den Zensus voraus (s. o. unter I. 1.). Da nicht zensiert, wäre der Testator nicht gehindert gewesen, mit dem Quotenlegat über das von der *lex Voconia* gebilligte Maß hinauszugehen. Er hat es nicht getan, vielmehr mit der Hälfte der Erbschaft der Schwester soviel zugewandt, wie viel die *lex Voconia* zugelassen hätte. Die Entscheidung für diesen Umfang des Quotenlegats war nicht durch die Legatenbeschränkung der *lex Voconia* veranlasst.

b. Die Testatorin der *laudatio Murdiae* (1. Jhd. n. Chr.) setzte in ihrem Testament ihre Söhne zu Erben ein, während sie ihre Tochter mit einem Quotenlegat bedachte[40]. Das Erbeinsetzungsverbot der *lex Voconia* hatte, so scheint es, eine Einsetzung der Tochter durch Murdia verhindert; so wich sie auf das Quotenlegat aus[41]. Und doch wollte sie alle ihre Kinder gleichmäßig an der Erbschaft beteiligen[42]. Das führt bei drei Söhnen zur Annahme einer Quote von 1/4. Einer der Söhne der Murdia, den diese mit ihrem verstorbenen früheren Ehemann gehabt hatte, Verfasser der *laudatio*, spricht von ‚seinen Brüdern'[43]. Die *lex Voconia* hätte ein Quotenlegat auf die Hälfte der Erbschaft zugelassen (s. o. unter III. 1.).

4. Juristische Quellen

Der Testator des Falles von Lab. 2 post. a. Iav. epit. D. 32.29.1 sah sich durch das Erbeinsetzungsverbot der *lex Voconia* daran gehindert, seine Ehefrau Titia zur (Mit-)Erbin einzusetzen[44]. Also setzte er ihr ein Legat aus, gerichtet auf einen Teil der Erbschaft, ‚so groß wie der Teil eines Erben' (*ut … tantandem partem habeat quantulam unus heres*). Der Testator stellte so die Ehefrau gewissermaßen in die Reihe seiner Erben.

---

38 FIRA III, 69, p. I, Z. 13–14.

39 *Weishaupt*, Lex Voconia (1999) 96 f.

40 FIRA III, 70, Z. 4.

41 Schwankend *Weishaupt*, Lex Voconia (1999) 97, 150, 152 f. (andere Gründe für das Quotenlegat).

42 FIRA III, 70, Z. 4–5.

43 FIRA III, 70, Z. 9: *fratribus meis*.

44 *Paulus*, Idee der postmortalen Persönlichkeit (1992) 277.

Das Legat hätte keine besonderen Probleme aufgeworfen, wären die Teile der Erben gleich gewesen. Bei einer Erbschaft von 300 hätten zwei zu gleichen Teilen (zu 1/2) eingesetzte Erben sich einem Legat der Ehefrau in Höhe von 1/3 der Erbschaft gegenübergesehen (100), wovon auf jeden von ihnen jeweils die Hälfte entfallen wäre (50)[45]. Das Legat der Ehefrau hätte weniger betragen (100) als den beiden Erben verblieb (200) und die Legatsgrenze der *lex Voconia* nicht überschritten.

Doch die Teile der Erben waren im vorliegenden Fall ungleich. Bei einer Erbschaft von 300 sahen sich etwa zu 1/3 und 2/3 eingesetzte Erben einem Legat der Ehefrau Titia gegenüber, dessen Höhe unsicher war. Es war gerichtet auf einen Teil der Erbschaft, ‚so groß wie der Teil eines Erben' (*ut … tantandem partem habeat quantulam unus heres*)[46].

(1) Nach Quintus Mucius und G. Aquilius sollte der größte Teil vermacht sein (*maximam partem legatam esse*), im Beispiel also ein am größeren Erbteil (2/3) orientierter Teil (2/5). Die dafür gegebene Begründung ist: Im größeren (Teil) ist der kleinere enthalten (*quia in maiore minor inest*). Der am größeren Erbteil (2/3) orientierte Teil (2/5) enthält den am kleineren Erbteil (1/3) orientierten (1/5). Wer den größeren Teil bekommt (2/5), bekommt auch den kleineren (1/5).

(2) Nach Servius und Ofilius sollte dagegen der kleinste Teil vermacht sein (*minimam*), im Beispiel also ein am kleineren Erbteil (1/3) orientierter Teil (1/4). Die dafür gegebene Begründung[47] lautet: Der zur Leistung verpflichtete Erbe habe es in der Hand, welchen Teil er gebe (*quia cum heres dare damnatus esset, in potestate eius esset, quam partem daret*). Anders als nach Quintus Mucius und G. Aquilius, nach deren Auffassung der bezogene Erbteil feststeht (es ist der größere), kann nach Servius und Ofilius der einzelne verpflichtete Erbe den bezogenen Erbteil bestimmen; naheliegend ist die Bestimmung des kleineren Erbteils. Dem folgten Labeo und Javolen.

Bei einer Erbschaft von 300 sehen sich zwei zu ungleichen Teilen (1/3; 2/3) eingesetzte Erben nach der erstgenannten Lösung (1) einem Legat der Ehefrau Titia in Höhe von 2/5 gegenüber (120), wovon auf die beiden Erben 1/3 und 2/3 entfallen (40; 80). Die Ehefrau Titia ist so im Ergebnis an der

45 *Voci*, DER 2 ²(1963) 240 f.

46 *Paulus*, Idee der postmortalen Persönlichkeit (1992) 276 f. will das anders verstehen, nämlich im Sinne von ‚soviel wie jeder Erbe'. Ihr Argument *quia in maiore minor inest* hätte Quintus Mucius und G. Aquilius Gallus dann aber zur entgegengesetzten Lösung führen müssen, nämlich zur Maßgeblichkeit des kleineren Teils.

47 Weitergehend *Paulus*, Idee der postmortalen Persönlichkeit (1992) 276 (Modifikation).

Erbschaft im selben Umfang beteiligt (120) wie der Erbe mit dem größeren Erbteil (2/3), der 200 abzüglich 80, die er an dem Ehefrauenlegat mitträgt, behält (120). Der Erbe mit dem kleineren Erbteil (1/3) behält 100 abzüglich der 40, die er an dem Ehefrauenlegat mitträgt (60). Σ 300.

Nach der zweitgenannten Lösung (2) steht der Ehefrau Titia ein Legat von 1/4 zu (75), wovon auf die beiden Erben 1/3 und 2/3 entfallen (25; 50). Die Ehefrau Titia ist so im Ergebnis an der Erbschaft im selben Umfang beteiligt wie der Erbe mit dem kleineren Erbteil (1/3), der 100 abzüglich 25, die er an dem Ehefrauenlegat mitträgt, behält (75). Der Erbe mit dem größeren Erbteil behält 200 abzüglich 50, die er an dem Ehefrauenlegat mitträgt (150). Σ 300.

IV. Umgehungsstrategien

1. Gesetzesumgehung (*fraus legi facta*)

Gaius weist selbst auf einen Weg zur Umgehung der *lex Voconia* hin: das Erbschaftsfideikommiss (s. o. unter I. 2.). Man kann sich fragen: Ist das Erbschaftsfideikommiss überhaupt ein Fall der Umgehung des Erbeinsetzungsverbots der l*ex Voconia* und der Legatenbeschränkung, soweit sie jenes ergänzt (s. o. unter II.)[48]? Eine Gesetzesumgehung (*fraus legi facta*, wörtlich ‚Hintergehung des Gesetzes‘) liegt vor, wenn bei Wahrung der Worte des Gesetzes dessen Sinn verletzt wird, oder: ‚Eine Hintergehung des Gesetzes geschieht, wenn, was es nicht will, jedoch nicht verbietet, geschieht‘[49]; oder ‚Das Gesetz hintergeht, wer seine Worte einhält, jedoch seinen Sinn hintergeht‘[50]. Das

48 *von Woeß*, Erbrecht und Erbanwärter (1911) 80 Fn. 70 („zweifellos“). Eine Vernachlässigung des Umgehungsbegriffes kann dazu führen, dass etwa schon die bloße Nichterrichtung eines Testaments als ‚Umgehung‘ charakterisiert wird: *van der Meer*, Made for Men (1996) 87, 89 ff. („a way round the lex Voconia“, „dodges“, „measures of evasion“). Für *Tellegen-Couperus/Tellegen*, La loi Voconia, TR 66 (1998) 75 f. wäre dies ‚zu einfach‘. S. ferner *Balestri Fumagalli*, Riflessioni (Milano 2008) 18 Fn. 24 („che il de cuius, padre di un'unica figlia, riesca ad aggirare il divieto limitandosi a non istituirla erede per testamento“); 60 f. („una strada sicura per eludere il divieto“).

49 Ulp. 4 ed. D. 1.3.30.

50 Paul. lb. sg. ad legem Cinciam D. 1.3.29. Ähnlich Theodos./Valent. AA. Florentio pp. C. 1.14.5 pr. (a. 439). – Anknüpfend an die Quellen sieht *Pfaff*, In fraudem legis agere (1892) 156 ff. das Wesen der Gesetzesumgehung in einer „absichtlichen falschen wörtlichen Interpretation des Gesetzes“. Dagegen hält *Rabel*, Grundzüge des römischen Privatrechts ²(1955) 11 f. in den Quellen einen „deutlichen Ansatz zur richtigen Theorie“ für „gegeben, die die Gesetzesumgehung in der sinngemäßen Auslegung des Gesetzes aufgehen läßt“; zust. *Flume*, Rechtsgeschäft ³(1979) 350. S. schon *Rotondi*, Atti in frode alla legge (1911) 129 („A me sembra che dall'esame terminologico ed esegetico risulti l'assenza, nei giurisconsulti romani, di una teoria della fraus legi distinta con contrassegni proprii dai cànoni usuali

Erbschaftsfideikommiss wahrt die Worte des Gesetzes; das Gesetz verbietet das Erbschaftsfideikommiss nicht; der Testator hält die Worte des Gesetzes ein. Die Frage ist: Reicht der Sinn der voconischen Bestimmungen soweit, die Beteiligung von Frauen an Erbschaften auf 100.000 Asse (Sesterze) und mehr Zensierter nicht nur durch Erbeinsetzung schlechthin und durch Legat partiell, sondern auch auf andere Weise, wie durch Erbschaftsfideikommiss (ganz oder partiell) auszuschließen[51]? Die einhellige Meinung der römischen Autoritäten im Fall des Q. Fadius Gallus (s. unter IV. 2. c.) war: Der Rahmen der *lex Voconia* gilt sinngemäß auch für das Erbschaftsfideikommiss. Einer Frau, wie im Fall der Tochter des Fadius, sei nicht mehr zu geben, als an sie nach der *lex Voconia* gelangen könne[52]. Danach ist im Erbschaftsfideikommiss, soweit es die Hälfte der Erbschaft überschreitet, eine Umgehung der *lex Voconia* zu sehen[53]. Doch bleibt fraglich, ob das Erbschaftsfideikommiss

---

dell'interpretazione"). Demgemäß wird heute der Gesetzesumgehung eine eigenständige Bedeutung neben Gesetzesauslegung und Rechtsfortbildung durch Analogie nicht mehr zuerkannt; *Flume*, Rechtsgeschäft [3](1979) 350 f., 409; NK-BGB/Looschelders, § 134 Rz. 83 ff.

Die Quellen lassen zwar an ein Handeln der Beteiligten in Umgehungsabsicht denken (ein Handeln in der Absicht, bei Einhaltung des Wortlauts des Gesetzes gegen dessen Sinn zu verstoßen); Fadius etwa verfügte in Umgehungsabsicht (s. unter IV. 2. c.). Ob es darauf aber letztlich ankam, ist zweifelhaft; s. *Rotondi*, Atti in frode alla legge (1911) 117 ff., 156 ff. (verneinend). Heute will man davon absehen; NK-BGB/Looschelders, § 134 Rz. 84 ff.

51 Der tiefere Sinn der *lex Voconia* scheint komplex zu sein; *Vigneron*, Schleichwege, Labeo 29 (1983) 142 hat nicht weniger als 13 in der Literatur für diese Gesetzgebung angeführte Gründe ermittelt. Nicht zu übersehen ist aber ihre frauenfeindliche Ausrichtung, die schon in der *suasio Catonis* zum Ausdruck kommt; *Kienast*, Cato der Zensor (1979) 93 f.; *Vigneron*, Schleichwege, Labeo 29 (1983) 142 ff.; s. *Weishaupt*, Lex Voconia (1999) 128 ff. (zurückhaltend) und vgl. *Benke*, Rez. Weishaupt, ZRG RA 119 (2002) 500 ff. (kritisch). Cato mag auch an Aemilia, die Frau des Scipio Africanus gedacht haben; *McClintock*, Lex Voconia, RIDA[3] 60 (2013) 195 f. Dass die *lex Voconia* nicht nur die Legate beschränkte, sondern auch sonstigen Erwerb von Todes wegen (Gai. 2.226; *Rotondi*, Leges publicae [1912] 283 f.; *Weishaupt*, Lex Voconia [1999] 1, 73, 112), lässt eine gewisse von vornherein bestehende Offenheit erkennen. – *Köstner*, Geschlechterrollen im römischen Erbrecht, in: Impact of Justice (2019) 177 ff. fragt in diesem Zusammenhang nach dem dem Erbeinsetzungsverbot der *lex Voconia* zugrunde liegenden Frauenbild und dessen Widerspiegelung im zeitgenössischen Gerechtigkeitsverständnis.

52 Cic. Fin. 2.55.

53 A.A. *Tellegen-Couperus/Tellegen*, La loi Voconia, TR 66 (1998) 76: Die *lex Voconia* sei schon damals nicht mehr angewendet worden, wie die Diskussion zeige. Doch dreht sich diese nicht um die Anwendung der lex Voconia schlechthin, vielmehr um ihre (analoge) Anwendung im vorliegenden Umgehungsfall. Das Erbeinsetzungsverbot der *lex Voconia* soll schon zur Zeit des Dialogs Cic. Rep. 3.10.17

gerade zum Zwecke der Umgehung der *lex Voconia* entwickelt worden ist[54]. Bei Gaius erscheint der Einsatz des (seit den Tagen des Augustus einklagbaren) Erbschaftsfideikommisses zum Zwecke der Umgehung der *lex Voconia* unter dem Blickwinkel der Gesetzesumgehung als völlig unbedenklich[55]. Doch nicht immer ist es so gesehen worden[56].

2. Literarische Quellen

a. Das in Terenz' Andria (166 v. Chr.)[57] von der sterbenden Chrysis dem Pamphilus zugunsten ihrer Freundin Glycerium auferlegte Erbschaftsfideikommiss[58] liegt außerhalb der Reichweite der *lex Voconia*[59].
b. War Papiria, die Mutter des P. Scipio Aemilianus (gest. 160/159 v. Chr.), durch die *lex Voconia* daran gehindert, ihre Töchter zu Erben einzusetzen[60]? Polybius berichtet von einer schenkweisen Weitergabe der mütterlichen Erbschaft durch Scipio Aemilianus an die Schwestern[61]. Ob dahinter ein Erbschaftsfideikommiss steht[62], ist fraglich. Es fehlt an einem Hinweis auf die entsprechende Bitte der Papiria[63].
c. Gegen 90 v. Chr. ereignete sich folgender Fall, von dem Cicero in *de finibus* berichtet[64]. Q. Fadius Gallus hatte in seinem Testament den P. Sextilius Rufus zum Erben eingesetzt, ihn jedoch gebeten, die ganze Erbschaft an Fadia, seine Tochter, herauszugeben. Dies hatte er auch im Testament vermerkt. Natürlich ging es Fadius darum, das Erbeinsetzungsverbot der

(129 v. Chr.) nicht mehr angewandt worden sein; *Tellegen-Couperus/Tellegen*, La loi Voconia, TR 66 (1998) 76.

54 S. *de Bruin*, Fideikommiss, RIDA³ 42 (1995) 167, 184, 193 f. (verneinend).

55 *Amelotti*, Testamento 1 (1966) 10 Fn. 2 („Da notare pure che quando il fedecommesso diverrà istituto giuridico, non sarà considerato sottoposto al divieto della lex Voconia").

56 *von Woeß*, Erbrecht und Erbanwärter (1911) 80 Fn. 70 („vielleicht").

57 Ter. An. 282–298.

58 *Manthe*, SC Pegasianum (1989) 17 Fn. 15 (zweifellos); *de Bruin*, Fideikommiss, RIDA³ 42 (1995) 186 ff. (wahrscheinlich); *Longchamps de Bérier*, Il fedecommesso universale (1997) 36 mit Fn. 44; s. *Gröschler*, Rez. Longchamps de Bérier, ZRG RA 119 (2002) 511 (unsicher).

59 S. *de Bruin*, Fideikommiss, RIDA³ 42 (1995) 191 ff. Der Gedanke an die *lex Voconia* wäre im Rahmen der griechischen Szenerie deplatziert.

60 *Manthe*, SC Pegasianum (1989) 88 Fn. 11 (bejahend); *de Bruin*, Fideikommiss, RIDA³ 42 (1995) 183 f., 193 (verneinend).

61 Polyb. 31.28.8.

62 *de Bruin*, Fideikommiss, RIDA³ 42 (1995) 178 ff., 192 ff.

63 *de Bruin*, Fideikommiss, RIDA³ 42 (1995) 181 f. (mit einem Erklärungsversuch). Skeptisch *Longchamps de Bérier*, Il fedecommesso universale (1997) 36.

64 Cic. Fin. 2.55.

lex Voconia[65] und ihre Legatenbeschränkung zu umgehen. Aus dem nach dem Tode des Fadius eröffneten Testament ergab sich: P. Sextilius war Erbe. Es ergab sich daraus aber auch, dass Fadius den Sextilius gebeten hatte, die Erbschaft an Fadia herauszugeben. Sextilius legte die Angelegenheit einem Rat von Freunden vor. Er bestritt, von Fadius tatsächlich um die Herausgabe der Erbschaft an Fadia gebeten worden zu sein. Er berief sich auf die *lex Voconia*, an die er sich strikt halten müsse. Er wage nicht, dieser zuwiderzuhandeln (scheinheilig), es sei denn, die Freunde sähen es anders (provokant). Sextilius hatte wohl (wie Gaius [s. o. unter I. 1.]) nur das Erbeinsetzungsverbot im Blick. Keiner der Freunde wagte es denn auch, es anders zu sehen. Die Jüngeren, darunter Cicero, schwiegen. Die Älteren, ‚hochbedeutende Männer', lenkten ein und fassten auch die Legatenbeschränkung der *lex Voconia* in den Blick: Der Fadia sei nicht mehr zu geben, als an sie nach der *lex Voconia* gelangen könne. Das wäre die Hälfte der Erbschaft gewesen.

Was hätte Gaius gesagt? – Die römischen Autoritäten im Fadius-Fall unterwerfen das Erbschaftsfideikommiss noch den sinngemäßen Vorgaben der *lex Voconia*. Gaius hingegen lässt ihm freien Lauf.

Wie die Sache übrigens ausging, ob Sextilius der Fadia die Erbschaft (ganz oder teilweise) herausgegeben hat, weiß man nicht so recht[66]. Der resignative Kommentar Ciceros scheint jedoch darauf hinzudeuten, dass Sextilius die Erbschaft in Gänze behalten hat[67].

d. Die Bedenken, die gegenüber dem Erbschaftsfideikommiss im Hinblick auf die *lex Voconia* anfangs bestehen, verlieren sich in den folgenden Jahren.

Cicero fragt in *de finibus*[68] seinen Gesprächspartner: ‚Was würdest du tun, wenn dich dein sterbender Freund gebeten hat, die Erbschaft an seine Tochter herauszugeben, ohne dies, wie Fadius, irgendwo schriftlich zu vermerken und ohne es irgendjemandem zu sagen?' Als einen Fall dieser Art schildert Cicero die Begebenheit, dass C. Plotius, ein angesehener Ritter aus Nursia, S. Peduceus (*praetor* 77, *propraetor Siciliae* 76/75 v. Chr.) zum Erben

65 *Manthe*, SC Pegasianum (1989) 18 mit Fn. 22; *Longchamps de Bérier*, Il fedecommesso universale (1997) 25; *Weishaupt*, Lex Voconia (1999) 109 f.

66 Dass Sextilius die hälftige Erbschaft herausgegeben habe, nehmen an *Longchamps de Bérier*, Il fedecommesso universale (1997) 25 f.; *Weishaupt*, Lex Voconia (1999) 109 f.

67 Das nehmen auch an *von Woeß*, Erbrecht und Erbanwärter (1911) 80 Fn. 69 und *Amelotti*, Testamento 1 (1966) 10.

68 Cic. Fin. 2.58.

eingesetzt hatte und ihn gebeten hatte, die Erbschaft an seine Witwe herauszugeben. Nach dem Tode des Plotius kam S. Peduceus der Bitte ohne weiteres nach, obwohl niemand davon wusste, selbst die Witwe nicht. Dass S. Peduceus, dessen Menschlichkeit, Rechtschaffenheit und Bildung Cicero rühmt und den Cicero als den besten und gerechtesten aller Menschen bezeichnet, ohne zu zögern der Bitte des Plotius nachkam, zeigt, dass es sich so gehörte.

Derartige Erbschaftsfideikommisse werden nunmehr in aller Regel ausgeführt worden sein[69].

e. Ein Fall, in dem auch ein Erbschaftsfideikommiss zu Umgehungszwecken eingesetzt wurde, wenn auch nicht zum Zwecke der Umgehung der *lex Voconia*, ist der Fall des P. Trebonius aus dem Jahre 74 v. Chr.[70]. P. Trebonius hatte mehrere Erben eingesetzt, darunter seinen Freigelassenen, und angeordnet, die Erben sollten schwören, dafür zu sorgen, dass von jedem Teil nicht weniger als die Hälfte an A. Trebonius, seinen geächteten Bruder, gelange. Der Freigelassene schwor; die anderen schworen nicht, unter Berufung auf eine *lex Cornelia* des Jahres 82 v. Chr., die den Geächteten der Einsetzungsfähigkeit beraubte und es untersagte, ihm zu helfen[71]. G. Verres, zu der Zeit Stadtprätor, wies die anderen in den Besitz der Erbschaft ein, verweigerte dagegen dem Freigelassenen die Einweisung, was Cicero beanstandet.

Mit der Schwuranordnung legte der Testator den Erben die Herausgabe nahe. Es lag darin ein Erbschaftsfideikommiss zugunsten des Bruders[72]. Die Entscheidung des Verres aber brach dem Anliegen des Testators die Spitze ab.

Q. Fadius Gallus und P. Trebonius waren bemüht, ihrem Anliegen Nachdruck zu verleihen; jener, indem er es im Testament vermerkte, dieser, indem er seine Erben schwören ließ. Doch beide verfehlten ihr Ziel, anders als C. Plotius, der sich auf den integren S. Peduceus verließ[73].

3. Juristische Quellen

a. Die Umgehung der *lex Voconia* war, wie es scheint, das Ziel des Testators im Falle Alf. 2 dig. a Paulo epit. D. 28.5.46[74]. Der Testator hatte L. Titius

69 *Weishaupt*, Lex Voconia (1999) 111. Zurückhaltend *Longchamps de Bérier*, Il fedecommesso universale (1997) 31 f. („bisogna fare attenzione a non sopravvalutare la forza dell'impegno morale di realizzare il fideicommissum").

70 Cic. Verr. 2.1.123–124.

71 *Rotondi*, Leges publicae (1912) 349.

72 *Longchamps de Bérier*, Il fedecommesso universale (1997) 30 f.

73 *Longchamps de Bérier*, Il fedecommesso universale (1997) 31.

74 *Paulus*, Idee der postmortalen Persönlichkeit (1992) 252 f.

zum Erben eingesetzt, unter der Bedingung: ‚Wenn meine Mutter Maevia und meine Tochter Fulvia leben werden'. Doch hatte der Testator nie eine Tochter. Servius entschied: L. Titius ist dennoch Erbe. Servius erklärte den unmöglichen Teil der Bedingung, das Leben der Tochter, für belanglos. Übrig blieb, als Restbedingung, das Leben der Mutter, und das war erfüllt. Man fragt sich: Wozu machte wohl der Testator die Erbeinsetzung des L. Titius vom Leben von Mutter und Tochter abhängig? Offenbar sollten sie, die Mutter, die Tochter, und nicht L. Titius, letztlich die Erbschaft erhalten, über L. Titius, der sie (ihnen/einer von ihnen) herausgeben sollte[75]. Der Text schweigt dazu. Das Erbschaftsfideikommiss wird verhüllt. Servius nimmt daran keinen Anstoß.

Zu dem aus den literarischen Quellen gewonnenen Eindruck eines Rückzuges der *lex Voconia* gegenüber dem Erbschaftsfideikommiss in der Rechtspraxis (s. o. unter IV. 2.) gesellt sich der Eindruck einer Billigung dieses Rückzuges durch die Jurisprudenz (Servius).

b. In Jav. 2 ex post. Lab. D. 35.1.40.2 hatte ein Testator dem Titius 100 vermacht, dann weiter unten im Testament angeordnet ‚Was ich jedem vermacht habe, das soll mein Erbe zahlen, wenn meine Mutter stirbt'. Titius starb vor der Mutter. Es scheint, als sollte die Mutter an dem zurückgehaltenen Geld zeitlebens den Nutzen haben, vermutlich aufgrund eines ihr fideikommissarisch zugewandten Nießbrauchs[76]. Womöglich sollte so das Erbeinsetzungsverbot der *lex Voconia* umgangen werden[77]. War dem so, dann nahmen die beteiligten Juristen daran keinen Anstoß. Worüber sie entschieden, war die Frage des Übergangs der Legatsforderung des Titius auf dessen Erben. Die Lösung hängt von der Bedeutung der fraglichen Testamentsklausel ab. Beinhaltete sie eine Regelung der Fälligkeit oder eine Bedingung? Ersterenfalls ging die Legatsforderung über, letzterenfalls nicht. Ofilius entschied für Fälligkeitsregelung und Übergang, Labeo, dem Javolen folgte, für Bedingung und Nichtübergang[78].

Die bei Servius beobachtete Linie scheint sich fortzusetzen. Eine Umgehung der *lex Voconia* bleibt unbeanstandet.

---

75 *Paulus*, Idee der postmortalen Persönlichkeit (1992) 253.
76 *Paulus*, Idee der postmortalen Persönlichkeit (1992) 255 f.
77 *Paulus*, Idee der postmortalen Persönlichkeit (1992) 256.
78 S. *Paulus*, Idee der postmortalen Persönlichkeit (1992) 254 ff.

V. Konversion

1. Was ist zu erwarten?

Es bleibt die Frage (s. o. unter I. 2.): Wie verhält es sich mit einer Umdeutung der aufgrund der *lex Voconia* nichtigen Erbeinsetzung in ein Erbschaftsfideikommiss? Was ist zu erwarten? Was sagen die Quellen? Die Quellen werden nichts sagen, wenn nichts zu erwarten ist.

Was die Erwartbarkeit von Umdeutungsentscheidungen zu aufgrund der *lex Voconia* nichtigen Erbeinsetzungen angeht, erheben sich gewisse Einwände a priori gegen eine Umdeutung. Sollten diese durchgreifen, könnte die Frage: Was sagen die Quellen? auf sich beruhen. Denn die Quellen werden dann mit Sicherheit nichts sagen. Doch könnte es auch anders sein.

(1) Die Doktrin zum geltenden Recht (§ 140 BGB) sagt: Das Rechtsgeschäft, in welches umgedeutet werden soll (sog. Ersatzgeschäft), darf sich nicht seinerseits als Umgehungsgeschäft der nichtigen letztwilligen Verfügung darstellen[79]. Bezogen auf das Erbschaftsfideikommiss als Umgehungsgeschäft der aufgrund der *lex Voconia* nichtigen Erbeinsetzung lässt sich der Einwand jedoch entschärfen. Das Erbschaftsfideikommiss ist zwar ein Umgehungsgeschäft, jedoch ein seit Langem zulässiges (s. o. unter IV.). Damit erledigt sich der ‚Umgehungseinwand'.

(2) Hinzukommt jedoch ein ‚Konfusionseinwand': Das Rechtsgeschäft, in welches umgedeutet werden soll (‚Ersatzgeschäft'), darf nicht selbst an einem Nichtigkeitsgrund leiden[80]. In vielen Fällen wird es um Frauen gegangen sein, die, wie die *uxor in manu* oder die gewaltabhängige Tochter, nach dem Testator an sich zur Intestaterbfolge berufen waren. War die Erbeinsetzung nichtig, so war die Intestaterbfolge eröffnet, vorausgesetzt, die Frau war zur Alleinerbin eingesetzt gewesen. Andernfalls, war sie nur zur Miterbin eingesetzt gewesen, trat Akkreszenz ein[81]. Im erstgenannten Fall der Alleinerbeneinsetzung hätte die Umdeutung der Erbeinsetzung in ein Erbschaftsfideikommiss eine Situation geschaffen, in der die Frau zugleich begünstigt und beschwert gewesen wäre, eine unmögliche Situation. Durch Vermächtnis zugleich begünstigt und beschwert zu werden, war ausgeschlossen. Es galt der Satz *Heredi a semet ipso legari non potest*[82]. Was für Legate galt, musste auch für Fideikommisse gelten. Bekommen zu sollen, was man bereits hat, ist ein

---

79 NK-BGB/Fleindl, § 2084 Rz. 62.
80 NK-BGB/Fleindl, § 2084 Rz. 62.
81 *Weishaupt*, Lex Voconia (1999) 119 f.; s. allgemein *Voci*, DER 2 ^{2}(1963) 689 ff.
82 Ps.-Ulp., reg. 24.22; Flor. 11 inst. D. 30.116.1; *Windscheid/Kipp*, Lehrbuch des Pandektenrechts 3 ^{9}(1906) 583 mit Fn. 4; *Kaser*, PR 1 ^{2}(1971) 748 mit Fn. 31.

Widerspruch in sich[83]. Das Erbschaftsfideikommiss wäre als Rechtsgeschäft, in welches umzudeuten wäre (Ersatzgeschäft), in solchen Fällen nichtig gewesen.

Übrig bleiben daher Fälle, (a) in denen die Frau zwar zur Alleinerbin eingesetzt war, jedoch nicht zur Intestaterbfolge berufen war, oder (b) in denen sie zwar zur Intestaterbfolge berufen war, jedoch nur zur Miterbin eingesetzt war.

2. Was sagen die Quellen?

Als ein Fall der zuletzt genannten Art begegnet in den Quellen der Fall des Julius Agricola, des Schwiegervaters des Tacitus (gest. 93 n. Chr.). Julius Agricola hatte in seinem Testament seine Frau, seine Tochter und daneben Domitian zu Erben eingesetzt[84]. Wie sich aus einer Passage des Panegyricus des Plinius (100 n. Chr.) ergibt[85], wonach die *lex Voconia* dazu beitrug, die Staatskasse zu füllen, galt ihr Erbeinsetzungsverbot zu der Zeit noch[86]. Erst im Laufe des 2. Jh. n. Chr. geriet es außer Anwendung (s. o. unter I. 1.). Als mutmaßlich Zensierter und im Besitz eines hinreichenden Vermögens unterlag Agricola dem Erbeinsetzungsverbot der *lex Voconia*[87]. Doch erweckt die Schilderung des Tacitus den Eindruck, als seien die Erbeinsetzungen von Frau und Tochter in Ordnung gewesen. Handelte es sich hier etwa gar nicht um Erbeinsetzungen, sondern um Erbschaftsfideikommisse? Das ist vereinzelt vermutet worden[88]. Doch steht dem der Text entgegen, der von Erbeinsetzung und nicht von Fideikommiss spricht[89]. Allerdings scheint diese Vermutung auf die richtige Spur zu führen. Denn möglicherweise waren die Erbeinsetzungen von Frau und Tochter aufgrund der *lex Voconia* zwar durchaus nichtig, wurden jedoch als Erbschaftsfideikommisse aufrechterhalten. Es waren nichtige Erbeinsetzungen, die in Erbschaftsfideikommisse umgedeutet wurden. Der ‚Umgehungseinwand' setzt im Zusammenhang der *lex Voconia* ohnehin aus. Der ‚Konfusionseinwand' aber wird in diesem Fall ausgeschlossen dadurch, dass die Frauen nur zu Miterbinnen eingesetzt waren. In solchen Fällen trat nicht Intestaterbfolge, sondern Akkreszenz ein. Die *a priori*-Einwände (s. unter V. 1.) greifen nicht durch.

---

83 *Windscheid/Kipp*, Lehrbuch des Pandektenrechts 3 ^{9}(1906) 583.
84 Tac. Agr. 43.4.
85 Plin. Pan. 42.1.
86 *Weishaupt*, Lex Voconia (1999) 120, 124 f., 145, 151.
87 *Weishaupt*, Lex Voconia (1999) 151.
88 S. bei *Weishaupt*, Lex Voconia (1999) 151.
89 *Weishaupt*, Lex Voconia (1999) 151.

Die Erbteile fielen im Wege der Akkreszenz an Domitian, der die Erbschaftsfideikommisse erfüllen musste[90].

Gelegentlich wird angenommen, die Erbeinsetzungen der Frauen seien ungeachtet der *lex Voconia* gültig gewesen. Die *lex Papia* von 9 n. Chr. habe nämlich Ehefrau und Tochter vom Erbeinsetzungsverbot der *lex Voconia* ausgenommen[91]. Dies ist indessen kaum glaubhaft. Schon die Regelungsgegenstände beider Gesetze sind verschieden. Regelte die *lex Voconia* die Einsetzungsfähigkeit, so regelte die *lex Papia* den Erwerb[92]. Man wird nicht annehmen, dass ein den Erwerb regelndes Gesetz (die *lex Papia*) eingegriffen habe in ein die Einsetzungsfähigkeit regelndes (die *lex Voconia*). Wenngleich nach einer Passage der Epitome Ulpiani die kaiserliche Verleihung des Kinderrechts (*ius liberorum*) die ‚freie Einsetzungsfähigkeit' (*libera testamenti factio*) verschaffte[93]. Danach scheint die *lex Papia* auf das Gebiet der Einsetzungsfähigkeit übergegriffen zu haben[94]. Doch der Schein trügt. Die Verleihung des Kinderrechts verschaffte nicht die Einsetzungsfähigkeit schlechthin entgegen der *lex Voconia*, sondern ‚freie Einsetzungsfähigkeit'; d.h. sie befreite die Einsetzungsfähigkeit, falls sie bestand, vom sich abzeichnenden Hindernis der Erwerbsunfähigkeit[95]. Nach einer Notiz bei Cassius Dio gestattete Augustus ‚einigen Frauen', entgegen dem Erbeinsetzungsverbot der *lex Voconia* mehr als 100.000 Sesterze zu erben[96]. Das soll sich auf die *lex Papia* und Ehefrau und Tochter beziehen[97]? Doch war Augustus im

---

90 Entfernt vergleichbar ist der Fall des Otacilius Catulus bei Cels. 36 dig. D. 31.29 pr., in dem Celsus *pater* die zur Erbin eingesetzte Tochter für verpflichtet ansah, ein Fideikommiss zu erfüllen, das ein zu ihren Gunsten weggefallenes Legat belastet hatte.

Ein Zugriff der Staatskasse, der seit der *lex Papia* von 9 n. Chr. an die Stelle der Intestaterbfolge getreten sein soll (*Weishaupt*, Lex Voconia [1999] 119 ff.), musste, gleich dieser, hinter der Akkreszenz zurücktreten.

91 *Weishaupt*, Lex Voconia (1999) 97, 150 ff. Ähnlich *Astolfi*, La lex Iulia et Papia ^{4}(1996) 321 f.; *Babusiaux*, Erbrecht im Gnomon, ZRG RA 135 (2018) 108, 153 f. (verheiratete Frauen mit Kindern).

92 *Weishaupt*, Lex Voconia (1999) 147.

93 Ps.-Ulp., reg. 16.1a.

94 *Schulz*, Epitome Ulpiani (1926) 40 Anm. (Vermengung von *testamenti factio* und *capacitas* durch den Epitomator); *Babusiaux*, Erbrecht im Gnomon, ZRG RA 135 (2018) 154 (Verweis auf die durch die *lex Papia* modifizierte *lex Voconia*).

95 Weitergehend *Avenarius*, Liber singularis (2005) 341 (Verleihung der in ihrer Wirkung unbeschränkten *testamenti factio*).

96 Cass. Dio 56.10.2 τῶν τε γυναικῶν τισι. S. *Weishaupt*, Lex Voconia (1999) 30, 69 f., 144 f.

97 *Weishaupt*, Lex Voconia (1999) 30, 97, 148 ff. Beziehungsweise (*Astolfi*, La lex Iulia et Papia ^{4}[1996] 321 f.; *Babusiaux*, Erbrecht im Gnomon, ZRG RA 135 [2018] 153 f.; *Bonin*, Intra ‚legem Iuliam et Papiam' [2020] 286 ff.) auf

Falle der *lex Papia*, anders als im Falle der *lex Iulia de maritandis ordinibus*, nicht selbst Antragsteller[98]. Auch werden ‚einige Frauen' eher konkrete Personen gewesen sein als abstrakte Kategorien. Auch erging die *lex Papia* erst nach jenen Gestattungen des Augustus[99]. Es wird sich bei diesen demnach um einzelne Dispense gehandelt haben[100]. Augustus holte selbst, um sich mit seinem am 3. April 13 n. Chr. errichteten Testament[101] bei der Einsetzung der Livia zur Miterbin von 1/3 über das Erbeinsetzungsverbot der *lex Voconia* hinwegsetzen zu können, die Erlaubnis des Senats ein, was Cassius Dio in seiner die Jahre 9–14 n. Chr. umspannenden Darstellung erwähnt[102]. Für Livias Erwerbsfähigkeit war bereits gesorgt; 9 v. Chr. war ihr das *ius trium liberorum* verliehen worden[103].

Danach können die Erbeinsetzungen der Frauen im Fall des Agricola nicht gültig gewesen sein. Sie waren vielmehr aufgrund der *lex Voconia* nichtig, wurden jedoch in Erbschaftsfideikommisse umgedeutet. So ist im Agricola-Fall Konversion geübt worden.

---

verheiratete Frauen mit Kindern? Oder (*van der Meer*, Made for Men [1996] 126 f., 131 ff.) auf Frauen, die die Anforderungen der *lex Iulia de maritandis ordinibus* erfüllten oder zu den *personae exceptae* gehörten? *Van der Meer* spricht (132) von „the decree concerning the Voconian law". Oder auf Frauen mit *ius trium liberorum* (*Bettinazzi*, La legge nelle declamazioni quintilianee [2014] 21)? Oder (*von Woeß*, Erbrecht und Erbanwärter [1911] 80 mit Fn. 67) auf gewisse Ehefrauen? Oder auf Frauen unter bestimmten Umständen (*Benke*, Rez. Weishaupt, ZRG RA 119 [2002] 497 f.)?

98 *Rotondi*, Leges publicae (1912) 444, 457.

99 Cass. Dio 56.10.3 κἀκ (=καὶ ἐκ) τούτου etc. S. bereits *Tellegen-Couperus/Tellegen*, La loi Voconia, TR 66 (1998) 80 f., 85. Anders *Bonin*, Intra ‚legem Iuliam et Papiam' (2020) 287 f.

100 Abweichend *Tellegen-Couperus/Tellegen*, La loi Voconia, TR 66 (1998) 81, 85 (bloße Klarstellungen).

101 *Kienast,* s.v. Augustus, DNP 2 (1997/1999) Sp. 302, 313.

102 Cass. Dio 56.32.1; s. *Weishaupt*, Lex Voconia (1999) 149. A.A. *Tellegen-Couperus/Tellegen*, La loi Voconia, TR 66 (1998) 86 f. (Verweis auf die Verleihung des *ius trium liberorum* 9 v. Chr.). A.A. *Bettinazzi*, La legge nelle declamazioni quintilianee (2014) 20 f. (Ersuchen um Aufhebung der Beschränkung des *ius communium liberorum*).

103 Cass. Dio 55.2.5; *Weishaupt*, Lex Voconia (1999) 149 mit Fn. 211. Später, nämlich 9 n. Chr., traf die *lex Papia* eine besondere Regelung der Erwerbsfähigkeit im Verhältnis von Ehegatten untereinander; s. Hon./ Theodos. CTh. 8.17.2 = C. 8.57.2 (a. 410); Ps.-Ulp., reg. 16.1; *Astolfi*, La lex Iulia et Papia [4](1996) 34. Doch scheint das *ius trium liberorum*, einmal erteilt, auch insofern gesichert zu haben: *Astolfi*, La lex Iulia et Papia [4](1996) 74 f. Späterhin pflegen die Kaiser selbst ihre Ehefrauen von den Beschränkungen der lex Iulia et Papia auszunehmen; Ulp. 13 ad l. Iul. et Pap. D. 1.2.31; *Astolfi*, La lex Iulia et Papia [4](1996) 81.

Bibliographie:

Amelotti, Mario. Il testamento romano attraverso la prassi documentale, Band 1: Le forme classiche del testamento, Le Monnier Firenze 1966.

Astolfi, Riccardo. La lex Iulia et Papia, 4. Aufl., Cedam Padova 1996.

Avenarius, Martin. Der pseudo-ulpianische liber singularis regularum. Entstehung, Eigenart und Überlieferung einer hochklassischen Juristenschrift, Wallstein Göttingen 2005.

Babusiaux, Ulrike. Römisches Erbrecht im Gnomon des Idios Logos, ZRG RA – Zeitschrift der Savigny-Stiftung für Rechtsgeschichte, romanistische Abteilung, Band 135 (2018) 108–177.

Balestri Fumagalli, Marcella. Riflessioni sulla lex Voconia, LED Milano 2008.

Benke, Nikolaus. Rezension zu Arnd Weishaupt, Die lex Voconia, ZRG RA – Zeitschrift der Savigny-Stiftung für Rechtsgeschichte, romanistische Abteilung, Band 119 (2002) 488–510.

Berve, Helmut. s.v. lustrum, RE XIII.2 (Stuttgart 1927) 2040–2059.

Bettinazzi, Marta. La legge nelle declamazioni quintilianee. Una nuova prospettiva per lo studio della lex Voconia, della lex Iunia Norbana e della lex Iulia de adulteriis, Alma Mater Saarbrücken 2014.

Bonin, Filippo. Intra legem Iuliam et Papiam. Die Entwicklung des augusteischen Eherechts im Spiegel der Rechtsquellenlehren der klassischen Zeit, Cacucci Bari 2020.

de Bruin, Marleen. Papiria bona sua fidei commisit. Das Fideikommiss im zweiten Jahrhundert vor Christus, RIDA[3] – Revue internationale des droits de l'Antiquité, 3e sér., Band 42 (1995) 167–194.

Elster, Marianne. Die Gesetze der mittleren römischen Republik. Text und Kommentar, Wissenschaftliche Buchgesellschaft Darmstadt 2003.

Flach, Dieter. Die sogenannte Laudatio Turiae. Einleitung, Text, Übersetzung und Kommentar, Wissenschaftliche Buchgesellschaft Darmstadt 1991.

Fleindl, Hubert. § 2084, in: Kroiß, Ludwig/Ann, Christoph/Mayer, Jörg (Hg.), NomosKommentar zum Bürgerlichen Gesetzbuch (NK-BGB), Band 5: Erbrecht, 5. Aufl., Nomos Baden-Baden 2016.

Flume, Werner. Allgemeiner Teil des Bürgerlichen Rechts. Band 2: Das Rechtsgeschäft, 3. Aufl., Springer Berlin/Heidelberg 1979.

Gröschler, Peter. Rezension zu Franciszek Longchamps de Bérier, Il fedecommesso universale nel diritto romano classico, Warszawa 1997, ZRG RA – Zeitschrift der Savigny-Stiftung für Rechtsgeschichte, romanistische Abteilung, Band 119 (2002) 511–516.

Guarino, Antonio. La lex Voconia, in: *ders.*, Pagine di diritto romano, Band 3, Jovene Napoli 1994, 259–262.

Hähnchen, Susanne. Ratio Voconiana – Gedanken zur erbrechtlichen Benachteiligung von Frauen, in: Harke, Jan Dirk (Hg.), Facetten des römischen Erbrechts. Studien zur Geschichte und Dogmatik des Privatrechts, Springer Berlin/Heidelberg 2012, 35–53.

Kaser, Max. Das römische Privatrecht. Erster Abschnitt. Das altrömische, das vorklassische und klassische Recht, 2. Aufl., C.H. Beck München 1971.

Kienast, Dietmar. Cato der Zensor. Seine Persönlichkeit und seine Zeit, Wissenschaftliche Buchgesellschaft Darmstadt 1979.

Kienast, Dietmar. s.v. Augustus, DNP 2 (Stuttgart 1997/1999) 302–314.

Köstner, Elena. Geschlechterrollen im römischen Erbrecht im Spiegel des zeitgenössischen Gerechtigkeitsverständnisses und am Beispiel der lex Voconia, in: Hekster, Olivier/Verboven, Koenraad (Hg.), The Impact of Justice on the Roman Empire. Proceedings of the Thirteenth Workshop of the International Network Impact of Empire (Gent, June 21–24, 2017), Brill Leiden/Boston 2019, 177–195.

Kübler, Bernhard. Das Intestaterbrecht der Frauen im alten Rom, ZRG RA – Zeitschrift der Savigny-Stiftung für Rechtsgeschichte, romanistische Abteilung, Band 41 (1920) 15–43.

Labruna, Luigi. Astronomi e storici: due leggi immaginarie nella pro Rhodiensibus di Catone? in: Studi in onore di Arnaldo Biscardi, Band 3 (= Att. Acc. Pont. 30), Istituto Editoriale Cisalpino – La Goliardica Milano 1982, 119–131.

Lentano, Mario. Retorica e diritto. Per una lettura giuridica della declamazione latina, Ed. Grifo Lecce 2014.

Longchamps de Bérier, Franciszek. Il fedecommesso universale nel diritto romano classico, Liber Warszawa 1997.

Looschelders, Dirk. § 134, in: Heidel, Thomas/Hüßtege, Rainer/Mansel, Heinz-Peter/Noack, Ulrich (Hg.), NomosKommentar zum Bürgerlichen Gesetzbuch (NK-BGB), Band 1: Allgemeiner Teil/EGBGB, 4. Aufl., Nomos Baden-Baden 2021.

McClintock, Aglaia. Polyb. 31.26–28: la successione di Emilia, Index – Quaderni camerti di studi romanistici, Band 33 (2005) 317–336.

McClintock, Aglaia. The lex Voconia and Cornelia's Jewels, RIDA³ – Revue internationale des droits de l'Antiquité, 3ᵉ sér., Band 60 (2013) 183–200.

van der Meer, Johanna Anna Josepha Maria. Made for Men. The lex Voconia. Mulier heres institui non potest, Diss. Universität Amsterdam Eijsden 1996.

Monaco, Lucia. Hereditas e mulieres. Riflessioni in tema di capacità successoria della donna in Roma antica, Jovene Napoli 2000.

Paulus, Christoph G. Die Idee der postmortalen Persönlichkeit im römischen Testamentsrecht. Zur gesellschaftlichen und rechtlichen Bedeutung einzelner Testamentsklauseln, Duncker & Humblot Berlin 1992.

Pfaff, Ivo. Zur Lehre vom sogenannten in fraudem legis agere, Manz Wien 1892.

Rabel, Ernst. Grundzüge des römischen Privatrechts, 2. Aufl., Wissenschaftliche Buchgesellschaft Darmstadt 1955.

Rotondi, Giovanni. Gli atti in frode alla legge nella dottrina romana e nella sua evoluzione posteriore, Unione Tipografico-Editrice Torinese Torino 1911 (Ndr. L'Erma di Bretschneider Roma 1971).

Rotondi, Giovanni. Leges publicae populi Romani. Elenco cronologico con una introduzione sull'attività legislativa dei comizi romani, Società Editrice Libraria Milano 1912 (2. Ndr. Olms Hildesheim 1990).

Schulz, Fritz. Die Epitome Ulpiani des Codex Vaticanus Reginae 1128, Marcus und Weber Bonn 1926.

Tellegen-Couperus, Olga Eveline/Tellegen, Jan Willem. La loi Voconia et ses séquelles, TR – Tijdschrift voor Rechtsgeschiedenis, Band 66 (1998) 65–95.

Vigneron, Roger. L'antifeministe loi Voconia et les Schleichwege des Lebens, Labeo – Rassegna di diritto romano, Band 29 (1983) 140–153.

Voci, Pasquale. Diritto ereditario romano. Band 2: Parte speciale. Successione ab intestato, successione testamentaria, 2. Aufl., Giuffrè Milano 1963.

Weishaupt, Arnd. Die lex Voconia. Böhlau Köln/Weimar/Wien 1999.

Woeß, Friedrich von. Das roemische Erbrecht und die Erbanwaerter. Ein Beitrag zur Kenntnis des roemischen Rechtslebens vor und nach der constitutio Antoniniana, Vahlen Berlin 1911.

Quellen

Vorjustinianische Quellen

Corpus iuris civilis

Inschriften und *tabulae*

Stichworte

Wiener Studien zu Geschichte, Recht und Gesellschaft
Viennese Studies in History, Law, and Society

Herausgegeben von Nikolaus Benke

Band/Vol. 1 Richard Gamauf: Ad statuam licet confugere. Untersuchungen zum Asylrecht im römischen Prinzipat. 1999.

Band/Vol. 2 Ilse Reiter: Ausgewiesen, abgeschoben. Eine Geschichte des Ausweisungsrechts in Österreich vom ausgehenden 18. bis ins 20. Jahrhundert. 2000.

Band/Vol. 3 Franz-Stefan Meissel: Societas. Struktur und Typenvielfalt des römischen Gesellschaftsvertrages. 2004.

Band/Vol. 4 Antike – Recht – Geschichte. Symposion zu Ehren von Peter E. Pieler. Herausgegeben von Nikolaus Benke und Franz-Stefan Meissel. 2009.

Band/Vol. 5 Loredana Cappelletti: Gli statuti di Banzi e Taranto nella *Magna Graecia* del I secolo a.C. 2011.

Band/Vol. 6 Lisa Isola: Venire contra factum proprium. Herkunft und Grundlagen eines sprichwörtlichen Rechtsprinzips. 2017.

Band/Vol. 7 Lisa Isola (Hrsg.): Klauselgestaltungen in Römischen Testamenten. Akten einer Internationalen Tagung zum Römischen Testamentsrecht (6.–7. November 2020, Wien/online). 2022.

www.peterlang.com

www.ingramcontent.com/pod-product-compliance
Ingram Content Group UK Ltd.
Pitfield, Milton Keynes, MK11 3LW, UK
UKHW021857290926
8980IPUK00005B/878